全面深化改革领导干部学习读本
主编 黄琦 刘学军

新时期
扶贫攻坚之路

孙　铮◎主编

王小林 | 李小云 | 汪三贵 | 林万龙 | 洪名勇

多位名家纵论改革大势

中国财经出版传媒集团
中国财政经济出版社

图书在版编目（CIP）数据

新时期扶贫攻坚之路/孙铮主编．—北京：中国财政经济出版社，2017.9
（全面深化改革领导干部学习读本/黄琦，刘学军主编）
ISBN 978-7-5095-7683-0

Ⅰ.①新…　Ⅱ.①孙…　Ⅲ.①扶贫-中国-干部教育-学习参考资料
Ⅳ.①F124.7

中国版本图书馆CIP数据核字（2017）第202419号

责任编辑：马　真　　　　责任校对：黄亚青
封面设计：田　晗　　　　版式设计：齐　杰

中国财政经济出版社 出版
URL：http：//www.cfeph.cn
E-mail：cfeph@cfeph.cn

社址：北京市海淀区阜成路甲28号　邮政编码：100142
营销中心电话：010-88191537　北京财经书店电话：64033436　84041336
北京财经印刷厂印刷　各地新华书店经销
787×1092毫米　16开　22.25印张　342 000字
2017年9月第1版　2020年6月北京第4次印刷
定价：50.00元
ISBN 978-7-5095-7683-0
（图书出现印装问题，本社负责调换）
本社质量投诉电话：010-88190744
文章稿酬及版权联系电话：010-68457872
打击盗版举报热线：010-88191661　QQ：2242791300

总　序

自1978年党的十一届三中全会开启我国的改革进程以来，弹指一挥间，中国的改革事业已经走过近40年的光辉岁月。近40年来，我们历经从计划经济到商品经济再到市场经济的探索，我们从无到有构建了中国的社会主义市场经济体系并不断进行完善，我们扭转了“文革”的动荡混乱走向依法治国，并不断提高国家治理水平。可以自豪地说，中国的改革事业取得了不可磨灭的成就。中国的改革事业当然也并非一帆风顺，改革的航程历经千难万险，但是改革的开拓却从未停歇。战胜这些困难、推动中国改革不断进步的，是站在改革潮头的千千万万的干部群众，尤其是广大党员干部，是我们在前无古人的情况下坚定不移地推动改革前进的中坚力量。从“要吃米、找万里”的童谣到“杀出一条血路来”的习仲勋等早期的特区开拓者，从“有计划的商品经济”的论证和提出到“社会主义市场经济的四梁八柱”的构建，如果没有党员干部对改革的孜孜以求、积极进取，就没有今天改革事业的辉煌成果。

一、坚持市场方向的改革从胜利走向胜利

从“计划为主、市场为辅”到“有计划的商品经济”再到发挥市场的“基础性作用”，最终到发挥市场的“决定性作用”，近40年来，以经济体制改革为核心的中国改革始终坚持市场经济的改革方向，并最终使得国家在各个层面上都取得了巨大的成就，推动了以阶级斗争为纲向以经济建设为中心的转变、从计划经济向市场经济的转变、从闭关锁国转向全方

位开放、从人治走向法治、从贫穷落后转向小康这五个方面的伟大转变。

党的十八大以来，我国的改革进入了新的阶段。在以习近平同志为核心的党中央的坚强领导下，我国不仅有效应对了复杂国际政治经济环境的风云变幻，更在相当不利的条件下取得了经济的中高速平稳增长。党的十八届三中全会所作出的《中共中央关于全面深化改革若干重大问题的决定》（以下简称《决定》）制定了我国在新的发展阶段全面推进改革开放事业的宏伟蓝图，提出了到2020年全面深化改革的指导思想、总体思路、主要任务、重大举措。以这份全面推进改革的《决定》为基础，中国改革事业在战略布局、改革难点以及市场地位方面都获得了一些重大的进展乃至突破。

（一）市场在资源配置中的地位获得重大突破

中国改革开放的进程，实际就是从以计划作为配置资源的主要手段逐渐变革成为以市场作为配置资源的主要方式，市场经济逐步确立并不断完善的过程。在这个进程当中，市场的力量从无到有、从弱小到壮大。《决定》旗帜鲜明地提出，使市场在资源配置当中发挥决定性的作用，这在中国的改革开放和市场经济发展历程中具有里程碑式的意义，体现了以习近平同志为核心的党中央对市场规律的认识在不断提高，是我党对中国特色社会主义建设规律认识的一个重大突破。

（二）供给侧结构性改革取得明显进展

党的十八大以来，中国的经济发展面临着全新的环境和挑战。世界经济严重衰退，贸易保护主义抬头，世界经济格局面临新的“洗牌”。与此同时，国内土地、劳动力等要素价格越来越高，资源、环境的约束越来越紧，我国传统的经济发展模式和结构继续进行深刻的调整和改革。中国经济面临着保持一定水平的增速和调结构的两难困境。在这种经济新常态背景下，中央及时作出了供给侧改革的决定和布局，以前所未有的勇气和决心，开启了一场中国经济发展方式向更高形态发展的结构之变。

（三）国家政治体制顶层设计适应新的要求、获得新的突破

党的十八届三中全会提出：“全面深化改革的总目标是完善和发展中国特色社会主义制度，推进国家治理体系和治理能力现代化。”这就要求对过去领导改革的行政部门本身进行改革，对改革领导者的决策效能和执行力提出了重大考验。为了推进改革，中央先是设立了中央全面深化改革

领导小组，有力提升了改革的决策效能，使过去总是被回避的改革议题，比如户籍问题、农村土地制度问题等等，能够集中力量摆脱各种利益羁绊获得正面突破。国家治理体系和治理能力的提高还体现在我国社会主义民主政治的进步上。全面深化改革对加强社会主义民主政治制度建设提出了通过各项制度建设，丰富民主形式，从各层次各领域扩大公民有序政治参与，充分发挥我国社会主义政治制度优越性的总目标。

（四）反腐倡廉效果显著，依法治国有效推进

进一步推进改革，创建良好的经济发展环境，需要廉洁奉公高效的党员和公务员队伍。十八大以来党中央对腐败行为的坚决查处，破除了过去一段时期因党纪国法松懈而滋生的各种潜规则，横扫了贪腐猖獗的不良风气，党纪国法为之肃然而振！中央对于滥权渎职的腐败分子，上至中央常委，下至乡村干部，不管是军方大将，还是地方大员，但凡触犯党纪国法，均依法予以严惩。坚定不移地推进全面从严治党，形成了反腐败斗争压倒性态势。这样大规模的反腐浪潮，激浊扬清，民心得以振奋，党风得以清正，使全体党员干部受到深刻的教育。掌握权力行使权力的全体党员干部自觉地规范行使权力、自觉避免滥权渎职行为，这为规范政府权力的行使、保障市场主体的合法权益奠定了良好的基础。在肃清腐败的基础上，中央通过确立依法治国的方略，从制度建设上、从根本上维护国家的长治久安。2014 年 10 月底召开的党的十八届四中全会，是中国共产党历史上第一次专门研究法治建设的中央全会，通过了《中共中央关于全面推进依法治国若干重大问题的决定》。党把自己的路线、方针、政策通过法定程序转化为国家意志，成为全国人民共同遵守的法律规范，实现党的主张和人民意志的有机统一。

（五）生态文明体制改革为创造绿色环境打下了基础

党的十八大以来，党中央始终把生态文明建设放在治国理政的重要战略位置，首次将生态文明建设与经济建设、政治建设、文化建设和社会建设一起，纳入中国特色社会主义“五位一体”总布局；党的十八届三中全会《决定》，全面、清晰地阐述了生态文明制度体系的构成及其改革方向、重点任务，是将生态文明建设纳入“五位一体”总布局后的又一大创新；党的十八届四中全会要求用严格的法律制度保护生态环境；党的十八届五中全会将绿色发展纳入新发展理念。对生态文明建设的顶层设计

密集推出，体现了党遵循发展规律、顺应人民期待、彰显执政担当。

二、新时期的改革仍面临着巨大的挑战

中国的改革虽然取得了举世瞩目的成就，但是前期单边突进的改革遗留的问题越来越成为拖累经济社会进一步向前发展的障碍，而且经过近40年的改革发展，随着生存型阶段向发展型阶段的转变，我国需求结构开始发生明显变化，新的需求和旧的体制的矛盾也日益凸显，新老问题同时并存，影响改革的深化。目前仍存在的矛盾有以下几个方面：

一是经济发展方式转型与市场化改革不到位的矛盾。以当前最重要的“三去一降一补”为例，虽然其在整体战略上极为重要，但是在实际操作过程中，也出现了行政手段“一刀切”，专去民营企业的传言。“三去一降一补”需要行政手段的配合，不过应尽量以市场的优胜劣汰为主要手段，让行政要求成为市场资源配置的砝码，这样虽然见效慢一些，但长期看会更加健康。

二是税费过重与公共产品供给短缺并存的矛盾。我国已开始从私人产品短缺时代进入公共产品短缺时代，但相应的社会体制改革还不适应这个时代变化的趋势。公共产品短缺成为阻碍扩大内需、制约发展方式转型的一个重要因素。公共产品短缺使我国消费率不断下降，消费率水平不仅低于发达国家，而且也低于“金砖四国”中的其他三国。但是，作为公共产品供应源泉的我国老百姓的税赋水平并不低。如曹德旺所指出的，中国企业税赋同比美国高出相当于营业额的11.6%，这在世界上明显属于较高税赋的国家。同一些宏观税负超过30%的国家相比，在社会福利支出（教育、卫生、医疗、社保等）方面，法国的社会福利支出占GDP的比例为35%，瑞典是38%，挪威是33%，丹麦是37%，澳大利亚是23%，美国是21%，我国还有很大差距。造成这种现象的主要原因，还是因为政府作为投资的主体而没有成为创造环境的主体，财政在公共服务领域的投入比重还不高，地方政府的注意力仍然集中在追求经济总量的扩张上。

三是依法治国的理念在实际行动中仍然有待落实。依法治国的治国方略早已提出，党的十八届四中全会更是以中央全会决定的方式将这一理念提升至治国理政的最高层次，中央深改办也专门出台了各项推进法治建设的意见和方案。但是行政部门职能缺位、错位、越位，行政审批门槛多、

公共服务不到位、权力行使不规范等问题仍然时有发生，阻滞了市场经济的健康发展。另外，《宪法》明确的法院、检察院独立司法也受到意识形态领域反对“司法独立”的影响，律师尤其是刑事辩护律师容易受到不公正的待遇乃至以敌我矛盾予以处理，严重违背依法治国的理念。凡此种种，彰显了法治状况与社会主义市场经济建设的不相适应。市场经济当中利益主体各不相同，市场经济的运行实际也是各个市场主体之间利益交换、协调的过程，是不断产生矛盾又不断解决矛盾的过程，司法承载着保障这些矛盾有效、迅速解决，维护不同市场主体利益交换、协调通畅运行的重要功能，依法治国的理念必须贯彻到实处。

三、改革只有进行时，全面深化改革需要广大党员干部掌握改革的方法和经验

“雄关漫道真如铁，而今迈步从头越。”在新的历史时期，推进全面深化改革需要千千万万的广大党员干部不仅要面对“啃硬骨头”的难题，而且要面对的往往是改革的对象就是自己的利益这样的艰难选择。在这种情况下，除了决策层要在顶层设计方面做好微观改革激励兼容的改革路径设计之外，还需要各个层级的党员干部增强大局意识、核心意识，自觉向中央看齐，其目的就是要发挥出中国共产党作为一个马克思主义政党的核心优势来克服私利对改革的扭曲，这是当前推进改革所需要的，是当前各项党员学习教育培训项目的重中之重，在此无须赘言。需要着重指出的是，在改革的深水区推进全面深化改革，“摸着石头过河”的改革方法在制度架构的诸多方面可能不再适用，党员干部在坚定改革的决心之外，还有必要掌握改革的方法论，在对改革有深刻认知的基础上，掌握推进改革的方法、路径，这样就能够事半功倍地推进改革。在近40年的改革进程中，我们积累了不少宝贵的经验和方法，突出的有：

一是不断解放思想，推进理论创新。科学的理论是改革顺利推进的思想保证。改革的进程，就是思想解放的过程，就是理论创新的过程。改革开放以来，我们党坚持解放思想，实事求是，与时俱进，将实践作为检验真理的唯一标准，不断推进理论创新、思想创新和体制创新，创造性地提出了社会主义市场经济理论及其政策体系。

二是坚持市场化的改革方向不动摇。改革开放近40年的历程，也是

市场作为资源配置手段的地位不断提升的历程。从“一大二公”和“割资本主义尾巴”到“计划为主、市场为辅”的社会主义商品经济的提出，再到从指令性计划到指导性计划的转变，进一步到社会主义市场经济的提出，最终到使市场在资源配置中发挥决定性作用，中国的改革所取得的成果，也就是社会主义市场经济不断发展的结果。我们回顾中国近40年的改革经验，其中最核心的一条，就是要坚持市场化的改革方向。需要着重指出的是，互联网大数据时代，我们仍然要头脑清醒地坚持市场经济。计划经济与市场经济的区别，本质上并不在于有无计划或者说制订的计划是否科学，即便在完全市场化的社会里，企业也会制订诸多的生产计划、推广计划，计划得好的企业更有可能在激烈的市场竞争中胜出。计划经济与市场经济两者区别的本质是由行政权力来配置资源还是在价值规律的支配下由市场主体的自主选择判断来配置资源。互联网大数据可以使计划的制订更加科学，但是它无法解决这个时代最重要的人的创造性、积极性的问题。只有自由选择的市场，才能产生这种积极性和创造性，也只有自由选择的市场，它所形成的数据和联网才有意义，否则何以持续地发展繁荣？互联网和大数据只有与市场相结合，才能迸发出最大的效用。改革必须坚持市场化不动摇。

三是灵活运用改革方法，既先行先试、先易后难，又统筹兼顾、协调推进。我国改革的典型特征是采取了先行试点、总结推广的方式。立足于把解决本地实际问题与攻克面上共性难题有机结合起来，选择一定地区或改革领域开展试点，在对试点进行总结的基础上，对成功经验和做法再行推广。这种由点而面、先易后难的改革推进方式，既控制了风险，又通过有效的推广机制使成功经验能够迅速普及，成为我国渐进式改革战略的重要经验，也是新时期推进改革开放、探索新的发展模式和体制模式的重要途径。改革又是一项系统工程，必须不断完善改革的推进方式，统筹兼顾，加强总体协调。我们注重把握“破旧”和“立新”的关系，立足于立新，适时、大胆地破旧，从而不断消除深层次的体制机制障碍，建立健全适应生产力发展需要的新体制、新机制；坚持整体推进和重点突破相结合，在统筹规划的基础上注重协调配合，不失时机地实现改革的重点突破。开放也是改革，做到改革和开放相互促进，良性互动。在完善社会主义市场经济体制的新阶段，我们面临的主要是一些触及深层利益关系、配套性强、风险比较大的改革，而且经济体制改革与政治体制、文化体制、社会体制方面的改革日益紧密地联系在一起，这使得改革的统筹协调和整体推进的要求更加凸显。党的十八届三中全会后设立的全面深化改革领导小组，专门就经济体制、民主法治、文化体制、社会体制等设立了专门的改革小组，为改革的统筹协调创造了条件。

四是正确处理改革、发展、稳定的关系。改革是经济社会发展的强大动力，有效的体制是实现经济社会又好又快发展的根本保证，从长远来看，也是确保社会稳定的根本保障，同时，发展和稳定也提供了深化改革的良好环境和基本条件。要正确处理好改革与发展、稳定的关系，适时有序推进改革开放，把改革的力度、发展的速度和社会的承受能力有机结合起来，在保持稳定的前提下推进改革和发展，通过改革和发展促进社会稳定。

当然，宏观上掌握了改革的经验和方法还远远不够，广大党员干部每个人都有自己需要面对的具体的改革领域。这些具体领域的改革都有自己的难点和重点，其改革的方法和路径都不尽相同，需要根据实际情况，因地制宜，对症下药。中国经济体制改革杂志社和中国财政经济出版社这次共同编纂出版的“全面深化改革领导干部学习读本”不仅仅包括宏观的内容，如《未来十年的改革发展战略》《大国反腐》《大市场严监管》，因为不谋全局者不足以谋一域，有利于我们构建对当前整个改革进程的认知框架；更为重要的是，“全面深化改革领导干部学习读本”还就财政改革、金融改革、国企改革、土地改革、社保改革、产业变革、扶贫攻坚等具体改革领域都专门整合了分册，共同构成本丛书的主体内容，这就为广大党员干部在各自的领域学习、推进改革提供了极大的便利。“成事在天，谋事在人。”我相信，只要广大党员干部能够深刻地学习和领悟“全面深化改革领导干部学习读本”这样的改革书籍所传递的改革知识和精神，中国的改革事业就一定能够从胜利走向胜利，中华民族伟大复兴指日可待。

2017年9月

目录

CONTENTS

代序　穷人的困境 …………………………………………………… 马晓河（ 1 ）

第一篇　反贫困问题的经济学阐述 / 9

发展中国家的消费：贫困程度及其决定因素 ……………………（ 11 ）
经济理论对贫困的解释 ……………………………………… 李继刚（ 15 ）
多维视角下贫困的成因 ……………………………………… 徐旭初（ 26 ）
贫困发生机理的阐释 ………………………………………… 高　帅（ 39 ）
能力方法、多维贫困与资产贫困的理论 …………………… 王小林（ 44 ）
贫困的元问题是什么 ………………………………………… 李小云（ 51 ）

第二篇　我国扶贫开发战略的政策演变与设计 / 57

改革开放前的扶贫政策 ……………………………………… 孙　铮（ 59 ）
改革开放后的扶贫政策 ……………………………………… 唐泽地（ 63 ）
我国扶贫开发的政策设计 …………………………………… 孙久文（ 81 ）
中国扶贫开发政策及其实践中的一体化扶贫思想
……………………………………………………… 赵作权　赵　璐（ 95 ）
完善精准扶贫的体制机制 …………………………………… 石忆邵（101）
努力创新区域性整体扶贫机制 ……………………………… 郭劲光（104）
扶贫减贫制度的比较 ………………………………………… 万海远（106）
中国特色社会扶贫体系 ……………………………………… 林万龙（117）

第三篇 精准扶贫与精准脱贫 / 121

精准扶贫的基本要求与主要做法 ………………………… 汪三贵（123）
教育致贫悖论解析及相关政策 ………………………… 张永丽（135）
谨防精准扶贫实施中的三类风险 ………………………… 王建康（153）
集中连片区人口结构变化特点及扶贫对策 ……………… 张耀军（155）
易地扶贫搬迁：进展与思考 ……………………………… 马秀莲（159）
易地移民扶贫社区的特征 ………………………………… 陈美球（169）
土地整治助推扶贫开发的思考 …………………………… 陈美球（172）
多策并举做好当前督查县乡两级精准扶贫工作 ………… 林　洁（179）
切实发挥好农村低保对脱贫的兜底作用 ………………… 王美艳（184）
社会资本、资源俘获与农村扶贫
——基于中国综合社会调查的经验分析 ………………… 周玉龙（189）
警惕基层干部“坐等扶贫” ……………………………… 于代松（196）
公共交通促进精准扶贫有效落实的对策 ………………… 刘红春（200）
国际组织扶贫实践 ………………………………………… 孙久文（204）

第四篇 精准扶贫地方实践案例研究 / 215

吕梁山连片特困地区扶贫脱贫的困难与建议
…………………… 中共山西省委党校、山西行政学院课题组（217）
金融支持“精准扶贫”的一个成功范例
——景宁畲族自治县的“政银保”扶贫贷款 …………… 应宜逊（223）
西北地区A市精准扶贫创新模式调查 …………………… 许建明（229）
精准扶贫找穷因，绿色发展拔穷根
——竹溪县扶贫开发工作的经验模式 …………………… 孟　伟（236）
遵义市易地扶贫搬迁的调查 ……………………………… 罗星汉（245）
在村庄实践中反思“精准扶贫”政策 …………………… 韩庆龄（252）
精准扶贫政策的地方实践研究
——基于贫困县案例 ……………………………………… 顾梦琛（259）
“十户一体”抱团脱贫的台江实践值得推广 …………… 段忠贤（272）

武陵山片区产业扶贫模式 …………………………………… 王云平（276）
北京对口帮扶贫困地区情况及经验总结 ………………… 孙　铮（280）
新疆特色农业发展与扶贫开发问题研究 ………………… 肖春梅（287）
西藏扶贫政策及成效 ……………………………………… 徐爱燕（299）
精准扶贫："贵州经验"、启示及改进建议 ……………… 洪名勇（305）
精准扶贫机制急需创新
——云南精准扶贫面临的困难和问题调查 …………… 崔江红（312）
莲花县：中部地区脱贫攻坚战的典型战场 ……………… 赵雪峰（319）

代序
PREFACE

穷人的困境

马晓河*

谁是穷人？

谁是穷人一直是个有争议的问题，在经济发展的初级阶段会产生穷人，当经济发展进入发达阶段也会产生穷人；发展中国家有穷人，发达国家也有穷人。往往，发达国家穷人贫困程度低，而发展中国家穷人贫困程度高；在一个缺乏公平的社会里，穷人陷入贫困的概率高；而在一个较为公平的社会里，穷人脱贫的概率高。穷人和富人的肢体语言是不一样的，穷人会用肢体语言告诉你他/她是贫困者，但富人绝对不会用肢体语言告诉你他/她有财富。穷人就是我们常说的那些处在社会生活底层、需要社会帮助的贫困者，用什么标准来界定穷人？人的需求分为生存需求和发展、享受需求，如果一个人连最基本的生理需求（生存、饥饿、干渴等）都无法得到满足时，他/她就是绝对贫困者。如果一个人虽解决了生存问题，但生存状况仍处于社会最底层，其收入和消费水平还远远低于社会认可的平均水平，则是相对贫困者。世界银行对穷人的定义是：如果一个人每天收入或生活费低于维持基本生存所需的最低标准，那么他/她将被定

---

* 马晓河，中国宏观经济研究院原副院长、研究员。

义为穷人，这个最低标准就是贫困线。

按照世界银行最新标准，每天生活费在 1.9 美元（合人民币 12.13 元）以下者便是绝对贫困人口，目前世界上还有七亿多人生活在极度贫困线以下。从世界各国的贫困人口案例看，穷人陷入困境主要有以下几方面因素：穷人没有文化和生存技能；穷人因病（残）因学因灾致贫；还有些穷人心身不健全缺乏自控能力，自暴自弃、吸毒、赌博、酗酒、借高利贷等使自己身无分文。另外，还有些穷人在经济社会结构变迁中因种种原因被迫陷入贫困。穷人往往很脆弱，缺乏自信，漠视社会，容易绝望，但从内心深处希望社会关注他们。

就像富人一样，穷人也厌恶贫困，比一般人更憎恨贫困，因为他们对贫困有着最深刻的体验，世界上几乎没有人愿意终身“享受贫困”。为了改变贫困状况，穷人一直在与贫困抗争。但现实生活中，单靠穷人自身摆脱贫困是困难的，需要社会和政府给予关注和帮助。

多年来，无论发达国家还是发展中国家，为了反贫困都进行了不懈努力。这些国家把反贫困当成公共产品大量投资，向穷人直接提供救助，为他们建立生活保障制度，对他们进行技能培训，支持其子女就学，鼓励和扶持中小企业发展，为穷人设立小额金融信贷基金，改善贫困地区的公共投资环境。通过一系列干预措施，反贫困在世界范围取得了很大成就。但是，贫困发生是动态的，就像田间里的杂草一样，不断消亡又不断再生，当旧的贫困还未彻底消灭之前，新的贫困又发生了。此外，世界上许多国家为了快速推进本国经济发展，过度依赖市场，陶醉于由市场制度带来的经济繁荣，简单地支持工业化和城镇化，把大量公共资源刻意投向产业发展和只有中高端人群才能享有的公共设施，有意或无意弱化政府的反贫困作用。甚至有些决策者简单地认为，只要经济发展了，贫困问题就自然解决了。其结果是由市场力量引起的资源配置和结构转换，把穷人一次又一次推向经济社会发展的边缘。各国经济社会发展的历史表明，市场经济可以解决效率问题，但不能解决公平问题，更不能完全解决贫困问题。相反，政府有办法解决公平问题和缓解贫困。但是，如果政府过度干预市场或者压根抛弃市场经济制度，也会造成大面积贫困人口。因此，市场不是万能的，政府更不是万能的，两者要各归其位，发展经济要更多地依靠市场，反贫困则需要更多地依赖政府。

中国有穷人吗？

1978 年以来，中国的反贫困取得了世界公认的成就。受经济快速发展的带动和政府在反贫困方面的努力，我国贫困人口以及贫困发生率不断下降。仅以农村为例，1978 年我国农村有绝对贫困人口 2.5 亿人，贫困发生率 30.7%，到 2015 年末全国绝对贫困人口已减少到 5 575 万人，贫困发生率仅为 5.7%。中国贫困人口大幅度减少的一个关键原因就是中国政府在经济快速增长条件下，进行持续有效的反贫困安排。这一时期，政府对贫困问题采取了综合治理措施。在农村，开展以工代赈和扶贫贴息贷款，加强基础设施建设和产业开发扶贫；建立社会救助制度，对贫困人口实行救济；进行农村税费改革，对农民实行“四减免四补贴”政策；先在贫困地区最终在全国推行九年制免费义务教育；推广农村新型合作医疗和建立基本养老制度，并在农村全面实行低保政策等。在城镇，为城镇居民建立基本养老保险、失业保险、基本医疗保险和最低生活保障制度；对弱势群体加强技能培训、帮助他们就业，开展保障房建设，解决贫困人口居住困难，为贫困人口建立低保制度等。

不能否认，经济的快速发展为穷人摆脱贫困提供了历史机遇，政府持续支持和帮助也为穷人改变身份创造了难得的条件。但是，就像发达国家和其他发展中国家一样，原有贫困问题很快解决了，新的贫困问题又产生了，绝对贫困问题快要解决了，相对贫困问题又接踵而来，中国依然还有贫困问题！按照现有国家贫困标准，我国还有农村贫困人口 5 575 万人，另外还有城镇低保对象 1 701.1 万人。事实上，中国的贫困标准按购买力计算，要高于世界银行每人每天生活费 1.9 美元的贫困标准。但是，值得注意的是，世界银行的贫困线标准是根据世界最穷的马里、卢旺达、坦桑尼亚、埃塞俄比亚等 15 个国家的贫困线确定的，参照这个标准显然降低了我国的发展水平。不过，世界银行还有一项 3.1 美元/天·人的高线贫困标准，该标准适用于其他发展中国家，如果按此标准衡量，我国贫困人口远不止现有公布数据。2015 年，我国农村还有 20% 的人口人均月收入不足 257 元，平均每天 1.38 美元（按当年平均汇率折算），这部分人口大约有 1.2 亿人。问题是随着经济社会发展和物价指数的不断上升，贫困人口维持基本生存的成本大大增加了，每减少一个绝对贫困人口的难度在加大。

中国贫困人口有着明显的特征。首先从空间上看，贫困人口由集中分布和分散分布组成，以集中分布为主。集中产生贫困的主要地区在西部、山区和少数民族边远地区，呈现出比较明显的地缘特征，这里贫困人口身处自然环境脆弱地区，返贫率高。分散产生贫困人口主要是在发达地区和城镇。随着2020年贫困县整体脱贫，分散分布的贫困人口问题将日益凸显。其次从群体看，贫困人口的最具代表性群体是农村绝对贫困人口、城镇失业者和下岗职工。但是，随着世界新技术革命的来临以及老龄化社会的到来，老年人群和被新技术新产业淘汰的农民工也将成为贫困群体的一部分。再次从个体素质看，贫困人口文化水平普遍偏低，技能不足，人力资本质量比较低下，在市场环境中竞争能力不强。从需求看，贫困人口的特征是入不敷出，边际消费倾向远高于富人。穷人将增加的收入绝大部分用来消费，消费中绝大部分用于购买食品；富人将收入增量中的很大部分用于储蓄，而在消费中大部分用于发展和享受支出。在食品消费中，穷人与富人的最大区别是，穷人吃不起“茶叶蛋”，舍不得用钱买肉吃；而富人不敢吃肉，唯恐摄入营养超标。

中国穷人困境之因

就像大多数国家一样，中国的穷人也普遍缺少文化和生存技能，还有些人因病（残）因灾因学致贫，也有些穷人是因恶劣的自然环境致贫等。

需要解释的是，中国穷人产生贫困有以下原因需要关注：

一是经济社会结构转型过程中机会不均等带来了贫困人口。改革开放后，我国从计划经济体制向市场经济体制过渡中，国有企业改革、民间企业发展、要素市场的发育以及产品市场的形成，无不是由过去的行政审批制度、买方和卖方垄断一步一步转换过来的。在此转换过程中，有一部分人利用“双轨制”的种种优势获利变富，而有一部分人丧失了机会变成贫困者，有些人虽然没有丧失机会，但由于留给他们的机会狭小不足以维持基本生存，也使其陷入贫困者队伍中。

二是收入分配政策不合理造成穷人改变身份缓慢。一般而言，经济增长成果分配并不是均衡的，市场竞争必然会使群体收入差距扩大，由此产生一部分富人和一部分穷人。因为在公平和效益之间，市场经济选择的是效益，此时如果政府能利用“有形的手”选择公平有效帮助穷人脱困，这种由收入差距扩大带来的穷人就会少一些。但是，现实是在国民收入初次分配中，各级政府和企业两大主体在工业化和城镇化中，切割的国民收入份额越来越多，并将这些不断增长的收入份额，分别投向公共投资和生产投资领域，最终造成基础设施建设高歌猛进，制造业规模空前扩张，而政府和企业在国民收入再分配中用于当期居民福利支出，特别是帮助穷人脱困的支出远远跟不上投资增长。这样，社会在收入分配中就不利于穷人改变身份，也不利于增加社会消费。再看阶层间分配，进入新世纪以来，我国城乡地区间居民收入相对差距有所缩小，但城乡内部阶层间收入差距在明显扩大。2000～2015 年，20% 的城镇低收入者与 20% 高收入者人均收入比例由 1∶3.6 扩大到1∶5.32，扩大了 1.72 倍，20% 的农村低收入者与 20% 高收入者人均收入比例由 1∶6.47 扩大到 1∶8.43，扩大了 2.06 倍。高收入人群越来越富有，而穷人改变贫困进程缓慢。

三是不当的体制安排造成一些穷人失去改变身份的机会。20 世纪 90 年代以来，全国各地兴起的重工化和城镇化浪潮导致穷人尤其是农民失去改变身份的机会。先以土地交易为例，本来在市场平等交换条件下，农民可以将自己的土地直接进入一级交易市场，卖于谁、卖多少、收益怎么分配，都由农民说了算。当农民卖地获得收益后，在城乡要素自由流动条件下，农民可以带着土地资本进城置业，变成城市居民。而我国则不然，为了降低工业化和城市化发展成本，各级政府垄断土地一级市场，用行政手段强制低价征用农民土地，控制土地收益分配，由此农民失去了转换职业身份的资本条件。但是，经过政府之手，农村土地通过一级市场进入城市之后，各级地方政府卖地收入大幅度增长了，房地产商暴富了，许多市民也变成了千万富翁，而农民还被“城墙”挡在城外。再以农民进城打工为例，进城打工是农民改变贫穷困境的另一条途径，但是，城市政府利用二元户籍及福利制度将城市割裂成两大群体，常住人口群体和户籍人口群体，在就业、住房、医疗、养老、子女就学、贫困救助甚至工资标准等方面，两个群体享受着不同的待遇，进城农民工作为常住人口群体，同户籍人口群体的福利待遇存在着极大的差别，在现有体制下他们要想变成城镇户籍人口群体，机会非常小，等待时间非常久。因此，土地制度和城乡二元户籍及福利制度是阻碍农民改变身份的主要因素。

四是穷人上升通道变窄，脱困阻力加大。按道理，通过社会帮助和自身努力，穷人是可以改变身份跳出“贫困陷阱”的。但是，现实给人们的感觉是，我们的社会阶层正在固化，改变身份通道似乎在变窄，穷人跨界或代际脱困的难度在增加。当前，有三大障碍影响穷人改变身份，第一是文化教育、就业培训、医疗卫生、养老、救助等资源，这些带有明显公共性质的优势资源向大中城市和发达地区集中，使得穷人改变身份先天机会不足。在优势公共资源供给不足条件下，即使穷人付出的努力超过其他群体，也不见得能得到相应回报。第二是在现有体制安排下，我国行业、地区、部门、阶层间制度壁垒繁多，底层居民横向、纵向流动都受到极大限制，即使他们想冲破这些羁绊，最后也会被无形之门撞回“原点”。第三是各种社会裙带关系网又把穷人边缘化。改革开放为穷人改变身份提供了多种多样的机遇和机会，成千上万的穷人借机脱离了“贫困陷阱”。可是，不知从何时开始，穷人改变身份变得困难了，这一代穷人改变身份的制度交易成本似乎要比上一代大得多，社会上各种“网”、各种“门”、种种“圈”挡住了穷人走出困境的步伐，眼看着一些群体依托关系、靠拼“爹”个个获得理想职位，或者个个很快富裕起来，而穷人的孩子即使大学毕业也只能在底层为生存拼搏。

谁来帮助穷人？

反贫困实质上是一种公共品，具有明显的正外部效应，帮助穷人不仅可以消除社会不公平、维护社会稳定，还可以扩大内需、刺激消费，创造经济增长新动力。因此，帮助穷人就是帮助社会稳定，帮助经济增长，也是帮助我们自己，帮助穷人更是一种社会责任。

各级政府应当是帮助穷人的主体。同世界其他国家相比，我国的各级政府已经有相当的实力，中国的公共基础设施建设水平也相当的现代化了。看看我们的高铁、高速路、机场，再看看各地的城市广场、办公大楼、剧院公园，还要看看各地举办的一批批、一次次国际国内运动会和名目繁多的会议，这些建筑、这些会议的水准已没有任何发达国家能够超越，它们耗费的财力是如此的惊人。然而，请回过头来看看穷人的家园，他们的住房、家具，他们的吃饭、穿衣、用水、用电、就医、养老，难道不是两重“折叠”社会吗？下一步，各级政府应将更多的精力、更多的公共资源用于贫困人口，让经济发展成果能更加公平地传递给穷人，实现共享发展新理念。

在新常态下，首先要考虑的问题是应该增加政府用于穷人的支出，既用于降低穷人生存成本，也用于帮助穷人提高生存能力。在降低生存成本方面，要以世界银行贫困人口标准为参照系，重新制定中国农村贫困标准，在此基础上，较大幅度提高社会最低生活保障救助标准，提高国家基本医疗保险和基本养老保险补助标准。同时，要不断加大财政对贫困人口群体的转移支付力度，这些公共资源应重点用于解决贫困人口的饮水、交通、燃料、用电、校舍、卫生院、住房、信息网络等问题方面。在提高生存能力方面，要加强对穷人劳动技能的培训，政府对培训支出可以免费也可以补助支持。对于符合扶贫济困标准的穷人，政府应支持他们的孩子上学提高人力资本水平，除了高中阶段提供免费教育外，给予愿意上大学的穷人子女以财政补贴。同时，扶持穷人建立适合他们的致富产业，特别是特色种养殖业、农产品加工业、传统手工艺业、网店、餐饮店等。

还有，在新常态下，产业结构调整、城镇化推进和体制改革，都要把弱势群体就业放在重要位置。城镇化不能一味追求世界先进、国内一流，将建筑标准都定位在“高大上”，宽阔的马路、大大的广场、豪华的办公大楼、漂亮的公园，还有名目繁多的各种地标性建筑等。为此，拆掉就业摊位，关闭集贸市场，赶走外来人口，垒起进城门槛（进城打分标准），限制农民进城落户。推进城镇化不是要超越发展阶段追求超级城镇化，也不是关起“城门”为现有市民、为少数人创造更多、更好的生存发展机会，因为城镇是全体人民的，人人都有权分享城镇化成果。要积极推进真正意义上的城镇化，把吸引人口进城和增加就业放在首要地位，加快体制机制改革，进一步打破城乡二元结构制度，彻底改变传统体制下遗留的“市民”和“农民”身份地位，让更多的农民自愿、自由进城，像市民一样参加就业竞争，以寻找改变贫穷身份的机会。同城镇化一样，在产业结构调整过程中，实施“互联网＋”，推进信息化与工业化融合，实施“中国制造 2025”战略，支持十大产业领域发展，都要充分考虑就业岗位增加，尽量避免过多过早用先进技术对劳动就业岗位的替代。发展技术密集与劳动密集相结合的产业，可能是我国产业结构调整升级的理想选择。

最后，还要让社会大众关注穷人，帮助穷人。应采取多重举措，营造关注、帮助穷人的社会氛围，通过媒体宣传、课堂教育、税费减免、荣誉奖励等等，让每个帮助穷人的人，都有一种自豪感、成就感和获得感，只有人人都能伸出援助之手，尽微薄之力，去帮助他们周边的穷人，穷人才有更多的脱贫机会，我们的社会稳定才有更多的希望，中国梦才有实现的基础。

（本文原载于《中国发展观察》2017 年第 2－3 期合刊）

第一篇

反贫困问题的经济学阐述

从亚当·斯密到阿玛蒂亚·森，我们可以看到人们对贫困的认识在200多年中一直在变化，反贫困也是一直富有争议的话题。对贫困中经济学解释的综述，可以帮我们更好地了解贫困发生的原理、成因、概念的界定，并从中找到解决办法。然而，必须认识到贫困问题的研究绝不仅仅是理论或技术上的难题，它更关系到社会公平与经济效率平衡的长期化、动态性探究。因而，贫困概念的界定、贫困测度指标的选择以及相应贫困线的划定都具有深刻的历史性与多维性，同时也在一定程度上反映了社会文明发展的进程，体现出社会经济发展的短期目标与长期方针均衡的博弈过程。

发展中国家的消费：贫困程度及其决定因素

万海远*

在20世纪70年代后期，发展经济学这一学科遇到了发展瓶颈，出现了衰落和进入了“收益递减”阶段。究其原因，一是发展经济学缺乏自身的微观基础。它只不过是从发达国家的经济现实出发去审视发展中国家并采用新古典分析工具研究其经济发展问题而已，结果是发展经济学无法形成统一的学科范式。与之相关的另外一个原因是，缺乏应有的微观数据来检验发展经济学的理论以及评估脱贫政策的效果。如果仅依靠总消费数据进行实证分析，对发展中的家庭经济状况的分析就显得远远不足，抑或毫无帮助。诸如贫困程度、收入分配等最基本的问题，以及贫困家庭对经济环境变化的反应等，也同样缺乏必要的数据和合适的分析方法。正是基于此，迪顿在需求系统和个体跨时消费研究的基础上，基于家庭微观数据对发展中国家的消费和贫困问题的研究做了大量的工作。

第一，迪顿强调建立不同商品的家庭消费数据集的重要性，并参与设计了家庭调查方案。迪顿在20世纪80年代世界银行的家庭调查项目中发挥了重要的作用。在设计家庭调查项目方案时，他探讨了应收集哪个变量的数据及哪种类型的数据等最基本又是至关重要的问题。他认为，从福利的测量来看，与含有季节性变化的收入数据相比，消费是测量低收入国家贫困程度的核心变量。这是因为，一方面消费支出更容易测量，另一方面消费支出能够更加准确地测量低收入国家在物质方面的福利水平。尽管面

* 万海远，北京师范大学中国收入分配研究院研究员。

板数据是跨期消费模式的理想数据类型，但他发现要获得真正有意义的面板数据是十分困难的，更多的是重复收集的横截面数据。为此，迪顿阐明了如何使用这些横截面数据构造“伪面板数据”以跟踪相同年龄的个体消费者队列的跨期消费模式。所谓的队列，是指具有相同特征的一组个体或家庭，因此可将队列作为一个整体来研究消费的模式。迪顿证明了伪面板数据得出的结论未必比真正的面板数据糟糕，真正的面板数据中可能会出现个体系统性地退出，这将导致结论出现偏差。因此，对于世界银行的大型家庭调查项目，迪顿建议收集重复的横截面数据，这样不仅收集起来更简单、成本更低，而且在很多情况下跟踪队列而不是个体的行为随时间的变化更可取。

第二，迪顿研究了如何使用家庭调查数据以便更准确地测量贫困的程度。贫困的程度通常使用维持基本生活必须消费的商品和服务的费用来测量，但是这样的测量过程中存在两个问题：一是贫穷定义在个人层面，而消费数据通常在家庭水平上收集，那么如何使用家庭调查数据测量规模或结构不同的家庭的贫困程度？最常用的测量个人福利的方法是人均家庭总支出，这相当于假设儿童和大人消费一样多。因此，使用人均家庭总支出将会高估有儿童的家庭的贫困程度。对此，经济学界一直试图构造某种适当的折算标准以对儿童的消费进行折算。然而，经济学家对于什么样的折算标准各持己见，难以形成共识。迪顿及其合作者比较了不同规模家庭的福利水平，分析了儿童消费支出的测量。他们使用斯里兰卡等国的数据，认为一个更合理的儿童消费支出估计是成人的30%～40%。二是如何处理价格以及质量不同的商品，特别是当不同地方的家庭面临不同的当地价格，或者当家庭消费不同的商品且价格和质量无法直接观察时，如何从消费或支出的数据中测量贫困的程度？迪顿在一篇有广泛影响的论文中，根据调查数据的特点创造性地提出了单位价值来替代市场价格，构造了一个消费者质量和数量选择决策的理论模型，结合科特迪瓦家庭调查数据的具体情况，证明了在进行质量效应以及测量误差的修正之后，单位价值可以用于构建当地市场价格。此外，与贫困测量相关的另一个问题是全球贫困线的制定，迪顿及其合作者使用62个发展中国家的家庭调查数据，构建了针对穷人的购买力平价汇率，与购买力平价（PPPs）不同，PPPPs使用的加权权重针对的是穷人的消费篮子。他们将其用于计算全球贫困线，结果表明，PPPPs 和 PPPs 在估计全球贫困问题上差异不是很大。

第三，迪顿使用家庭调查数据探讨了贫困国家消费的特征以及贫困的决定因素。迪顿在对印度消费的研究过程中发现了很多异常的现象，其中最著名的是食品与家庭规模之谜。这是他与帕克森就家庭食品消费的规模经济及其效应进行合作研究时发现的。根据理论逻辑推测，家庭规模经济也意味着在人均收入相同的大家庭和小家庭中，相比起来，大家庭的生活状况更好些，因为诸如住房、供热和煮饭等家庭的公共产品，与家庭成员不成比例增加；在人均收入相同的情况下，大家庭可能用公共产品替代私人产品，而把节省下来的支出用于食品消费，使得像食品消费这样的私人物品消费增加，特别是在发展中国家食品需求通常远未得到满足的情况下，家庭规模经济效应从理论上意味着大家庭的人均食品支出更多。然而，他们发现的结果是，保持人均收入不变，大家庭人均食品支出更少，而且食品消费减少最多的地方正是他们期待有最大增加的地方。这一食品与家庭规模之谜可能与另一个悖论相关。在检视印度的食品与营养的事实及其解释时，迪顿及其合作者发现，印度经历了有史以来最高的经济增长。然而，人均卡路里摄入量在过去 20 多年来一直在下降，他们猜测减少的原因可能是重体力劳动减少的结果。迪顿的另一个突出贡献是对贫困陷阱以及经济增长与贫困关系的研究。贫困陷阱指的是低收入导致低卡路里摄入量，使得人们无法全力进行工作，从而其收入保持在低水平；反过来也是一样。这个问题对脱贫政策和对贫困国家的国际援助政策的制定具有指导意义。例如，如果国际援助旨在鼓励经济增长，但是增加的收入却没有导致卡路里摄入量的显著增加，那么将国际援助重新定位于直接的食物救助可能是更好的办法。使用印度的家庭调查数据，迪顿及其合作者发现，食物对收入的总弹性大约等于 0.8，而卡路里的弹性大概是这个数的一半，并且随收入的增加缓慢递减，因而收入增长确实改善了穷人营养不良的状况。同时，他们也发现每天活动所消耗的卡路里仅占其日工资的 5% 不到，因而营养不良无法解释贫困。总之，迪顿对收入和卡路里摄入量关系的研究清楚地表明，收入增加确实导致卡路里消费的增加，而不是营养不良导致贫困。

第四，迪顿借助家庭调查数据研究了发展中国家家庭内的性别歧视问题。虽然有很多证据表明，在很多发展中国家儿子比女儿更受欢迎，但是形成家庭性别歧视的机制仍不清楚。一个机制可能是女儿相比于儿子被给予更少的资源，但是要对此进行检验很困难。即使研究人员能够和不同的家庭生活在一起以收集消费的数据，家庭仍然可能在被观察时改变行为。为了克服这个测量问题，迪顿提出了一个巧妙的方法，使用家庭消费数据间接地估计女儿是否比儿子给予的更少。具体来说，迪顿探讨了当一个家庭了有了孩子时，诸如烟酒等成人商品是否减少，以及减少的幅度在孩子是儿子时是否更大。迪顿使用多个发展中国家的家庭调查数据进行实证分析，并没有发现正常情况下存在着系统性的差异。但是，他后来的研究工作表明，当家庭面临逆境时就出现比较明显的歧视。可见，发展中国家家庭内的性别歧视问题不仅是一个经济问题，也是文化和社会问题。

总之，迪顿有关贫困、福利等方面的研究，推动了发展经济学从理论向新实证的转变。迪顿在使用家庭调查数据特别是消费数据以衡量生活标准和贫困问题上有高超的水平，他清楚地阐述了一些与发展相关的重要问题，这些问题与政策制定高度相关，极大地提高了我们对发展中国家中起作用的经济发展机制的理解。

（本文修订于2016年3月8日）

经济理论对贫困的解释

李继刚*

一、亚当·斯密贫困思想的内涵

亚当·斯密（1723～1790年）所处的时代正是资产阶级上升时期，工业革命引发了斯密对现实问题的思考，虽然他没有系统的贫困理论，但是在他的《国富论》和《道德情操论》中，处处闪烁着对贫困问题认识的光辉，笔者将其归纳为四个方面。

（一）贫困受习俗文化的影响

斯密从对物品的划分来讨论贫困，认为必需品“不但是维持生活必不可少的商品，且是按照一国习俗，少了它，体面人固不待说，就是最低阶层人民，亦觉有伤体面的那一切商品。”对奢侈品的定义，斯密运用了逻辑非的范畴，“一切其他物品，我呼为奢侈品”。这样斯密从人们的日常消费中，对贫困进行了简洁明了、深刻而又生动的刻画。

在斯密看来，贫困受到社会习俗文化的强烈影响，不同历史时期，人们对贫困的理解也不相同。“例如，严格说来，麻衬衫并不是生活中所必需的。据我推想，希腊人罗马人虽然没有亚麻，他们还是生活得非常舒服。但是现在在欧洲大部分地区，哪怕一个日佣劳动者，若没有穿上麻衬衫，亦是羞于走到人面前去的。没有衬衫在想象上，是表示他穷到了破脸的程度。事实上，不止衬衫，习俗，又以同样的方式，使皮鞋成为英格兰

---

* 李继刚，西藏民族大学副教授。

生活中的必需品。哪怕最穷的体面男人或女人，若没穿上皮鞋，他或她是不肯出去献丑的。”可以说，贫困不是基于最低的生理需求，而是基于社会的比较，具有相对性，且随着社会规范和习惯的改变而改变。从斯密的论述中，逻辑的结果就是，只要存在必需品和奢侈品，贫困就会存在，进而可以推出贫困既具有绝对性同时又具有相对性，只要社会生活中有必需品和奢侈品的划分，即便现在的奢侈品成为明天人们的必需品，那么此时依然存在贫困，这种贫困是一种与他人相比较而言的“相对剥夺”的贫困，而不是一种缺衣少食的贫困，是受到特定时期的社会经济发展水平、特定时期社会价值取向所决定的贫困。这样的贫困内涵随社会、经济、文化背景的变化而不同。这一对贫困的深刻认识影响了其后众多的学者，如卡尔·马克思也曾指出，当“历史的和道德的因素”进入最低生活标准概念中时，“在一定的国家，在一定的时期，必要生活资料的平均范围是一定的”。

（二）贫困与所有权相关

斯密针对当时英格兰实施的济贫法、居住法及有关法令当中的相关内容，导致劳动者无法自由流动的现实情况，进行了尖锐的批评。“劳动的所有权，是其他各种所有权的根本基础。所以，这种所有权是最神圣不可侵犯的。”这种对劳动力流动的限制，既妨害了流动者本人的自由选择权，也阻止了雇主雇佣工人的权利。劳动力自由流动的权力受到限制，产权价值受损，导致工资差异，造成贫困发生，在“英格兰贫民要超越教区的人为境界，比要超越国家的自然境界困难得多”。

受斯密思想的影响，马克思对其进行了发挥，进一步认为贫困之所以产生是与资本主义所有制相关联的，资本家占有生产资料，榨取工人的剩余劳动，进而造成社会财富不断增长，而贫困也不断激化。同样，阿马蒂亚·森对斯密的思想进行了拓展，指出生产资料所有制的不同形式是造成贫困、饥饿的根本原因。

（三）贫困关系到每一个人的利益

斯密在《道德情操论》中对“善行”进行了独到的分析，其中精确地分析了贫困问题不仅仅是个人的问题，更是一个和每一个人都息息相关的社会问题。斯密依据斯多葛派哲学家的观点，指出每个人都是社会中的一员，和这个社会密不可分，“为了这个伟大的共同生活体的利益，他应该随时甘愿受他那渺小的自我的利益被牺牲掉”。斯密接受他的导师哈奇森的哲学思想，提出最大多数人幸福和公正的思想。斯密写到：“完美无瑕的人性，就是关心他人胜过关心自己，就是公正无私和慈善博爱的情怀。……我们要像爱自己一样爱我们的邻人，因此我们对自己的爱不要超过我们给予邻人的爱，换言之，我们爱自己不要超过邻人爱我们，这就是一条举世无双的法则。”

从斯密的论著中，我们可以深刻体会到斯密的人文关怀，个人的富裕和幸福与他人息息相关，为了个人的幸福也要去帮助他人摆脱困境。个人的幸福建立在社会普遍富裕的基础之上。“有大部分成员陷入贫困悲惨状况的社会，绝不能说是繁荣幸福的社会。而且，供给社会全体以衣食住的人，在自身劳动生产物中，分享一部分，使自己得到过得去的衣食住条件，才算是公正。”可见，在斯密看来，不管是贫困还是繁荣，都和社会成员有关，离不开社会主体的互惠行为。

（四）贫困与国家经济状态有关

斯密详细分析了三种不同的社会结构状态。在三种不同的社会状态下，劳动者收入以及由此导致的生存状态也是不同的。

一种社会状态是经济发展迅速，劳动工资高，生活费用低的国家状态。他对比了当时的英国和北美：“北美从无何等饥荒现象。就连在歉收的年度，极限不过是减少输出，绝不致有供给不足之感。因之，北美劳动的货币价格，如果已较母国各地为高率，则其真实价格，当更较母国为高”。在这样的情形下，即便是其中一国较为富有，但经济发展缓慢，而另一国经济发展速度较快，劳动者的工资也较前者更高，抗击可能饥荒的能力也较强，易于形成“劳动力工资高——收入高——生产能力更高——劳动力需求高于劳动力供给”，国家也“更大的速度，趋于富之获得”。

另一种是虽然富裕，但长期处于停滞不前状态的国家，“居民的收入和资本，也许有颇大的额数。但这额数，如果数世纪间不变，或近似不变，每年雇佣的劳动者数，就很容易得到供应，尚不仅不愁缺乏供给，且虑有余”。当一国止步不前，经济停滞时劳动力供求基本平衡，人口不断递增的社会，劳动力工资是极为廉价的，人民的生活水平处于贫困之中。中国就是这种状态的国家，“劳动者终日孜孜劳作到晚，所得报酬，若够购买少量稻米，也就觉得满足”，并将中国工人的生存状况与欧洲工人进行对比，“欧洲职工，是漫无所事的，在自己工厂内，等候顾客”，而中国的工人“为乞求工作，而不断在街市彷徨”。

第三种国家的社会状态，“在维持劳动基金显然减少的国度”，就业市场的竞争异常激烈，“结果，职业的竞争，益形剧烈，劳动工资，逐低减到极悲惨极贫乏的生活标准”。斯密推测，这样的社会状态可能会出现以下现象：极度贫困者不是被饿死，就是沦为乞丐以讨食为生，要不然“凭借大恶不道的行为”来得以生存。这种贫困会从最底层向上层延伸，最终人口数量减少到和收入及资本相对称的状态。

斯密对国家社会状态的细分可以概括为：在一国处于发展并走向富裕的状态下，贫穷劳动者将享受到幸福、安乐；在一国处于停滞不前的状态下，人民的生活境遇将是艰难的；在一国处于经济衰落、倒退的状态下，则是悲惨的状态。一国经济发展状况不同，贫困发生的情况也就有所差异。依据斯密的劳动论，劳动工资至关重要，即各国工资差异是国家贫富差异的结果，其思想与纳克斯的“贫困的恶性循环”理论有着异曲同工之妙，即劳动工资收入水平低，意味着低储蓄率，而低储蓄率会造成资本积累不足，进而导致劳动生产率难以提高。

二、马尔萨斯的贫困理论

马尔萨斯在他的《人口原理》一书中，认为不断增长的人口将限制社会供养自己的能力，即“人口与贫困的循环论”，人类将永远生活在贫困当中。具体而言，马尔萨斯关于贫困思想的论述可以总结为以下三点：

（一）人们难以跳出“马尔萨斯陷阱”

人们难以跳出“马尔萨斯陷阱”，无法摆脱人口与经济的恶性循环。马尔萨斯指出，食物是人类得以存在的基础，是人类不可或缺的，而两性之间的情欲也是人类繁衍必不可少的条件，人的本性使然。但是，食物量的增长速度与人口的增长速度不同，人口增长如果不受限制的话，将会按照几何级数增长，而食物生产按照数学级数增长。因此，“人口的力量比地球上生产人类生存所需的力量要大无限倍。”当一国所生产的食物恰好可以满足该国人口生活时，人口开始增长，当人口增长的速度超过了食物增长的速度时，部分人口的生活水平便开始下降，更多的穷人陷于极为悲惨的境地。因此，他认为可以通过消极的方式降低人口增长速度，例如战争、瘟疫等，也可以通过预防性措施，采取积极行动抑制人口增长，人们可以通过道德教化，教育人们不结婚、严守道德规范降低出生率，实现人口零增长。

（二）贫困更多地来自贫困者自身，反对《济贫法》

马尔萨斯看到，英国救济法颁布的初衷是为了救济穷人，但是这种看似有利于穷人、有利于社会的政策反而对整个社会有害。如他所言：“济贫法固然使一些极为贫困的人生活得好一点，然而从总的方面看，靠救济为生的贫困，却远未摆脱贫困。”同时，他看到，救济法的实施产生了一个政策制定者所未预料的结果，就是降低了部分贫困者工作的积极性，助长了其懒散的习性。同时，马尔萨斯认为，得到转移收入的穷人，短期当中消费会有所增加，但是，随之而来的是食品的价格上升，而食品价格上升抵消了转移支付所得，贫困者的状况可能不是变好，而是变得更糟。同时，富人也会由此受到损害，富人变成贫民的风险增加。另外，贫困者收入的提高又会诱使其生育力的提高，结果是人口增长超过食物增长的速度。

（三）边际报酬递减是贫困者贫困的根源

土地边际报酬递减，是人口理论的依据，是贫困者增加的根源。马尔萨斯认为，随着人口不断增加，优等土地不断被占有，进而减少。要满足人口不断增长的食物需求，就不得不开垦劣等的土地，贫瘠土地必然导致劳动量的增加和产出量的减少。虽然马尔萨斯忽视了技术在农业中的作用，但是在科技水平几乎不变的时代，马尔萨斯的认识是合乎现实的。

（四）重视制度在减缓贫困中的作用

虽然马尔萨斯较为悲观地认为贫困的自然法则不可避免，但是他还是非常积极地提出了应对贫困的策略，这其中他特别强调了制度的重要性，他写道“这种贫困是自然法则造成的必然而不可避免的结果，人类制度绝没有加重它，而是大大减轻了它，虽然永远不能消除它”。在马尔萨斯看来，教育对人们生育行为的控制是极为重要的，人们理性行为以及财富观的建立，将会鼓励人们抑制生育行为。跳出“人口陷阱”的途径就是改变不合理的社会体制。可以看到，随着社会的不断变革与发展，发达国家已经有效地抑制了人口的增长，其影响人类生育的方式发生了十分巨大的变化。

三、马克思的贫困思想

无产阶级最为重要的代表人物卡尔·马克思在他的《资本论》中，论述了资本主义社会必将灭亡的结论。资本主义社会的基本矛盾是社会化大生产与资本主义私人占有之间的矛盾，这一矛盾是无法克服的，最终必将导致经济危机的爆发，使广大劳动者处于贫困之中。具体而言，马克思关于贫困的论述可以分为以下三个层次：

（一）资本主义的国家制度是工人贫困的根源

在资本主义原始积累阶段，广大农民被驱逐出土地，被迫转变为一无所有的雇佣劳动者。“掠夺教会的地产，欺骗性地出让国有土地，盗窃公有地，用剥夺方法、残暴的恐怖手段把封建财产和克兰财产转化为现代私有财产——这就是原始积累的各种田园诗式的方法”。生产资料的剥夺，造成了农民的贫困化和农民的无产阶级化。同时，“被剥夺了劳动资料和生活资料的劳动能力是绝对贫困本身，工人作为只是劳动能力的人格化，他有实际的需要，但他为满足他的需要进行的活动却只是丧失了物的条件的，仅仅包含在他自己的主体中的能力（可能性）。工人本身，按其概念是贫民，是这种单独存在的、与物的条件相脱离的能力的化身和承担者”。通过这种残酷剥夺劳动者生产资料而建立的生产方式，使广大劳动者成为一无所有者，成为资本主义生产的工具，使贫困在资本主义社会普遍化。

（二）资本主义工厂制度是工人贫困的直接原因

资本主义社会形成两大对立阶级：一个是资本化身的资本家阶级；另一个是只能依靠出卖劳动力维生的无产阶级。前者占有生产资料，通过资本雇佣劳动来获得剩余价值；后者只能通过出卖劳动维持生计。而资本主义的工厂制度就是这一过程的载体，其通过实物工资和延期支付工资的形式剥削工人。资本家通过发放实物的形式来替代货币，将廉价的实物高估来剥削工人，榨取剩余价值。同时，通过延期支付工人工资的手段，变相地借贷工人的工资，扩大资本积累，而并没有因此而付给工人利息。资本家通过计件工资和计时工资形式，达到剥削的目的。计时工资制给了资本家使用工人、支配工人更大的权力，同时也加深了被剥削的程度，而计件工资制则成了资本家“克扣工资和进行资本主义欺诈的最丰富的源泉”。不论是这两种制度的哪一种，在资本主义私有制下都是最大限度地剥削工人、榨取工人剩余价值的手段，使工人沦为社会的最底层阶级。

（三）资本有机构成的提高进一步加剧了工人的贫困

资本家对剩余价值的追求，早期是通过绝对剩余价值的生产来实现的，之后，在市场竞争压力、社会道德压力以及工人阶级的积极斗争下，资本家不得不缩短工人劳动时间，改变剥削方式，采取相对剩余价值的生产方式。资本家通过提高劳动效率、降低个别劳动时间获得在市场竞争中的优势。要实现市场中的不败地位，资本家采取了资本、技术替代劳动，使资本有机构成不断提高。资本有机构成的提高，意味着更多的资本代替劳动力的使用，市场对劳动力的需求相对于资本而言较低，资本的回报更高；而工人的工资下降，工人并没有因为经济的增长而得到生活境况的改善。同时，机器设备的不断改进，以及生产操作简单化，也使得劳动力供给大于市场对劳动力的需求。在市场规律作用下，工人的工资进一步下降，生活更加贫困。

四、纳克斯的“贫困恶性循环论”

纳克斯提出的“贫困恶性循环”理论在学界产生了巨大的影响，同时也受到了诸多严厉的批评。具体而言，他的贫困理论可以归结为以下三点：

（一）纳克斯的“贫困恶性循环”

纳克斯在《不发达国家的资本形成问题》一书中提出的“贫困恶性循环”认为，资本形成困难是国家贫困的决定性因素。其理论可以概括为“一国贫困是因为贫困”这样一个命题。从供给方面看，由于收入水平低下，因此储蓄倾向低，进而导致投资低下，资本难以积累，这就又制约了收入水平的提高。从需求方面看，由于人们的贫困，收入很低，购买力不足，投资自然受到制约，导致一个“贫困恶性循环”。

（二）国内市场狭小成为不发达国家发展初期的重大障碍

他认为，市场容量是投资、国际贸易的基本决定因素，贫困国家参与国际分工，不会迅速扩大市场容量，很难得到好处。如果贫困国家希望通过出口原材料等发展国际贸易，有可能会带来对国际市场不利的价格影响。纳克斯认为，国际贸易作为经济发展的推动力已经不适合发展要求，否定国际贸易是经济增长引擎的命题。

（三）政府在发展中的作用

纳克斯认为，发展中国家要打破这一恶性循环，需要政府发挥积极作用，“在不发达国家内利用财政手段来积累资本，并不是一个学院式的不现实的主意”。因此，他强调国家财政的作用。同时，政府要在投资领域发挥作用，特别是在基础公共设施和公共服务方面，要为经济发展创造条件。

五、舒尔茨的贫困经济学

1979年，西奥多·舒尔茨（Theodore Schultz）在诺贝尔经济学奖获奖演说中指出：世界上大多数人是贫穷的，所以如果我们懂得穷人的经济学，也就懂得许多真正重要的经济学原理。世界上大多数穷人以农业为生，因而如果我们懂得了农业，也就懂得了穷人的经济学。

（一）发展现代农业，提高贫困人口的收入

由于世界上的贫困人口主要集中在农村，发展农业是贫困人口摆脱贫困的出路。针对20世纪50年代部分经济学家忽视农业的现实，舒尔茨指出，农业绝不是消极无为的，农业完全能够成为一国经济增长的源泉，在一国经济发展中具有举足轻重的作用。

舒尔茨在《改造传统农业》一书中，就如何发展现代农业、提高农民收入提出了“收入流价格理论”。根据这一理论，收入的多少取决于生产要素，那么农业收入的高低就是由农业生产要素决定的，即农业收入流量的增加提高了农业的收入。由于传统农业生产要素价格较高，导致农业资本收益率较低，结果就是农民生活的贫困。基于这样的认识，提高农民收入，就要改造传统农业。而改造传统农业的关键就是要降低生产要素价格，提高农业资本收益效率。舒尔茨指出，可以通过建立一套合适的市场制度，向农民投资来改造传统农业。

（二）提高人口素质，改善贫困人口福利

舒尔茨被称为“人力资本之父”，他认识到人力资本在经济社会发展中的重要性。舒尔茨研究认为，人力资本高低同富裕程度紧密相关。提高人力资本是促进经济发展、改善贫困者福利的有效手段。人力资本同其他物质资本一样需要进行投资积累才能获得，人力资本通过包括从启智等早期教育到劳动力成年培训等教育中所获得的知识和技能。经济学研究强调，国家之间收入水平的差异，人力资本和物质资本具有至少相同的贡献。“各种历史资料都表明农民的技能和知识水平与其耕作的生产率之间存在着有力的正相关关系。”

（三）建立适当的制度，通过知识进步增加资源供给，促进经济增长

舒尔茨乐观地认为“人类的未来永无止境”。低收入国家的贫穷并非源于土地资源不足或土地分配的不公平，根本原因在于缺乏激励和农业科技的投入。舒尔茨驳斥了学界关于农民非理性的偏见，认为农民也是“经济人”，也会按照成本收益精打细算。低收入国家贫困的一个重要原因就在于政府的不当干预，以及激励机制的扭曲。因此，只要制度适当，

农民就会寻找一切可能的机会，同时加大农业技术的投资，促进边际报酬的递增，这就成为低收入国家摆脱贫困的出路。

六、阿马蒂亚·森的贫困理论

对贫困问题的思考往往局限于对收入水平方面的探讨，阿马蒂亚·森在《以自由看待发展》一书中突破这种对贫困问题认识的狭隘性，建立了一个全新的发展理论框架。在他看来，贫困者之所以贫困是由于贫困者缺乏创造收入和获取机会的能力，其本质是因权利的缺失或其他条件的不足造成的。同样，美国经济学家米尔顿·弗里德曼也深刻指出："相信个人的尊严，相信根据他自己的意志来尽量发挥他的能力和机会，只要他不妨碍别人进行同样的活动的话。"由此可以看出，弗里德曼同样认为，除了那些由某些先天的遗传缺陷造成（如身体残疾、智力低下），或者由后天环境因素造成（如吸毒、赌博、酗酒），以及问题家庭的影响等导致的贫困外，由其他原因而导致的贫困就不应该只由贫困者本人来负全部责任，而应该由政府、社会承担相应的责任与义务。

（一）贫困是一种能力贫困

阿马蒂亚·森在他的多部著作中不断阐述一个核心概念——可行能力，即"此人有可能实现的、各种可能的功能性活动。可行能力因此是一种自由，是实现各种不同的生活方式的自由"；"一个人的可行能力集由这个人可以选择的那些可相互替代的功能性活动向量组成"；"贫困必须被视为基本可行能力的被剥夺"，这一论断扩展了学界对贫困问题更进一步的认识，体现了被现代西方经济学早已遗失的人文关怀，启发学界应以更宽广的视野来看待发展问题。

（二）贫困是一种权利的贫困

阿马蒂亚·森在对"可行能力"论述的基础上，进一步将贫困理解为权利的被剥夺或其他条件的不足造成的。他认为贫困与权利紧密相连，理解贫困首先要理解权利，这里的权利包括四个方面：一是根据自愿进行贸易所获得的东西；二是使用自身所拥有的资源或交易的资源生产出的东西；三是拥有自由支配自身劳动的权利；四是有权继承和接受他人赠予的东西。由此他将贫困问题深入到政治、社会与法律层面。

（三）贫困是一个与正义相关的问题

“由正义保障的权利不受制于政治的交易或社会利益的权衡。”从这些论述中，我们进一步加深了阿马蒂亚·森所认识的“以自由看待发展”的精辟论述，一个法治的社会不仅仅是自由的社会，更是一个充满道德感、正义感，共同繁荣的社会。贫困绝不是一个单纯的供给不足问题，还关系到社会是否正义的问题。他指出，即便一个国家市场是繁荣的，但这并不等于整个社会的富裕与进步。一国在繁荣发展时期，如果未能处理好社会公民与国家政权之间的权利关系，不能有效地调节收入分配中的权利关系，那么，社会繁荣的背后必然伴随的是贫富之间的相互割裂。

（本文摘自《西藏农牧区反贫困与乡村建设》，2016 年 9 月）

多维视角下贫困的成因

徐旭初*

贫困作为特定的社会经济现象为人们所重视，且被纳入理论研究的领域，严格地说是在17世纪末以后。由于资本主义社会生产力的提高，社会剩余产品不断增加，收入高低分化越来越大，贫困逐渐成为一个突出的社会问题。于是，众多学者从不同角度对贫困的现象及其根源进行深入的研究，特别是西方发展经济学对此做出了突出贡献。但作为一种社会经济现象，贫困与社会发展和实践是密不可分的，并随着社会的发展而发展。因此，对贫困的研究也体现出一种发展的趋向。从经典的贫困理论看，这种发展主要体现为由经济增长的贫困理论向社会发展的贫困理论以及人力资本的贫困理论的演进。

此处给出导致贫困原因的分析框架：

首先，贫困是一个家庭现象，而不是孤立的个人现象。

其次，从家庭角度来看，不能获得足够的生存和发展资源是其陷入贫困的最直接原因，这里的资源可以表现为收入，也可以表现为社会提供的公共服务和公共产品。在收入方面，一个家庭不能获得足够的收入以摆脱贫困状态，其原因有：（1）缺少劳动能力；（2）劳动力素质低或低水平的人力资本；（3）劳动力就业机会不足；（4）没有足够的实物或金融资本；（5）土地稀少或土地贫瘠；（6）自然条件和环境恶劣；（7）外部的负面冲击（如自然灾害）。以上七个因素也就是我们常说的主要生产要素（劳动力、资本、土地、自然条件）的进一步细化。

再次，上述因素都是导致贫困的直接或间接原因，并不意味着其中一

* 徐旭初，杭州电子科技大学人文与法学院教授。

个因素的存在必然导致贫困的发展，因为其他因素的改善会起到抵消作用。

应该看到，上述致贫的因素之间可能存在着互为因果的关系。

还应该看到，贫困与这些致贫因素之间存在恶性循环的关系，从而导致贫困的长期化。这种现象正是学术界经常讨论的"贫困陷阱"。

最后，在现代社会中，由于政府和社会各界一系列反贫困措施的作用，上述致贫因素的作用会相对减弱。

一、经济视角的贫困形成机理

贫困问题是经济学研究的永恒主题。很多学者从经济学的角度研究了贫困的形成机理。

（一）纳克斯的贫困恶性循环理论

美国哥伦比亚大学教授纳克斯（R. Nurkse）在其出版的《不发达国家的资本形成问题》一书中系统考察了欠发达国家的贫困，探讨了贫困的根源和摆脱贫困的途径，提出了著名的"贫困恶性循环"理论（Nurkse，1953），是经济学家解释发展中国家贫困问题的最早尝试之一。

纳克斯认为，发展中国家之所以贫困，不是因为这些国家国内资源不足，而是因为这些国家的经济中存在着若干个互相联系、互相作用的"恶性循环系列"，正是这些恶性循环，使发展中国家长期在持续的贫困封闭圈中徘徊，无法实现经济发展。而在这个恶性循环系列中，主要是"贫困恶性循环"，其产生的原因在于资本缺乏，资本形成不足，形成一个"低收入——低购买力——投资引诱不足——低资本形成——低生产率——低产出——低收入"的恶性循环。

"贫困恶性循环"理论的核心实际上是要说明发展中国家要摆脱贫困，打破恶性循环，必须大规模地增加储蓄，扩大投资，促进资本形成。纳克斯的"贫困恶性循环"理论反映了发展中国家贫困的重要特征，并初步探讨了产生贫困的根源和摆脱贫困的途径。但是，它过分强调了储蓄的作用和资本积累的重要性，因而受到一些学者的批评。

（二）纳尔逊的低水平均衡陷阱理论

20世纪中叶，纳尔逊（R. Nelson）根据人均资本、人口、国民收入与人均收入的关系，提出了贫困的“低水平均衡陷阱”理论。他认为，从资本供给方面看，发展中国家人均收入低，低收入意味着低储蓄水平和储蓄能力；低储蓄能力导致资本稀缺、资本形成不足；资本形成不足使生产规模难以扩大，生产率难以提高；低生产率又引起低经济增长率和新的一轮低收入。如此周而复始，形成一个恶性循环。从资本需求方面看，也类似形成一个恶性循环（Nelson，1956）。结构主义学派代表人物缪达尔（G. Myrdal）提出“循环积累”理论来解释发展中国家贫穷日趋加剧的困境——在发展中国家，由于收入水平很低，导致居民生活水平低下，人口质量下降，劳动力素质不高，就业困难；劳动力素质不高又导致劳动生产率难以提高，生产效率低下；劳动生产率低又引起产出增长停滞甚至下降，最终低生产率导致低产出，低产出导致新一轮的低收入，使发展中国家总是陷入低收入的累积性循环困境之中（Myrdal，1957）。

“贫困恶性循环”理论和“低水平均衡陷阱”理论都认为经济贫困在没有外力推动的情况下是一种高度稳定的均衡现象，而经济发展则是经济从低水平向高水平均衡的过渡；一旦经济从低水平均衡中挣脱出来，贫困地区就走上持续稳定增长道路。他们都强调了资产资源对于反贫困的重要性，把发展的希望寄托于政府或外部力量的支持和冲击。

（三）分工交易说

分工对于经济增长有着重要的意义。经济学鼻祖亚当·斯密把分工放到了经济增长研究的中心位置，认为分工不仅具有提高劳动生产率的效应，而且分工对于促进发明创造、扩大交易规模与市场范围、改善社会福利都有重要作用。以罗森、杨小凯、黄有光等人为代表的新兴古典经济学利用超边际分析方法，具体分析了分工对于组织和生产力演进的意义。依据该理论视角，有关研究指出，我国农民的就业问题主要是由于二元经济结构阻碍了分工演进——既阻碍了农民参与城市的分工，也阻碍了农民自身的分工深化。具体而言就是农民缺乏择业自由、土地没有受到有效的产权保护，议价过程中的高内生交易费用，缺乏交易自由和组织试验的自由等。这些制度安排最终阻碍了农民参与城市分工，也阻碍了农民自身的分工深化，使农民陷入了制度性贫困陷阱（刘明宇，2004）。

（四）社会资本理论

法国社会学家布迪厄（P. Bourdieu）于1980年首次提出“社会资本”概念，接着是科尔曼（J. Coleman，1988）对社会资本理论进行了系统阐述。之后，社会资本理论很快成为当代西方最具影响力的分析范式之一。美国社会学家武考克（M. Woolcock）认为，一个地区或国家如果拥有较多社会资本即较紧密的社会网络和公民联系，也就在面临贫困和经济脆弱时处于更有力的地位（Woolcock，1998）。作为世界银行发展问题专家，武考克等人把发展贫困地区的社会资本作为反贫困的一项重要措施，他们的研究证明，社会资本在地区反贫困中具有不可忽视的作用。世界银行（2001）公开发表的《2000/2001年世界发展报告——与贫困做斗争》，也明确提出要把支持穷人积累社会资本作为反贫困的重要行动之一。

在国外社会资本理论与贫困关系研究的影响下，我国学者也对这一问题进行了深入研究。范香梅和张晓云（2012）通过理论和实证研究发现，社会资本有助于提高农户贷款的可得性，抵押在总体上降低了农户贷款的可得性，而社会资本能增加农村地区的贷款规模；对农户信贷分层后发现抵押贷款适用于较富裕农户，而基于社会资本的贷款适用于中低收入者。因此认为在农户贷款合约中引入社会资本，将有助于农村贷款难问题的解决。张爽等（2007）研究发现，社会网络和公共信任能显著地减少贫困，而且在社区层面的作用尤其明显。此外，韦革（2009）、孙远太（2011）、丁冬等（2013）等学者都从理论和实践层面对社会资本与贫困的相关性问题进行了研究。

当然，还有部分学者结合其他理论对贫困问题进行了研究，国外的如美国经济学家莱宾斯坦（H. Leibenstein，1957）采用了临界最小努力理论，瑞典经济学家缪达尔（1957）采用了循环积累因果关系理论；国内学者如罗必良（1991）的“陷阱——隔离——均衡”理论，汪三贵（1994）认为农村贫困的原因主要是农业资源的制约和农业政策等等。

二、社会视角的贫困形成机理

社会学对贫困的研究也是一个非常活跃的领域，它主要从社会视角寻找贫困的原因。例如马尔萨斯（T. Malthus）的人口论，认为资本主义社会中的贫困并不是由资本主义私有制造成的，而是源于人口生产规律；他认为贫民自身是贫困的原因，与社会制度无关（Malthus，1798）。从20世纪50年代开始，学者们注意到了贫困的代际传递问题。“布劳—邓肯模型”为贫困的代际传递问题提供了一个可以量化的分析框架，这一模型可以反映父母的教育和职业对子女后来所取得的社会地位的影响程度（Blau&Duncan，1967）。朗特里（1901）发现，在生命周期的不同阶段，发生贫穷的可能性并不相同，尤其在儿童、父母、老年这三个阶段，人们特别容易落入贫穷的状态。贝克尔（G. Becker）和托姆斯（N. Tomes）认为，贫富差距可能会在代际形成一种传递机制（Becker&Tomes，1979）。阿玛蒂亚·森（2002）提出，贫困的真正含义是贫困人口创造收入能力和机会的贫乏，而不仅仅是收入低下，贫困意味着贫困人口缺少获取和享有正常生活的能力。

以戴维斯（K. Davis）和莫尔（W. Moore）为代表的学者们提出了社会分层职能理论，试图从宏观上构架不平等以及贫困的存在有利于社会的理论观点，以维护贫困的存在（Davis&Moore，1945）。这种学说认为，所有社会都被分成许多层次，因此，收入、地位和权力的不平等是一种普遍现象。具体说就是，每个社会都有一定的位置，这个特定位置上的人比其他位置上的人更能对这个社会发挥作用。因此，社会必须保证将最能干的人置于这些位置上，而一旦确定人选，就必须给他们适当的鼓励以对他们的作用进行奖励。这样就必然产生不平等和贫困，这是普遍的、必须的和不可避免的。此外，还有以功能主义思想解释社会上的贫富差距现象的贫困功能理论。该理论认为：贫困的存在是因为它发挥着某种有利于或维持该社会运转的功能。换而言之，社会的正常运转在一定程度上依赖于某些社会阶层和部分社会成员的贫困。然而，贫困功能论的最大缺陷是把“穷人生下来就从事这项工作”和“穷人生下来就为从事这项工作”搅在一起，是一种理论上的“偷梁换柱”的做法。

贫困结构论将贫困视为社会结构、社会制度的一部分，认为只要原有的结构、制度得以维持，贫困就将继续存在。在这一总观点下，又有社会阶层斗争学说、“二元劳动市场论”等学说。社会阶层斗争学说是按马克思主义从结构方面对资本主义社会中的贫困所作分析的一个概括。该理论认为，在资本主义社会，工人阶级不占有生产资料，被资本家剥夺了剩余价值，这是导致其贫困的根本原因。“二元劳动市场论”认为社会存在着两种劳动市场：一种是收入高、待遇好、福利优越的劳动市场，能进入此种市场的人自然成为富裕者或中产阶级；另一种是收入低、待遇差、福利水平也差的劳动市场，穷人便是此种劳动市场的主要受雇者。两种劳动市场的分割主要是由法律环境、劳动者的家庭出身、性别、文化程度、个人经历等多种条件决定的。

三、文化视角的贫困形成机理

贫困文化论是20世纪60年代由美国人类学家刘易斯（O. Lewis）创立的，这一理论强调父母养育方式与社区生活对孩子的影响。他从全社会角度、社区层次、家庭层次和个人层次四个方面说明贫困文化对穷人的影响。（1）从全社会的角度看，贫困文化是一种亚文化，其最主要的特征是，该种文化或其体现者——穷人，脱离了社会生活的主流。它实际上是穷人的一种自我保护机制，是穷人对自己低下的社会地位的反映，即穷人意识到按照社会上所推崇的标准去获得成功已不可能，于是索性放弃这种努力而信奉一种不求进取的价值观念。（2）从社区层面上看，贫困文化主要体现为一种贫民窟的特殊文化现象，人们长期居住在那里，便形成了贫民窟特有的社区意识，与居住在城市其他地区的人在情感上区别开来。（3）从家庭层面上看，贫困文化体现在特定的家庭关系、结构方面，如穷人未婚同居的比例较高。家庭往往结构松散，家庭中常有暴力行为，抛弃配偶、子女的现象屡屡发生。（4）从个人层面上看，作为贫困文化典型代表的个人，通常知识贫乏、眼界狭窄，只关心眼前的利益和个人事情，生活无计划，喜欢及时行乐，相信“宿命论”，有自暴自弃的倾向（Lewis，1966）。

我国部分学者认为，贫困文化是现代社会中的一种亚文化现象，是指社会上多数人均处于中等以上生活水平时，仍有一部分处于贫困状态的人所形成的一套使贫困本身得以维持和繁衍的特定的文化体系（宋镇修、王雅林，1993：211）。穷人由于长期生活于贫困之中，结果形成一套特定的生活方式、行为规范、价值观念体系等，这些方面便组成贫困文化而代代相传（李瑾瑜，1997）。贫困文化就是指贫困阶层所具有的一种独特生活方式，它是指长期生活在贫困之中的一群人的行为方式、习惯、习俗、心理定式、生活态度和价值观等非物质形式（吴理财，2001b）。李登好（2007）以皖西的岳西县为例，分析了贫困地区的贫困文化对贫困发生的影响，指出在贫困地区，贫困文化的恶性循环是影响当前农村发展的主要原因。贫困文化作为一种亚文化，对社会经济发展产生了很大的负面影响，要想根治贫困，使农村摆脱贫困的境地，必须从贫困的主体入手，大力发展农村教育事业，改造农村贫困文化，走文化扶贫之路。

“贫困文化论”讨论的问题是贫困如何在穷人之间传递，认为贫困是一种自我维持的文化体系。刘易斯认为，仅靠社会福利、社会救济是解决不了穷人的贫困的，问题的关键在于消灭贫困文化，改变穷人的价值观和生活方式，使他们产生内在动力和劳动积极性。

四、制度视角的贫困形成机理

早期的制度贫困研究可追溯到马克思剥削理论的核心观点——制度造成贫困。缪达尔（1957）认为，发展中国家的贫困，绝不仅仅是纯粹的经济原因造成的，而是政治、经济与文化等因素综合作用的结果。托达罗（M. Todaro）认为，贫困和收入分配的严重不公平问题并不是自然增长过程的必然结果，如果增加的国民收入可以在人们中广泛分配的话，那么它多多少少要依赖于经济增长的特点和政治及制度的安排（Todaro，1969）。许多经济学家运用制度分析方法研究发现，当今发展中国家贫困落后的根本原因是有效制度的短缺，发展中国家的落后是“制度性落后”，发展中国家的贫穷是“制度性贫穷”。

福利制度贫困论认为西方国家在奉行了多年福利制度后，并未能消灭贫困现象，甚至有时还加剧了贫困现象。因此，有批评的观点指出，福利制度只是貌似公平，实际上是造成一部分人贫困的原因。这种批评分为激进和保守两派。激进派认为：政府发放的福利、救济金额较少，只能使穷人维持在贫困生活水平上，解决不了穷人的需求问题，而且容易得到的福利保障减少了人们工作的冲动或动机。救济金实际上制造着一个贫困阶层；同时，福利制度弱化了社会中最基本的经济单位——家庭，剥夺了户主的经济职能。因此，福利制度阻碍着经济进步，阻碍着穷人状况的根本改善。保守派认为：福利制度给政府造成可怕的经济负担，使社会再生产受到抑制，使投资减少，结果限制了财富与新的就业机会的增长，造成国民财富积累的衰退，最终加剧了社会上一部分人的贫闲化。

随着西方新制度经济学的兴起，国内外学者开始进一步将贫困问题与制度联系起来。新制度经济学认为制度是经济绩效的决定性因素，制度的起源、变迁、创新、国家供给等都与经济发展有关。制度的效率将在很大程度上决定经济的增长。即有效率的制度能够促进经济的增长，而低效率的制度将阻碍经济的增长。在运用制度经济学理论研究贫困问题的领域中，比较有代表性的是科斯（R. Coase，1937；1960）的产权理论和诺斯（D. North，1990）的经济增长理论。产权理论是新制度经济学中的核心理论。产权不是指人与物之间的关系，而是指由物的存在及关于它们的使用所引起的人们之间相互认可的行为关系，产权安排确定了每个人相应于物的行为规范，每个人都必须遵守他与其他人之间的相互关系，或承担不遵守这种关系的成本。以诺斯为代表的新制度经济学家从制度变迁的角度分析经济增长，他们认为，创新、规模经济、教育或人力资本投资、资本积累等并不是经济增长的真正原因。

科斯的产权理论和诺斯的经济增长理论可以与中国的改革开放有效联系起来。以家庭联产承包责任制为基础的农村改革正是从产权的角度进行调整，在保持土地所有权不变的前提下，赋予农民经营自主权，极大地调动了农民从事农业生产的积极性和热情。因此，在新时期中国农村反贫困的进程中，如何处理产权问题及制度创新问题将直接关系到扶贫开发的效果。

国内学者中，最早对制度影响贫困的问题进行研究的是茅于轼（1995），他指出市场制度是解决社会产品和物质财富分配的有效制度。黄少安（2003）、刘玉龙（2005）、赵玉亮和邓宏图（2009）等对国内情况的研究表明：不合理的土地制度、户籍制度、税费制度、教育制度和政治体制是导致农民贫困或不能脱贫的主要因素；各种有效的制度供给不足阻碍了各种要素的流动，从而制约了农民的选择权，不能形成各种自由的要素市场；解决农村贫困的有效途径是给予农民对各种经济资源使用的选择权利和处置权利。

五、地理环境视角的贫困形成机理

贫困环境论是最为传统的贫困成因解释。贫困环境论是由瓦伦丁（C. Valentine）、罗德曼（H. Rodman）等一批社会学家提出的。他们认为贫困是由贫困者所居住的环境恶劣等原因引起的，比如自然环境恶劣、土地贫瘠、交通不便、水资源缺乏、自然灾害频发、基础设施落后等造成人们生存、生活的困难（Valentine，1968；Rodman，1971）。

关于地理环境与贫困的关系，有诸多理论。比如地理环境决定论，其核心思想是人类活动受环境制约的学说，即自然环境对人类社会、经济、政治等起绝对支配作用，是社会发展的决定因素。决定论者认为，在一定的地理环境下必然会形成一定的人文现象和贫富差别。这种思想过于强调环境对人的作用和影响，只表明了这一客观现象单方面造成的因果关系，具有极强的片面性。而随后的一些地理环境决定论者提出“环境决定人类命运和社会发展”的论点更为偏颇，致使地理环境决定论思想后来受到理论界的普遍批评。在对地理环境决定论的批判声中，代之而起的是或然论的人地观。法国地理学家白兰士（V. B1ache）认为：同样的环境完全可能形成不同的生活方式，关键在于人的能动性；自然环境为人类提供了多种可能性，利用什么和如何利用完全取决于人类的选择能力；人地关系不是一种必然的关系，而是或然的关系（Blache，1952）。因此，人们把白兰士的人地关系思想称作“或然论”或“可能论”。此后，人地适应论和协调论发展起来。英国地理学家罗士培（P. Roxby）把人文地理学的范畴和目的用“适应”一词来归纳，由此提出适应论。他认为，人地关系的本质是“适应”，适应不仅指自然环境对人群活动的“控制”，也包括人群对环境的利用及利用的可能性，所以人地关系可以从人地适应的观点来讨论（Roxby，1930）。在适应论者看来，人对自然的调整和适应对人类的生存状况具有重要的实际意义。在一定的自然环境约束下，适应能力强的人群能够较好地从环境的利用中获得满足他们生存需要的物质资源，而适应能力弱的人群难以获得足够的生存物资。协调论则认为在人地作用的过程中，人类对环境的适应和改造必须遵循环境自身的演变规律，使人类社会发展与环境发展和谐一致，人类必须通过约束自身的行为达到人类社会与地理环境之间的协调。在 1980 年第 24 届国际地理学大会上，大会主席怀特（M. White）教授指出："在今日世界人口大增、环境变化急剧、资源匮乏和自然灾害频繁的处境中，如何协调自然环境和人类文化生活的关系，已成为国际地理学界所面临的主要任务。"以协调论来解读贫困问题，人类必须以人类与环境之间的协调作为尺度衡量自己适应和改造地理环境的行为是否妥当。当人口数量超出了资源环境的承载能力，或是社会不能通过发展生产力充分利用资源条件时，部分人口陷入贫困就是不可避免的。

此外，资源诅咒假说是解释资源丰裕的国家或地区与贫困关系的一种新理论。通常认为，资本、劳动力与自然资源是一个地区的基本生产要素，对经济增长有着正的边际贡献。因此，在其他条件相同的情况下，相对于资源贫乏的地区，资源丰富的地区在资源繁荣期间能够获得更多的资本积累，有着更高的生产可能性边界，实现更快的经济增长，如英国、美国、加拿大、澳大利亚等。但是，"二战"后绝大多数资源丰富的发展中国家或地区并没有因为这些"神赐天粮"飞速发展起来，尤其是经历资源繁荣后，其发展速度反而低于很多缺乏自然资源的国家和地区。奥蒂（R. Auty，1993）将这一悖论总结为资源诅咒假说。辛格（H. Singer，1950）首先从国际贸易的角度解释资源出口国家贫困化增长的原因，揭示了资源诅咒现象。帕皮拉基斯（E. Papyrakis）和格拉夫（R. Gerlagh）利用 1986～2001 年美国 49 个州的截面数据，考察不同区域间经济增长水平的差异，对自然资源丰裕度与地区经济增长之间的关系及传导机制进行了研究。结果表明，丰裕的自然资源对美国的地区经济增长产生了负面影响，影响机制主要包括降低了对外投资、对外开放度、科研教育水平，并增加了内部的贪腐机会（Papyrakis & Gerlagh，2007）。

姜德华等（1989）的著作《中国的贫困地区类型及开发》是对中国区域性贫困类型分析的第一本书。作为中国科学院地理研究所的研究成果，它侧重从自然资源角度概括贫困的分布和特征，总结了山区资源不合理开发利用与自然生态恶性循环的过程，并概略地讨论了合理开发利用和自然生态良性循环的方法。此后，国内关于生态环境与贫困之间的关系问题的研究大量出现。郭怀成等（2004）研究了西部地区的贫困和生态环境问题，指出我国广大西部地区面临着严重的贫困问题和生态环境问题，而其贫困也多为环境制约型贫困，贫困与生态环境问题往往交织在一起，互为因果。对于环境制约型贫困的西部地区，只有打破贫困与环境之间的恶性循环，建立经济与生态环境的良性循环才是反贫困的根本途径。曲玮等（2012）利用2000~2006年甘肃省51个扶贫开发重点县的面板数据进行实证分析。回归结果显示，经济社会发展在很大程度上能缓解由不利的自然地理环境对贫困造成的负面影响，但是自然地理环境制约仍然是导致贫困的重要因素之一。政府通过合理的政策设计，充分利用贫困地区现有资源，可以在一定程度上减缓贫困的发生。

此外，由全球气候变化带来的影响及产生的灾害所导致的贫困或使得贫困加剧的现象，可视为基本生存权利被剥夺的贫困现象。这类贫困，有的学者称之为“气候贫困”，胡鞍钢等（2009）、程静（2010）都对此进行了研究。

六、个体视角的贫困形成机理

个体视角的贫困成因分析关注贫困个体或家庭本身的因素，多从人力资本、社会地位、抗风险能力等角度进行研究。

以舒尔茨（T. Schultz）为代表的经济学家反驳了“贫困者被动非理性”的观点，认为传统农业内部的资源配给是有效率的，这就是所谓“贫困而有效率”的著名命题。农户之所以贫穷是由于缺乏知识和高质量的投入。他认为只要增加农户识别并有效使用“较好”技术的知识，引进现代农业的高治理投入，便可望打破传统的内部均衡和停滞，可望激发小农的投资和创新活动，从而带来更高产量，消除贫困（Schultz，1964）。舒尔茨的理论告诉我们，在反贫困的努力中不仅要依赖外部的支持，而且应该注重贫困者自身积极性和能力的培养，从而使反贫困主体和路径多元化。舒尔茨认为增加农户的知识，提高他们的人力资本，有助于消除贫困。反之，农民的人力资本低会导致农民的贫困。国内不少学者也认为地区的人口素质低下、观念落后导致了贫困。贫困人口的素质低主要表现为受教育水平低，掌握的知识量少，这使得他们难以打破传统和习惯，难以接受新的生产、生活方式以及大多数新事物、新现象，同时也影响他们非农就业的机会。对于这种由知识缺乏造成的贫困，胡鞍钢和李春波（2001）称之为“知识贫困”。

20 世纪 70 年代以来，一些学者如汤森德、阿玛蒂亚·森等开始关注社会排斥问题。将社会排斥分析框架用于贫困研究，最早起源于汤森德（1979）等人提出的“社会剥夺”概念，他们认为，“社会剥夺”是“社会上大多数人认为或风俗习惯认为应该享有的食物、基本设施、服务与活动的缺乏与不足”；之后，社会剥夺概念内涵由物质层面向社会文化层面演变；20 世纪 90 年代初进一步发展成为社会排斥理论和社会排斥分析框架，主要用来研究失业、贫困、两极分化等问题。阿玛蒂亚·森（1999）从社会排斥与贫困之间的关系出发，将社会排斥分为建构性排斥和工具性排斥。社会排斥概念的提出将对贫困问题的界定扩展到社会地位与权利等非经济因素，以及基本能力的被剥夺和机会丧失等方面（杨团，2002）。目前所能看到的使用“社会排斥分析框架”的研究，多数是对特定群体的研究，如将社会弱势群体作为研究的对象，对流动儿童、农民工、失地农民、艾滋病患者、失业人口和贫困家庭等比较典型的社会弱势群体在不同方面的社会排斥研究。

20 世纪 80 年代初，钱伯斯（R. Chambers）和康韦（G. Conway）提出了脆弱性的“外部—内部”分析框架，开始将脆弱性分析视角运用到发展研究中（Chambers&Conway，1992）。目前，脆弱性成为贫困研究的关键概念之一，虽然很多贫困研究的文献都对脆弱性有所界定，但是使用较广的定义是世界银行（2001）提出的——脆弱性是指个人或家庭面临某些风险的可能，并且由于遭遇风险而导致财富损失或生活质量下降到某一社会公认的水平之下的可能；脆弱性高是贫困的特征之一。世界银行的定义表明了脆弱性包括两个方面，即受到的风险和抵御冲击的能力，一般来说，当受到的风险相同时，抵御能力强的脆弱性低，抵御能力弱的脆弱性高。从脆弱性的角度考察贫困有助于深刻分析贫困的历史成因以及今后的发展变化趋势，即能够动态地考察贫困问题。脆弱性分析在我国的一些贫困研究和实践中也开始运用。韩峥（2004）分析指出，世界粮食计划署（WFP）使用“脆弱性—粮食安全风险—抵御风险的能力”的模型对中国进行的县级脆弱性分析表明，全国有350个县仍存在较高的粮食安全脆弱性，即粮食产量受各种因素影响波动明显，粮食产量与消费需求相比差距较大，而且自然条件差，基础设施、教育和卫生服务都较落后。

可持续生计分析框架是20世纪90年代特别是90年代后期，由一些双边或多边的国际援助组织，如世界银行、英国国际发展署（DFID）与一些发展研究机构，如英国萨塞克斯大学（University of Sussex）发展研究所（Institute of Development Studies，IDS）合作发展起来的，并且逐步发展成为干预贫困的重要工作方法。可持续生计分析方法是理解多种原因引起的贫困并给予多种解决方案的集成分析框架，源于强调地方参与和理解所有形式的贫困发展哲学观点，是设计以人为中心的缓解贫困方案的建设性工具。李琳一（2004）、Roberts和杨国安（2003）指出，运用可持续生计分析框架对地方生存进行整体的、参与性的分析，发展规划人员可以辨明和确立开发战略的起点并进行有效调节以增进生计维持能力。可持续生计分析框架是帮助人们，特别是穷人认识生计状况的一个工具，它是对与农户生计，特别是贫困问题有关的复杂因素进行分析的一种方法。目前，使用较多的可持续生计分析框架主要有联合国开发计划署（UNDP）的可持续生计分析框架、国际关怀组织（CARE）的可持续生计分析框架和英国国际发展署（DFID）的可持续生计分析框架。可持续生计分析框架将穷人或者贫困家庭对资产禀赋的认识看作是其进行某种行动选择的根本，因此其基本原则是缓贫政策必须关注穷人资产状态的改善，或者是能够充分利用现有的资产。该方法赞成用积极的态度去审视穷人，正如莫泽（C. Moser）曾经提到的“应该识别穷人拥有什么，而不是只关心穷人没有什么”，强调穷人有自己的解决办法，不应去代替、阻止或者是破坏穷人自己的解决方案。

综上所述，贫困理论随着社会经济的发展，既从经济、社会、文化、制度、地理环境等宏观角度，又从人力资本、个体生存环境等微观角度分析贫困问题，丰富多彩，有助于我们更加全面地审视当今的贫困问题，并提出相应的对策和建议。

（本文摘自《贫困中的合作——贫困地区农村组织发展研究》，2016年9月）

贫困发生机理的阐释

高　帅*

贫困人口致贫机理是错综复杂的，并且贫困的原因也不尽相同。站在不同的角度对于贫困原因的表达也有差异。康晓光（1995）将决定生活质量的贫困因素定性为制度因素、区域因素和个人因素，据此将贫困划分为制度性贫困、区域性贫困和阶层性贫困三种类型。制度性贫困是指由于政治权利、分配制度、就业制度、财政转移支付制度、社会服务和分配制度、社会保障制度等因素决定的，资源在不同社区、不同区域、不同群体和个人之间的不平等分配，造成某些社区、区域、群体或个体处于贫困状态；区域性贫困是由于在相同的制度背景下，不同区域之间由于自然条件和社会发展水平的差异，致使某些区域生活资源的供给相对贫乏，贫困人口相对集中从而陷入贫困；阶层性贫困是指在相同的制度环境中，在大约均质的空间区域或行政区域内，某些群体、家庭或个人由于身体素质较差、文化程度较低、家庭劳动力较少、生产资料缺乏、可以利用的社会资产少，竞争有限的生活资源的能力差，从而处于贫困状态。

可持续生计方法是近年来发展的一种围绕引起贫困的相关复杂问题和因素来理解贫困并给予多种解决方案的集成分析框架。国际上，很多组织和机构都通过或独立或合作的方式发展了各自不同的可持续生计分析框架，侧重的方面各有差异。其中，英国国际发展机构（DFID）建立的脆弱性—可持续生计分析框架得到了广泛的采纳和应用。该框架主要包括五部分内容：环境/背景脆弱性、农户的五大生计资本、政策机构或过程、生计策略和生计输出。这个框架将家庭所拥有的五种生计资本（人力资

* 高帅，山西大学经济与管理学院副教授。

本、自然资本、金融资本、物化资本、社会资本）的数量和结构组合视为“生计五边形”，某些资本的缺乏或者是资本组合不平衡会使其“生计五边形”大大缩小；脆弱性的环境和背景与农户的生计资本发生着直接和间接的相互加强或削弱作用；而政策、相关机构以及它们作用的过程却可能通过对脆弱性的环境或背景以及生计资本的影响而改善或恶化一个贫困农户的生计；农户则会在综合他们能够使用的资产、考虑脆弱的环境/背景以及支持或阻碍的政策、机构和过程的情况下做出相应的生计策略，以产生相应的生计输出；生计输出不仅直接影响了农户的生计状况，也将决定农户进一步的生计资本及其可获得程度。

透过种种贫困的表面现象进行深入的分析研究就会得出导致贫困的原因大体上包括四个方面。

第一，消极的思想观念是导致贫困的主要原因。在贫困原因调查上有69%的被调查者认为缺钱是他们贫困的主要原因，社会上富裕的人的钱是怎样得来的？应该怎样做才能挣到钱？对于这些问题大多数贫困者都回答不上来，这本身就是一种消极思想观念的表现。有什么样的思想观念就决定了有什么样的发展思路，发展思路决定了人的出路。消极的思想观念和悲观的人生态度，只会带来贫穷的结果。消极的思想观念会失去和放弃很多挣钱的发展机会。有钱人都有着积极上进的思想（最起码是曾经有过），他们善于捕捉有利于自己发展和挣钱的机会，有的富裕者不仅不会失去每一个机会而且还善于创造有利于自己发展的机会。消极的思想就决定了消极的行为，如果一个人的行为消极，那他为社会所付出的积极有效劳动也就少，一个不能为社会付出积极有效劳动的人自然也就不会得到社会劳动报酬——钱。消极的思想观念对于先进的科学技术和先进的管理办法也不容易接受和采纳，一个靠传统手工劳动、自给自足、封闭生产和经营的人与在市场经济条件下靠现代科学技术手段和先进管理办法进行生产和经营的人相比，谁的收益高不言而喻。消极的思想观念还有可能导致人生道路的错误，所作所为危害社会，最终导致贫困。消极的思想观念面对困难总是退让和躲避，从贫穷到富裕是一个不断战胜各种困难的过程，如果没有战胜各种困难的信心、勇气和办法，就会被困难所包围，贫穷也就随之而陪伴。

第二，综合素质能力低和所处的不利环境条件是导致贫困的重要原因。这个导致贫困的重要原因很容易理解也已经普遍被人们所认识，但对于综合素质能力和环境条件的理解与认识却有很大的差异。这里所讲的综合素质能力不仅仅只是个人的素质能力问题，更重要的是包括团体和集群的综合素质能力——企业的综合素质能力、城市的综合素质能力、某个区域范围的综合素质能力。一个群体或集团的综合素质能力低下会导致众多人的贫困。单独的贫困个体在试图摆脱贫困走向富裕的征程中往往容易忽视致力于提高群体的综合素质能力而只是孤立奋战，其结果总是事倍功半。如果群体的综合素质能力强，相应的众多穷人也就会随之而摆脱贫困。群体综合素质能力也是一种人文环境，这种环境的优劣对于个人的生存和发展有着至关重要的影响和作用。

不利的环境所导致的贫困，人们往往只是认为自然环境条件的限制。诸如自然环境恶劣、交通闭塞、资源缺乏、灾害天气频发等均属此类。不利的自然环境固然是导致贫困的重要原因之一，但是不利的经济环境、社会环境、政治环境也是导致贫困的重要原因。这些非不利的自然环境而导致贫困的重要原因，往往容易被人们所忽视。对许多贫穷者来说也往往正是由于这些被忽视的原因而致贫。

第三，不公平和非正义也是导致贫困的原因。自然灾害和疾病及瘟疫属于老天的不公，由于老天爷的不公导致的贫困非常的直观和明了。制度和体制设置的不公平同样会剥夺很多人正常的发展机会从而导致相对贫困，关于这一点，最明显和令人感触最深的就是我国城乡二元结构体制，不公平的就业、就学等一系列措施无端剥夺了一部分人应有的平等权利和发展机会。农村不缺乏优秀的普通劳动者，他们思想观念积极上进，综合素质能力也很强。但是由于体制和制度的原因，尽管他们付出了同等量的社会劳动代价却得不到社会同等量应有的报酬；农村人口如果要享受和城市人口同样的权利和发展机会，就要付出额外高昂的代价。在整个社会经济生活中还存在着许多的不公平的现象。社会的不公平不仅会导致一部分人的贫困，同时对整个人类社会的正常健康发展也有阻碍和破坏作用。非正义给人们带来的贫困最直观和明了的就是战争，无论是正义战争还是非正义战争都是因为非正义而引起的。战争的摧毁和破坏致使众多的人家毁人亡、流离失所、苦不堪言。在和平时期也同样存在一些非正义的因素导致人们的贫困。如贩卖毒品、非法传销、暴力犯罪、坑蒙拐骗等一切既有可能使众多的受害者因此而贫困，犯罪分子也会因为法律的制裁而最终陷入困境。因为道德的沦丧而出现的贫困也属于非正义之列，如各种黑中介、“托儿”等等。

第四，社会经济的健康发展也会出现新的贫困。换言之，正常合理的贫富悬殊是社会经济健康发展的客观需要。关于这一贫困原因很多人都难以接受和理解，但只要冷静地进行思考和分析就会发现这不仅是客观存在的而且也是必需的。社会是不断向前发展和进步的，这是历史的必然。所谓发展进步就是打破原有旧的平衡秩序而建立一种新的更高级的社会生产秩序。大规模的机械化工业生产要远比分散传统的手工业生产的效率高出很多，然而机器排斥工人的现象就出现了。难道因为机器排斥工人就采用传统的手工生产？显然是不可能的。中国近 30 年的改革开放，其改革成果几乎惠及每一个中国人。然而，改革的阵痛也是客观存在的——大批下岗失业人员失去了昔日工人老大哥的风光，现在要自己找饭吃了；昔日天之骄子的大学生现在也面临着就业难的危机；尽管现在人们的生活水平比改革开放以前普遍提高了很多倍，但是贫富悬殊和两极分化的趋势也日渐增长，人们的怨声不仅没有因生活水平的提高而减少反而还在增加。在科学技术高度发达的当今时代，任何行业都要有危机感，如果不创新就有可能被淘汰出局。

第五，生计也是导致贫困的重要原因之一。生计贫困大致可以分为以下几种情况进行讨论：

1. 封闭农业经济中农民的贫困。假设一个封闭的系统，人们从事农业家庭生产（粮食生产或家禽、家畜养殖业），只需进行内部的物物交换，而无须与外界进行交换。货币在当地是流通的，他们可将产品转换为货币，也可将货币转换为产品。由于缺乏和外界的交流，先进的技术、经验和方法无法进行渗透，当地农民也缺乏致富的动机，这种情况在个别边远贫困地区较为常见。

2. 亦工亦农下的贫困。在农业边际报酬递减规律的作用下，农村出现了剩余劳动力，这为农民亦工亦农提供了人力条件。剩余劳动力最初的选择是就地非农化，因为就地非农化可以减少农民异地就业的交易费用和风险，同时也便于农作，就地非农化导致了乡镇企业的出现。农民外出务工导致伤残、工资拖欠及乡镇企业经营不善等都可能导致贫困。

3. 工人的贫困。当农民完全脱离农业后，就彻底变成了城市工人，当然，他们需要获得当地政府颁发的户口许可证。工人贫困与否是和劳动市场的供需态势紧密相连的。目前，城市里工人的贫困，多与失业、下岗、待岗、企业效益差等因素有关。造成工人贫困的深层次原因是体制转轨，因此，工人的贫困也可以称为体制性贫困。同时，不能否认工人文化水平低、缺乏谋生技能是其寻找工作时的柔性制约因素。所以，要改善城市工人的贫困，一方面，要进行制度变迁，从制度上为工人就业创造条件；另一方面，要进行职业技能培训，使工人拥有可找到工作的人力资本。

第六，物价导致贫困。大量证据表明，物价上涨使低收入工人的生活状况进一步恶化。这可以从理论上加以解释，由于工资存在黏性或刚性，往往无法与价格水平同步浮动，物价上涨导致工人的实际收入下降，生活水平也随之下降。农产品价格下降，农民的收入下降，生活境况变差。但农产品价格上涨，农民的实际生活也不会得到改善，其原因在于一般均衡原理。福利经济学的一般均衡原理告诉我们，市场之间是相互关联的。农产品作为基础产品，其价格上涨将引起下游企业产品的价格上涨，然后通过各个市场之间的依存关系，最终折射到几乎全部产品价格的上涨。所以，农产品价格的上涨只是使农民的名义收入增加了，其实际生活水平却未必能得到改善。如果其他与农民联系较密切的产品价格上涨幅度，超过了农产品价格上涨的幅度，则农民的实际生活水平在下降。农产品价格上涨也降低了在校大学生和贫困者的福利，前者无生活来源，依靠家庭供给，而后者依靠政府保障，因为政府保障的调整往往滞后于价格的上涨，所以贫困者更加贫困。

第七，疾病、外部冲击导致贫困。常见的灾害包括水灾、旱灾和风灾等，灾害引起粮食减产，粮食减产通过市场作用导致粮食价格上升，由一般均衡原理可知，最终其他产品价格也随之上涨，导致一般物价水平上涨，物价水平上涨通常难以抵消粮农减产的损失，因为减产农民没有多余的粮食出售，价格上涨只能使未受灾的农民收入增加（王志标、张明，2005）。

（本文摘自《贫困识别、演进与精准扶贫研究》，2016 年 9 月）

能力方法、多维贫困与资产贫困的理论

王小林*

按照传统的定义，“贫困是福祉被剥夺的现象”，而福祉被剥夺通常用满足一定“基本需要”的货币量来定义。不可否认的是，收入不足确实是造成贫困生活的一个很强的诱致性条件，而且收入可以用于购买“基本需要”，以达到福祉的改善或脱贫。事实上，收入只是实现一定福祉水平的工具，生活质量的改善才是真正的目的。可见，过多地关注收入贫困，往往使公共政策偏离了改善人们生活质量这一真正目的。因此，我们需要从一个新的视角来看待贫困。阿马蒂亚·森的著作《以自由看待发展》，核心是深入讨论了“以能力看待贫困”，从而使人类认识贫困的历史进行了一次革命性的飞跃。

一、能力方法

阿马蒂亚·森的能力方法或能力贫困概念，受到了亚当·斯密的影响。斯密把一个人能够不羞愧地出没于公共场合的能力视作基本需要，缺少这种基本需要即为贫困。斯密认为作为出席会议的需要，一个人应该拥有一件亚麻衬衫。阿玛蒂亚·森就斯密的观点进行讨论，认为不羞愧地出没于公共场合的能力是一种绝对能力；需要一件亚麻衬衫而实现这种能力是一种社会交往所决定的相对需要（Sen，1983）。他提出，我们有很好的理由认为贫困是一种基本能力被剥夺，而不仅仅是收入低下。基本能力被剥夺，可以表现为过早的死亡、明显的营养不良（特别对于儿童）、持

* 王小林，国务院扶贫办信息中心副主任。

续的发病率、普遍的文盲以及其他不足（Sen，1999）。

森的贡献实质上是将贫困定义的逻辑进一步进行了延伸，即“贫困—福祉被剥夺—基本需要—能力”。森认为，从能力剥夺的视角认识贫困更具有政策意义。一是贫困可以用能力的被剥夺来容易地识别，它更加关注被剥夺的实质，而收入仅仅是一种识别贫困的手段或工具。二是收入不是产生能力的唯一工具，对于贫困还有其他影响能力被剥夺的因素。三是低收入与低能力之间的工具性联系，在不同的社区、不同的家庭和不同的个体之间是可变的。例如，收入与能力的关系受人的年龄（老人和儿童有特定的需要）、性别和社会角色（例如母亲的特定责任或约定俗成的家庭义务）、所在的地域（如易受洪涝或干旱，一些城市的不安全或暴力）、流行病滋生的环境，以及个人无法或只能有限地控制的其他种种因素（Sen，1999）。这就表明，从收入转化为能力，受许多因素影响。儿童、老人、残疾人、病人，需要更多的收入才能实现与别人相同的功能性活动。王小林、徐丽萍、尚晓援等基于森的这一思路，认为老年人因功能残疾，要实现与别人相同的功能，就需要额外的生活成本，这些额外成本在测算老年人贫困和制定收入支持政策时需要考虑。按照这一理论，测算了老年人的额外生活成本（Wang，Xu and Shang，et al.，2010）。同样的道理，在定义儿童贫困，特别是残疾儿童、孤儿时也需要考虑将收入转化为能力的障碍。

从能力视角分析贫困的重要贡献是，把注意力从手段（收入）转向了真正的目的（生活质量），加强了我们对贫困和被剥夺的性质及原因的理解。对贫困的正确认识，就自然而然地拓展了对不平等的认识。很多经济学家和社会政策专家对于不平等的研究，将太多的注意力集中于收入不公平这一非常狭窄的领域。这种狭隘性，使得我们不能从其他视角去看待不平等和不公平，这对制定经济政策具有深远的负面影响。当前，很多应对不平等的公共政策，主要关注“基尼系数”这一测量收入分配不平等的指标。其实，就像森批评用收入来测量贫困的不足一样，“基尼系数”只是关注了“手段”，而把“目的”丢在了一边。因此，森指出：“收入不平等和经济不平等的区别是很重要的。”迪安（H. Dean，2009）对森的观点进行了总结，指出“我们对商品的需要是相对的，它完全取决于我们身处的社会和经济环境。但是，我们对能力的需要——对作为人类社会一员而发挥适当作用的自由的需要——则是绝对的”。

功利主义理论宣称健全的社会政策的目的在于福祉的最大化。罗尔斯1971年在其《正义论》一书中，明确批评了功利主义理论只看重总的福祉水平，而漠视福祉的分配形式这一错误思想。罗尔斯认为：“所有的社会基本价值（或者说基本善）——自由和机会、收入和财富、自尊的基础——都要平等地分配。”这是公民的社会经济权利。森在罗尔斯的“公平”和“正义”理论基础上，又进一步升华。森认为，应该把注意力放在个人的状态（如他的营养水平）上，即强调一个人能够做成什么而不仅仅是他做什么。因此，对收入平等的关注，应该强调一个人能够做成什么这一层面的平等。森对于贫困和不平等的认识，是我们当前提倡社会政策的包容性，或者包容性增长的理论基础，即让人们更加平等地享有社会服务、更加平等地参与增长。

二、多维贫困

根据基本需要方法，测算满足基本需要的实物和非实物货币需要，只抓住了“贫困”的一个方面，即“贫”，而没有真正捕获到“困”。阿马蒂亚·森提出的基本能力方法，拓展了人们对贫困的认识。贫困不仅是收入短缺，更为重要的是没有能力获得教育、卫生、饮水等基本服务。贫困是一种人们遭受的多维度被剥夺现象。从能力方法视角认识贫困，在哲学层面是一个质的飞跃，但不少学者批评森的理论过于抽象。公共政策的制定需要可操作性，需要对贫困进行测量，而森的贫困理论难以测量。

森的多维贫困理论提出之后，不少学者探索对多维贫困的测量方法。阿特金森（Atkinson A.）把多维贫困测量概括为两大类：社会福利方法和计数方法。社会福利方法把贫困的不同维度作为社会福利函数的参数，从而对个体或家庭的状况做出评估。阿尔基尔（Sabina Alkire）和福斯特（James Foster）于2007年提出的AF方法是多维贫困测量计数方法的一种。该方法设置了衡量贫困的双重阈值：首先设置每一个维度的贫困阈值，然后再设置跨维度的阈值。按照双重阈值方法，完成多维贫困识别有两大步骤：识别贫困人口和对贫困人口的加总。

联合国开发计划署在2010年的《人类发展报告》中公布了用AF方

法测算的全球多维贫困指数（MPI），全球多维贫困指数包括教育、卫生和生活水平三个维度共十个指标。多维贫困指数 AF 概念和方法开发出来之后，受到世界广泛关注。巴西、墨西哥、哥伦比亚等拉美国家纷纷转向采用多维贫困指数测量贫困，并制定相应的国家反贫困战略和政策。王小林和 Alkire（2009）利用 AF 方法对中国的多维贫困进行了测量。近几年利用 AF 方法测量中国多维贫困的文献越来越多。

2013 年，由牛津大学贫困与人类发展中心（OPHI）发起成立了全球多维贫困同行网络（MPPN），该网络的目标是促进多维贫困测量方法在世界各国的分享，探索建立一个可以测度可持续发展目标（SDGs）中提出的消除一切形式的贫困的多维贫困指数。

三、资产贫困

由于从消费/收入的视角定义和测量贫困存在诸多不足，一些学者提出"资产贫困"的概念和测量方法，试图弥补消费/收入贫困的不足。1995 年，美国社会政策专家梅尔文·奥利弗（Melvin Oliver）和托马斯·夏皮罗（Thomas Shapiro）出版了《白人的财富，黑人的财富——种族不平等的一个新视角》一书。这本书的出版在美国社会引起了巨大反响，2006 年出版了十周年纪念版。该书揭示了一个重要事实：按照传统的收入贫困测量方法，美国黑人和白人的收入差距缩小了，但是从资产的视角来看情况却大不相同。平均而言，如果一个白人拥有一美元的资产，一个黑人仅仅拥有十美分的资产。这揭示了美国社会白人和黑人之间的巨大财富差距。1995 年，美国学者罗伯特·哈夫曼（Robert Haveman）和爱德华·伍尔夫（Edward N. Wolff）对资产贫困进行了定义，并对 1983 ~ 2001 年美国的资产贫困进行了测量。

哈夫曼和伍尔夫认为，贫困取决于一个家庭可以控制的"经济资源"和社会可以接受的最低的"基本需要"。收入贫困测量方法，捕获到了"基本需要"这一重要方面，而忽视了"经济资源"这一重要方面。事实上，收入贫困反映的是家庭当年的经济所得，而不能反映过去的财富积累或存量。财富积累或存量是一个家庭应对风险打击、避免陷入贫困的重要经济资源。一个家庭避免陷入贫困的"安全网缓冲"包括劳动和经营所得、政府的转移支付以及资产。如果在家庭“安全网缓冲”构成中，没有资产或者资产所占的比例较低，其经济状况将处于比较脆弱的状态。这是因为，如果在替代性收入支持资源，如劳务和家庭经营收入、政府转移支付等出现困难的情况下，只有资产可以使家庭避免陷入贫困。

一个家庭在一定时期内没有充足的资产满足“基本需要”，就被视为资产贫困。这个概念没有考虑家庭的年度收入流，因此可以作为测量贫困的一个补充概念。如果综合考虑收入和资产，则可将贫困定义为没有足够的资产和收入以满足“基本需要”。为了能够测量资产贫困，我们需要明确三个概念：一定时期、资产和“基本需要”。下面我们以哈夫曼和伍尔夫（2001）的方法论述如何定义资产贫困。

首先，定义资产贫困依然回到定义贫困的老问题——“基本需要”。2001 年，美国将一定量的食物、衣着、住房以及家庭设施、个人照料和非工作相关的交通支出等日常需要，定义为基本需要。据此，确定 2001 年的贫困线约为家庭年收入 17 960 美元。一对夫妇和两个孩子的家庭的贫困线为 17 653 美元。

其次，需要确定的问题是，资产用于满足“基本需要”的时期。哈夫曼和伍尔夫建议，在没有其他资源的情况下，资产应该可以满足一个家庭三个月的基本需要，即一年贫困线的 25%。据此，哈夫曼和伍尔夫确定 2001 年美国的资产贫困线约为 4 413 美元（=17 653 美元×25%），即一个四口之家的净资产低于 4 414 美元时，确定为资产贫困。

最后，需要确定资产的定义。这里的资产当指净资产。我们知道家庭资产有固定资产和流动资产，如果从应对三个月的基本需要来看，用流动资产更加合适。这是因为，流动资产更容易变现。另外，从道义的角度来看，也不能让一个家庭因为当年的临时贫困而卖掉房产等持久性资产。因此，哈夫曼和伍尔夫建议，以净流动资产来定义资产贫困更加合理。按照这一方法，他们测量了美国 1983～2001 年的资产贫困状况。

用资产来测量贫困与用收入来测量贫困相比，有几个好处。一是资产反映了一个家庭多年的收入积累和消费平滑后的财富状况，它更能准确地反映一个家庭的长期贫困或持久性贫困。而收入或消费贫困反映的是一个家庭当年的贫困状态。二是资产可以通过继承、转让、转移等多种形式获得，它更能反映一个家庭或个人所处的社会状态。三是测量资产的不平等，更能准确地反映一个家庭或个人的真实不平等。在经济财富方面，人与人之间总是有差别的。贫困有许多原因，一些人贫困，是因为他们缺乏资源和机会；另一些人贫困，是因为他们受到制度、政策和习俗上的歧视。迪尼托（Diana M. Dinitto，2011）认为，公共政策关注的是不平等导致的贫困。

那么，资产贫困的概念如何应用于福利政策呢？美国学者谢若登（Michael Sherraden）进行了这方面的尝试，提出了“个人发展账户”的概念和政策设计。个人发展账户用于促进未来取向、长远计划、储蓄和投资、个人创新、个人选择和实现生活目标。个人发展账户，立在个人名下，限定于指定用途，有利于穷人积累资产，提高发展能力。政府可以通过配额储蓄、赠款、税收优惠等政策工具促进个人发展账户的积累。谢若登认为，一个更公平和更有效的政策将是创造一个面向所有美国人的普遍的资产积累制度，但其中只给予穷人特别激励。总之，福利政策的设计将在某种程度上鼓励和促进穷人的储蓄和投资。

我国农村居民可支配收入来源包括家庭经营净收入、财产性收入、转移性收入和工资性收入。其中，财产性收入反映了一个家庭将拥有的资产转变为收入的能力。2015 年中国农村居民人均可支配收入 11 422 元，其中财产性收入 252 元，仅占 2.2%。财产性收入是应对贫困的一个重要经济资源，我国农村居民来自财产的收入比例很低，今后需要加强农村居民的资产建设。

2007 年，国务院扶贫办在四川省仪陇县开展“搞好扶贫开发，构建社会主义和谐社会”试点，其中一项内容是“贫困村互助资金试点”。按照“政府向贫困户赠股、为一般贫困户配股、由富裕户购股”的方式，建立了以农民为主体的互助合作组织“扶贫互助社”，开展扶贫互助资金试点。采取了农户自己评选贫困户，自己选举管理委员会对资金进行管理；采取“整借零还”的办法，解决群众生产生活中的资金困难。互助资金相当于以股金的形式，给社员设立了“个人发展账户”。如果个人需要资金，可以以贷款的形式使用。此外，年底还可以根据收入分红。这一制度设计的关键在于，对于绝对贫困户，财政资金赠股，作为个人发展资金以股份的形式确定下来，一次性增加了个人资产；对于相对贫困户，通过政府每股 500 元的赠款，农户自己入股 500 元，引导农户进行资产积累；对于富裕户，自愿入股，既实现了资产的储备，也为贫困户发展提供了资金来源。

笔者在世界银行 TCC5 项目“山西经济增长、财政支农减贫政策效应研究”中，进行了资产贫困的多维度测量尝试。将资产贫困分为住房、耐用品、生产性固定资产、耕地四个维度。如果房屋结构为土坯、土窑洞，视为住房贫困；农户家中有彩色电视机、冰箱、电话和摩托车中的任何一种视为耐用品脱贫，否则视为耐用品贫困；农户拥有汽车、大中小型拖拉机、胶轮大车、役畜中的任何一种视为生产性固定资产脱贫，否则视为生产性固定资产贫困；根据当地情况，人均耕地面积小于 2 亩的农户视为耕地资源贫困。当把四个维度加总后，农户存在任意两个及以上维度的贫困，视为资产贫困户。在我国，由于缺乏像美国那样精准的家庭资产调查数据，因此很难计算家庭净资产，也就难以按照哈夫曼和伍尔夫的方法来测量资产贫困。资产计数的方式，实质上是一个替代性的测量资产贫困的办法。这虽然与哈夫曼和伍尔夫对于资产贫困的定义不一致，但也不失为一种有效的资产贫困测量方法。

（本文摘自《贫困测量：理论与方法》，2016 年 9 月 1 日（第二版））

贫困的元问题是什么

李小云*

在少数民族地区和一些特别贫困的地方，那里的人们可能觉得自己每天喝喝酒、做做工挺好的，而我们告诉他们——你们过得不好，孩子没上学，生了病没医疗，猪圈和居住空间交叠在一起臭烘烘的，一定要改变。这些人没有我们这些概念，处于低物质均衡的阶段，他们有一套自己的生活的逻辑。

我们经常带着富人的视角讲穷人，说他们穷就是因为等靠要，不能等靠要。我们给了穷人致富的神话——要脱贫先立志。作为"职业的非富人"和作为"社会人的非穷人"来工作，助贫人的身份的困惑使得我们的行为、话语呈现出逻辑上的不一致。

贫困的问题很多，你们可以提一百个有关贫困的问题，但是贫困的元问题是什么？这个问题是我们研究贫困问题的理论核心，也涉及我们想办法缩小人与人差距的努力。我们做扶贫研究的人，常常会遇到很多困扰、挑战和困境。比如以凉山彝族为例，有一种说法是凉山的彝族非常落后，还有一种说法是凉山的彝族被扶贫惯坏了。有各种各样的说法。在这样的背景下，我觉得我们的研究者和实践者往往失去了方向。

要回答什么是贫困的元问题，我们需要从这几个方面来思考。

从去政治化的视角来看，人类社会有两个不同方向的力量在驱动我们每天的行为。一是基于生物学——生存性的个体利益最大化。人类从最原始的状态逐渐社会化，再进入到现代化社会，一直有这么一个驱动力，这个驱动力形成了一个结构化的东西。什么是结构？男和女、好和坏就是结

---

* 李小云，中国农业大学教授。

构化的。一定要有两个不同的东西放在一起，才能称之为结构。

在狩猎社会，行动快速、强有力的人能够捕捉到很多猎物，容易被神秘化，人们会认为这个力量是天生就有的，是不可动摇的，而且还将其崇拜化。在这个过程中，差别和权威就形成了。每个人都希望像他那样，因为那样可以获得更多的物质。大家可以看一下卢梭的《论人类不平等的起源》，他解释了在生存性的伦理基础之上，如何由于竞争产生差异，这种差异又如何进一步地社会化和政治化——这就是国家的形成。

政治权力形成以后，即使在物质缺乏的状态下，处于政治权力中心的集团和个人都是趋向于拥有较多的物质财富的，就像我们今天看到的非洲部落，它虽然呈现出低物质供给的均衡，但部落酋长会拥有更多的牛或者皮革，他一定会用物质的丰裕程度来表示自己与他人的差异，而且这种差异会受到人类最基本的生存动力的弘扬和崇拜，而非贬低——他们具备的这种物质上的优越，主要不是来源于剥削，而是来源于对于人“能力”的力量感的崇拜。

今天我们对财物的获得也会有崇拜，也会觉得人家有本事，是应该的，我们自己没有这种能力。所以，不平等就这样产生了。

与此同时，我们又有另一种和上述力量相制衡的东西。比如，你拿了很多东西，会自然地把东西分给自己的弟弟妹妹，再给周围的亲戚朋友。所以在相对原始的社会形态中，人们的“兄弟姐妹”很多。非洲的朋友和我们交谈，总说“my brother”“my sister”……他会说出几十个brother、sister，但不全是血缘上的。他会让自己的社会网络展现得越过自己的家庭、血缘关系，直到整个社区。他们很自然地说，“我有东西就要分享”。今天很多的社会形态都依然保留了这种状态，就是在物质层面一定要分享。有些学者认为，那是因为有很多戒律和要求才会这样做。但我不认同，因为他们是非常自发地做这些事情。

前面讲的是非制度化的，接下来我们会说更制度化的一些东西。人类社会不同于动物世界，动物之间也有相互帮助。我在非洲看角马过河，发现一些强者先过河了，但那些强者会回过头来帮助困在马纳河中间的角马，实在帮不了，它们就走了。有了宗教，我们就进入了非常社会化、组织化的阶段。原教旨主义的基督教是歧视商业的，他们认为做生意是可耻的。亚里士多德的著作里也讲了，“就知道做生意、赚钱的人是可耻的”。

这种力量进来以后，对我们前面说的那种自利性的力量构成约束、相互制衡、不断消长，形成了一个结构的关系体。

宗教曾经把人的创造力压抑到不能压抑的程度，马丁·路德的宗教改革和启蒙主义开始改变这一状况。改革首先主张的是赋权，以前只有那些贵族可以读拉丁文，可以读圣经。那么改革者就要把圣经翻译成德文、英文，让老百姓都可以读圣经。他们认为，“我们都是上帝的儿子，不是只有贵族是上帝的儿子”，这样就把神权打破了。

宗教改革后，接着是启蒙主义、新教形成，资本主义的出现。人类那种要求获得更多物质东西的第一种力量得到前所未有的彰显，这就是理性主义。所以韦伯对人类的未来产生了悲观，他认为，人类的理性发展到今天这种程度就是极限了，没有什么“后理性”了。

接着，“万恶的资本主义”思想根源、意识形态就出现了——新教伦理，它倡导人们努力工作、创造财富。但同时新教徒又不断告诉每个人一定要节俭，不管你有没有钱，你都是上帝派来的财富的守护者，而不是拥有者。现代西方社会通过宗教形成了一种新的财富分配意识形态，它超越了原始集体性的生存性质伦理。因为，宗教是大众化的，所以这种意识形态也就成为“大众”的行为准则。

中国人总是不明白，为什么美国社会有那么多人捐款。这主要是因为我们的意识形态中没有西方的那些东西。中国人会想，我有了钱以后我会好好地玩，全世界跑，可能发现别的都没意思的时候才会去做慈善。

美国建国的意识形态是新教。工业化初期，逃离贪婪的资本主义泛滥，一些想逃离的加尔文主义者（新教徒）在英国待不下去了，他们觉得社会很糟糕，就跑到荷兰去。荷兰也是一个特别商业的社会，他们在阿姆斯特丹也待不下去了，他们就回到英国，到了今天的港口城市普利茅斯，登上“五月花”号，到了北美。在这路上死了不少人。船上有不少无赖、流氓，不会写字，相互残杀。而另一些想要建立理想国的精英们制止了他们的行为，起草了一个《五月花公约》。《五月花公约》是带有新教伦理色彩的，它是美国宪法的基础。许多现在的美国精英都可以追溯到从那艘船上走下来的几十个人。

回过头来讲，那两种不同的张力，其中一个力量一定会产生贫困、产生差异；第二个力量一定在制衡差异。这两者构成了我说的贫困和扶贫的元问题。从这个意义上来讲，难道富人天生是伟大的吗？难道穷人天生就该贫困吗？这就触及一个非常深刻的政治哲学问题。建议大家看《论人类不平等的起源》。

再回到现实，消除贫困为什么这么难？实际上消除贫困就是个很难的过程。穷人和富人之间的话语是不平等的。富人针对穷人的话语是“不开化、懒惰、懒散”，但富人很少暴露他致富的真实故事。要是有穷人问富人是怎么富起来的，富人敢讲吗？不敢的原因在于，致富的真实故事恰恰是利用了富人和穷人之间的某种差异。扶贫的元问题就是——富人和穷人的差异足以导致两者在福利方面存在如此之大的不同吗？

这就是原罪，人的原罪都深深埋在心底，呈现的东西又比较虚伪，神秘化又道德化。“我跑得快、我勤劳”，富人就是这么对穷人说的。穷人说富人，就是“人家能干、聪明、有文化、关系、技术……”话语完全不一样。话语差异的道德尺度在于：现代社会的富人永远不会披露致富的真相，穷人永远被话语迷惑。有人会发现：“我一辈子认真工作，一点钱没挣到。”穷人认为，把孩子送到大学就可以挣钱了。其实贫困问题不是我们想象的那么简单。

接下来再看看“助贫人”的话语。我们不是富人，也不是穷人，我们是助贫人。我们经常带着富人的视角讲穷人，说他们穷就是因为等靠要，不能等靠要。我们给了穷人致富的神话——要脱贫先立志。作为“职业的非富人”和作为“社会人的非穷人”来工作，助贫人的身份的困惑使得我们的行为、话语呈现出逻辑上的不一致。在这里我们需要自我批判，我们需要把穷人的角度和我们的预期结合起来看扶贫的效果。

回过头来，贫困的元问题是什么？可能就是：生存性竞争导致的基于物质获取差异的社会化过程，基于对物质的崇拜和基于物质贫乏而产生的耻辱，社会化的道德出现；社会阶层对于差异的固化以及现代社会理性扩张导致的不同种群和国家之间在物质供给方面的差异。韦伯在《新教伦理与资本主义》里也提到现代性伦理的问题。也就是说在同一文化条件下，个人之间的福利差异可能更多地出于“能力”的差异，而不同文化条件下，可能更多地出于现代性伦理的差异。

那么什么是扶贫的元方案？刚才我提到，我们的扶贫出现了话语和行动的一种逻辑混乱。我们需要基于贫困的元问题，提出相应的元方案，这就构成一个隐喻，也就是现代国家的伦理和道德——集体性生存伦理的维护和对现代性过度扩张的控制以及协助落后于现代化的群体接近和把握现代性伦理（扶贫的哲学含义）。

扶贫的元方案，就是把现代性扩张到没有掌握现代性伦理的群体。在少数民族地区和一些特别贫困的地方，他们可能自己觉得每天喝喝酒、做做工挺好的，而我们告诉他们——你们过得不好，孩子没上学，生了病没医疗，猪圈和居住空间交叠在一起臭烘烘的，一定要改变。这些人没有我们这些概念，处于低物质均衡的阶段，他们有一套自己的生活的逻辑。但是我们要打破他们，就像马云说要打破穷人的思维。

"现代化的穷人"是指没有或很少被现代性伦理影响到的，不具备现代性伦理思维方式的群体。让他们接近或把握现代性伦理的约束，真是太不容易了。在特别贫困的地方搞一个合作社太难了。我扶贫的那个村庄来了一个温州小伙子，他说："要是这个地方在温州，早就变得巨好了。"有人建议我做合作社，我也没做过，但觉得在贫困地区搞产权、股份制，真的是很天真，那里只有平均主义。在传统的地方让他们很快掌握现代性的东西是不容易的。我们在非洲做研究，发现非洲从殖民主义到现在，还存在一个现代性缺失的问题。

韦伯曾经认为中国是不可能实现现代性的，但我们实现了，这是个很大的谜，理论上还没有解开。但我们现在还是不具备源于欧洲那套理性的东西，整个社会依然有失范。比如北京路上一些司机开车都乱开，乱按喇叭，而且也没有能超越传统慈善的那种公益伦理，所以社会才有这样大的差异。

所以，扶贫的元方案在于，有没有可能让一个特别传统的群体发生改变？一个人改变容易，但沉浸在自己的文化中的一个群体就很难改变了。习主席讲深度性贫困地区是扶贫的难中之难。"深度贫困"从特征上讲，还主要在于现代性的缺乏，也就是我们常说的"发展"问题。理论上来讲，对很多处于前现代的群体而言，难就难在如何让他们接近和把握现代性伦理。成功案例一定是对接市场的，失败也是因为难于对接市场。

跟大家分享一个简单的例子，我是一个发展主义者，也是一个发展实践的工作者，我的工作是让更多的人接近和把握现代伦理，从而改善福利。但我不希望自己的发展实践是盲目的，不希望自己做的事情没有框架，我希望这个发展路径是可以自圆其说的。我在云南一个村庄做扶贫，这个村庄不是完全与现代化隔离的，但是他们的生存性伦理与现代性伦理有很大的距离。我要找一个把它和现代性连在一起的对接点，我花了半年的时间去思考，终于在村民的房子里找到了。

当地瑶族干栏式建筑没有窗户、没有阳光，因为山地只有木头，没有玻璃和砖头，只能靠着木料的缝隙透进阳光，村民只有到外面去晒太阳。感受阳光，是他们自己具有的最基本的对接现代性的线索。我实践的对接点就是建造一座充满阳光的房子，然后再接上他们没有的概念：一个瑶族特色的客房来赚钱。简单地说，我做了一个实验来说明我们有可能突破一个结构、改变一个社会。

至于是否成功，现在还没有办法做回答。

（本文修订于 2017 年 7 月 7 日）

第二篇

我国扶贫开发战略的政策演变与设计

从改革开放前到“八七”扶贫攻坚再到新十年扶贫开发，其中中国政府在不同时期的不同做法值得借鉴，本篇对我国扶贫开发的政策演变做了梳理。在世界范围内消除贫困的长期实践中，中国的贫困问题获得了广泛的关注。受益于中国过去30余年整体经济的飞速发展，为缓解整体贫困状况提供了坚实有力的经济基础。相比过去，中国的整体贫困状况得到了极大改善与提高，中国扶贫工作也因此受到国际社会的瞩目与赞扬。在一个连续的时间范畴内，我国扶贫开发的政策到底应该如何设计，是一个非常重要的课题。

改革开放前的扶贫政策

孙　铮*

一、新中国成立后至改革开放前扶贫工作的时代背景（1949～1977年）

封建土地私有制是导致我国农村普遍贫穷落后、农民受剥削压迫的主要根源，因此，新中国成立后，首先在全国范围内开展了土地改革，使绝大多数农民获得了基本的生产资料所有权，为农民摆脱贫困创设了基本前提。但由于基础设施的缺乏和技术落后，新中国经济面临着巨大的挑战，贫困在中国仍是一种普遍现象。在这种严峻的现实面前，中国进行了工业化和现代化建设，开始致力于发展生产，改善人民的生活状况，从而开启中国消除贫困的历程。当时实行计划经济体制，集中人力、财力、物力进行社会主义经济建设；农村经济体制则是经过社会主义合作化改造后形成的以人民公社为代表的集体经济体制，实行平均主义收入分配制度。这种分配制度在很大程度上抑制了中国农村贫富的两极分化，贫困问题虽然普遍存在但贫富差距并不凸显。计划经济期间，由于贫困是普遍现象，各级政府并没有出台针对贫困的专项政策，反而在某些政策上，比如，通过户籍制度限制农村剩余劳动力的流动，为了优先发展工业而实行的工农业产品“剪刀差”政策，进一步加深了农村的贫困程度，在发展中逐渐加大了城市与农村的收入差距，为后来城乡贫富差距两极分化埋下了隐患。

1957年，由周恩来、陈云同志制定的“一五”计划超额完成规定任

* 孙铮，中国经济体制改革杂志社编辑。

务，在当时促进了国民经济的快速增长。但因为急于改变当时中国的落后面貌，中国政府提出了有悖于经济发展客观规律的“赶超英美”发展战略。从1958年起，在全国城市掀起了大炼钢铁、大办企业的“大跃进式”工业化浪潮；在农村则大搞人民公社运动，实行以生产大队的集体所有制为基础的三级集体所有制。各种各样的“大跃进”运动、重工业优先发展的赶超战略以及当时频繁发生的自然灾害严重阻碍了国民经济的发展，再加上1966年开始的“文化大革命”运动，导致中国农村出现普遍的大饥荒，中国农村贫困问题日渐严重。

二、扶贫工作的主要内容

从新中国成立以来，由于历史的原因，农村和农民的贫困状况难以在短期内改变，再加上这一时期我国的整体经济状况处于较低水平，党和政府没有能力对贫困人口展开大规模的扶贫救助，只能通过小规模的、单纯的救济式扶贫手段来开展。这种扶贫政策在刚出台时，遵循简单的直线思路——“缺啥给啥”，十分奏效。救济形式主要表现为政府提供的社会救济、自然灾害救济、优抚安置等，以实物的生活救济为主；救济对象主要是丧失劳动能力、无人抚养或赡养的农村“五保户”、特困户和其他生活困难群体。但这种救济方式带有明显的单一性和分散性，可以直接定义为一种道义性的、慈善性的“输血式”救济行为。

具体来说，国家通过社会主义运动，在农村逐渐建立起一个“以队为基础”的社会安全网络来保障农村居民的基本生活，减少贫困。这个时期扶贫主要通过以下途径进行：一是制度创新。从土地所有制改革开始，土地改革运动消灭了土地私有制，国家把农民组织起来，统一纳入人民公社，从而使公社成为农民福利的依靠，为消除贫困建立制度基础。二是设施改善。通过走工业化发展道路，进一步加快工业发展来带动整个国民经济的增长，同时在全国开展大规模的基础设施建设，改善农村交通条件和灌溉设施，从而达到减缓贫困的目的。三是体系建立，在全国建立了农村信用合作体系，发展了农村基础教育和农村基本医疗卫生事业，初步建立了以社区“五保”制度和农村特困人口救济为主的社会基本保障体系。同时，通过紧急救济计划和依托自上而下的民政救济系统，以划拨专项资金的方式，由民政部门对农村特困人口和受灾群众实施救济。

三、成效与问题

当时，政府扶贫主要针对因灾致贫人口和战争伤残人口进行救济，多采取社会救济、自然灾害救济和优抚救济等方式。从救济效果来看，这些形式只是暂时性的救济，并不能从根本上提高贫困地区的自我减贫、自我发展的能力，即扶贫研究领域所谓的“输血式”扶贫，主要特点是救急不救穷。总体来说，这一时期的反贫困是在总体经济发展水平较低，社会存在普遍贫困的宏观背景下实施的以平均分配加社会救济为特征的战略，这种在高度计划经济体制时期实施的扶贫战略，一方面保障了普遍贫困状态下大多数人的临界生存需要；另一方面也阻碍了生产力的快速发展，使普遍贫困得以延续，它只能暂时缓解穷人生活上的困难，而难以提高贫困地区的自我减贫、自我发展能力，不能从根本上摆脱贫困。然而，就像吕书奇（2008）所言，这毕竟是历史性的一种迫不得已的选择，在当时特定历史条件和对贫困认识水平下，这套行之有效的民政救济体系发挥了重要作用。

因此客观地说，从新中国成立到改革开放前的30年间，虽然农村扶贫工作进展十分缓慢，也没有从根本上改变农村和农民的贫困状况，但中国共产党领导全国人民为解放和发展农村生产力做出了不懈的努力，我国的农业生产力和绝大多数农村人口的生活水平有了明显提高，为后来农村改革、发展和扶贫工作提供良好的基础。这一时期，扶贫工作存在的最大问题就是没有把救助与增强贫困者自立能力联系起来，久而久之，救济就成为一种穷人习惯的获取，失业者不再积极渴望拥有一份谋生的职业，城市“底下层”的涌现成了发展的讽喻，其结果只能是越救越穷。据周彬彬等（2001）介绍，1973～1977年，每年平均有43%的省区出现粮食供应不足或严重不足现象，其人口规模约为3.9亿人，占同期农村总人口的50.15%，其中约有1亿人口粮严重不足，截至1978年，农村的绝对贫困（未解决温饱）人口为2.5亿人，占农村总人口的30.7%，农民的年人均收入只有134元。

传统的政府救济式扶贫模式——政府一元化主体的公益性救济式扶贫

模式已陷入困境，扶贫的主体是政府，扶贫的手段是在政府帮助和支持下利用自然资源发展地方经济，其性质是公益性的。而这种建立在普度众生传统道德观念基础上的，缺乏科学研究的传统扶贫模式只能使眼下的扶贫工作陷入困境。扶贫模式、手段亟待创新。

（本文摘编自2017年6月完成的国家自然科学基金委管理科学部应急管理项目《中国扶贫开发的战略和政策研究》）

改革开放后的扶贫政策

唐泽地*

一、制度变革背景下的扶贫政策（1978～1985年）

改革开放和农村经济的快速发展，为农村创造了大规模减贫的宏观环境。1979～1985年是中国农村贫困状况得到快速缓解的时期，这期间贫困人口明显减少。按世界银行的贫困线标准衡量，贫困发生率从33%下降到11.9%。贫困人口由2.6亿人下降到0.96亿人。这时期的扶贫政策体现在以工代赈，“三西”农业建设，以及扶贫方针的初步确定。

（一）以工代赈

为了改善贫困地区落后的公路、通讯、饮水等基础设施状况，由原国家计划委员会（现国家发展和改革委员会）安排投资，于1984年开始实施以工代赈。也就是说通过参加社会工程建设，救济对象可以获得振济实物或资金。以工代赈的投入是无偿的，但是在具体实施过程中有附加条件，要求贫困人口通过出工投劳来获得救济。事实上，以工代赈是以开发贫困地区剩余劳动力为手段，以缓解和最终消除贫困为目的，通过食物或现金的投入，使贫困地区基础设施条件得到改善，同时贫困地区和贫困人口的经济发展创造一个相对优越的外部环境，进而提高贫困地区经济自我增长的能力。以工代赈的实施取得了良好的效果，在贫困地区建设了一大批公路、通信设施、人畜饮水工程等基础设施，改造了大批耕地，为贫困

* 唐泽地，中国人民大学经济学院博士生、北京市中关村管委会海淀园研究中心挂职干部。

地区的进一步发展创造了条件并为贫困人口提供了直接的生产生活服务设施。同时也为项目实施地区的贫困人口提供了增加实物收入的机会。

（二）“三西”农业建设

“三西”地区是指甘肃河西地区19个县（市、区）、甘肃中部以定西为代表的干旱地区20个县（区）和宁夏西海固地区8个县，公积47个县（市、区），总面积38万平方公里，农业人口约为1 200万人。

1982年12月10日，国务院决定对以甘肃省定西为代表的中部干旱地区、河西地区和宁夏西海固地区实施“三西”农业建设计划，专项拨款20亿元，建设期10年。在实施过程中，制定了“兴河西之利，济中部之贫”的发展战略，特别是对于特殊干旱地区摸索出了“水路不通走旱路，旱路不通另找出路”的经验，实施了大规模的自愿移民搬迁。“三西”农业建设从改变农业生产条件入手，通过兴修水利工程增加水浇地面积，大力修造水平梯田、发展以“种、养、加”为主要内容的支柱产业开展科技服务和人员培训，组织移民开发和劳务输出等措施，达到河西地区商品粮基地和解决中部、西海固地区群众温饱问题的目的。“三西”建设在中国扶贫史上，具有重要的意义，它开创了中国区域性扶贫的先河，并为之后有计划、有组织，大规模全国性扶贫开发积累了大量经验。

（三）扶贫方针的初步确定

1984年9月29日，国务院颁布了《关于帮助贫困地区尽快改变面貌的通知》，该通知成为中国1986年以后扶贫工作的一个基本的指导原则，并且通知明确提出了针对贫困地区的优惠政策，具体内容包括：（1）对贫困地区从1985年起，分别情况减免农业税，最困难的免征农业税五年，困难较轻的酌量减征一至三年。（2）鼓励外地到贫困地区兴办开发性企业（林场、畜牧场、电站、工厂等）五年内免缴所得税。（3）乡镇企业农民联办企业、家庭工厂、个体商贩的所得税是否减免以及减免幅度和时间由县人民政府自定。（4）一切农、林、牧、渔、副、土特产品都不再实行统购、派购的办法，改为自由购销，有关的国营部门和供销合作社应积极开展代购代销业务。（5）部分缺衣少被的严重困难户，可由商业部门赊销给适量的布匹和絮棉，需要蚊帐的赊销给蚊帐，赊销贷款免息。

之后制定的《国民经济和社会发展的第七个五年计划》中，专门将老、少、边、穷地区的经济发展作为一章来阐述，明确了贫困地区的发展目标及政策支持。《关于帮助贫困地区尽快改变面貌的通知》和《国民经济和社会发展的第七个五年计划》成为中国今后很长时间内扶贫开发工作的主要指导文件。

二、反贫困政策体系形成时期的扶贫政策（1986~2000年）

1985年之后随着东部14个沿海港口城市的对外开放，又进一步放开了长江、珠江、闽南厦、漳（州）、泉（州）三角洲地带，连同原来的四个经济特区，中国已经形成了经济特区—东部沿海开放城市—三角洲开发地带—内地等不同层次。这样的发展模式促进了中国东部地区的经济高速发展，同时也造成了东西部的不平衡。由于西部地区属于欠发达地区，生态环境脆弱，基础设施落后，产业结构单一，群众生活困难，经济和社会发展水平远远滞后于全国，贫困人口减少的速度远远要小于东部地区和全国平均水平，农村贫困人口的分布更加向西部省份集中。

（一）成立反贫困组织

国务院扶贫开发领导小组是国务院的议事协调机构，成立于1986年5月16日，第一任领导小组组长由国务院副总理回良玉同志兼任，成员包括国务院办公厅、国家发展和改革委员会、财政部、中国人民银行、教育部、科技部、国家民族事务管理委员会、民政部、劳动和社会保障部、国土资源部、交通部、水利部、农业部、卫生部、国家人口和计划生育委员会、环保总局、统计局、林业局、中国农业银行、全国总工会、共青团中央、全国妇女联合会、全国供销总社、中国残疾人联合会等有关部门的负责同志。

国务院扶贫办公室是国务院扶贫领导小组常设的办事机构，具体负责与扶贫有关的日常工作，其主要职责是：（1）拟定扶贫开发的法律法规、方针政策和规划；（2）审定中央扶贫资金分配计划；（3）组织调查研究和工作考核；（4）协调解决扶贫开发工作中的重要问题；（5）调查、指导全国的扶贫开发工作；（6）做好扶贫开发重大战略政策措施的顶层设计。

（二）构建扶贫瞄准机制

1986 年中央政府第一次确定了国定贫困县标准：以县为标准，1985 年人均收入低于 150 元的县和年人均纯低收入低于 200 元的少数民族自治县；对民主革命时期做出过重大贡献、在海内外有较大影响的老区县，给予重点照顾，放宽到年人均纯收入 300 元。1994 年制定《国家八七扶贫攻坚计划》时，中央政府重新调整了国定贫困县的标准。具体标准是：以县为单位，凡是 1992 年年人均纯收入低于 400 元的县全部纳入国家贫困县扶持范围，凡是 1992 年人均纯收入高于 700 元的原国定贫困县，一律退出国家扶持范围。根据这个标准，列入《国家八七扶贫攻坚计划》的国家重点扶持的贫困县共有 592 个，分布在 27 个省、自治区、直辖市。国家重点扶持贫困县数量较多的省区是：云南（73 个）、陕西（50 个）、贵州（48 个）、四川（43 个）、甘肃（41 个），从集中连片的角度看，这些贫困县主要分布在 18 个贫困地区。

中央扶贫资金的国定贫困县标准，在“八七扶贫攻坚计划”阶段得到了更加明确的强化。《国家八七扶贫攻坚计划》和《财政扶贫资金管理办法》明确规定：中央财政、信贷和以工代赈等扶贫资金要集中投放在国家重点扶持的贫困县，有关省、区政府和中央部门的资金要与其配套使用。

（三）合理安排扶贫资金

“国家八七扶贫攻坚计划”阶段，中国用于扶贫工作的资金投入主要有三大类：第一类主要通过中央财政转移支付，向贫困地区投入专项扶贫资金。自 1980 年中国开始向贫困地区投入专项扶贫资金，支援经济不发达地区发展、以工代赈、“三西”农业建设。

第二类主要是通过财税优惠政策，来减轻贫困地区政府的财税负担。主要涉及：（1）对国家确定的“老少边穷”地区实行税收优惠，对于新办企业，所得税可以在三年先征后返还或部分返还，对贫困地区的耕地占用、民族贸易企业、边境贸易等也都在税收政策上给予了适当照顾。（2）1994 年的分税制财政体制改革保留了原来体制中对贫困地区的定额补助和专项补助，此外在结算补助和过渡期转移支付中对贫困地区都给予了适当倾斜。(3) 对民族省区实行了定额补助的财政体制，即民族自治地区收入全留，支出基数大于基数部分，由中央财政定额补助。第三类是扶贫贴息贷款。它的主要目标是为贫困地区和贫困户的生产活动和经济发展直接提供信贷支持。

1997 年开始生效的《国家扶贫资金管理办法》明确规定了国家扶贫资金的地区投向和项目投向。该办法规定国家各项扶贫资金必须全部用于国家重点扶持的贫困县，并以这些县中的贫困乡、村、户作为资金投放、项目实施和受益的对象。

（四）创建东西协作机制

东西协作扶贫是“国家八七扶贫攻坚计划”实施期间提出的一项措施，目的是动员东部发达省市的力量对口支持贫困地区的发展和贫困人口的脱贫。国务院扶贫领导小组在 1996 年全国扶贫工作会议上决定让东部沿海的 13 个发达省市分别帮助西部的 10 个贫困省和自治区，并做出了具体的扶贫安排。具体的帮扶方式有四种：（1）无偿捐赠资金用于教育、卫生和其他基础设施建设；（2）捐赠生产和生活物资，用于支持农户的农业生产和救济农民的日常生活；（3）经济技术协作，例如利用发达地区的资金、技术、管理、市场和贫困地区的资源及廉价劳动力进行合作生产和经营；（4）人员的双向交流，发达省市派技术人员和青年志愿者到贫困省区提供服务，贫困省区派行政和技术干部到发达省市接受培训和挂职锻炼，输送劳动力到发达地区就业。据不完全统计，1996 ~ 1999 年间东部 13 个省市政府和社会各界累计捐赠钱物 10 亿多元，签订协议项目 2 600 多个，实际投资近 40 亿元，从贫困地区输出劳动力 25 万人。

（五）推行定点扶贫政策

定点扶贫是指党政机关、企事业单位和社会团体利用自己的资源，定点扶持部分国定贫困县。其目的是动员政府部门、国家的企事业单位和社会团体参与扶贫工作，以补充中央的扶贫投入并利用各业务部门的专业力量进行扶贫。从最初 1986 年的 10 个中央部门开始定点扶贫工作，发展到 2000 年共有 138 个中央党政机关、企事业单位和社会团体参与定点扶贫工作，共计扶持了350个贫困县。进行定点扶贫较多的单位包括农业部（21个县）、国家林业局（16个县）、国防科学技术工业委员会（16个县）、交通部（16个县）、中国农业银行（11个县）、中国建筑总公司（8个县）、水利部（7个县）、国家开发银行（7个县）、科技部（6个县）、信息产业部（6个县）。通常一个部门扶持的贫困县都在武陵山区，水利部定点扶持的贫困县都在三峡地区。部门定点扶贫的资金有三个来源：从其他活动中调剂的资金；各部门自己节省的预算外收入；部门职工的个人捐赠。根据对中央单位1998～1999年两年定点扶贫投入的统计，共为定点贫困县直接投资13.7亿元，捐献钱物1.14亿元，引进资金68.8亿元。

（六）特殊困难群体的扶贫政策

中国政府重视少数民族、残疾人等特殊贫困群体的扶持开发工作。早在1986年，扶贫领导小组确定贫困县时，就将革命老区和少数民族自治县的标准扩大到200元（国定贫困县的基本标准是1985年人均纯收入低于150元）。对内蒙古、新疆和青海的一部分有特殊困难的少数民族自治县的标准提高到300元。从1994年到2000年，国家共向内蒙古、广西、西藏、宁夏、新疆五个自治区和贵州、云南、青海三个少数民族人口较多的省投入资金432.53亿元，占全国总投资的38.4%。其中，财政资金194.15亿元（含以工代赈资金127.22亿元），占全国的40%；信贷资金238.38亿元，占全国的37.8%。在西藏近六年中，国家和地方政府先后投入资金12.2亿元，实施了多个扶贫开发建设项目。

残疾人是一个特殊而困难的社会群体。中国的残疾人口约占人口总数的5%，其中绝大部分残疾人生活在农村，相当数量处于贫困状态。据调查测算，1992年全国有贫困残疾人约2000万人。在农村贫困残疾人中，30%生活在592个国定贫困县。针对这些人口，1998年国家制定的《残疾人扶贫攻坚计划（1998～2000）》，对残疾人扶贫工作进行了全面部署，政策实施取得了明显的效果，到2001年贫困残疾人口下降到979万人。

（七）反贫困行动的纲领性文件

虽然我国政府有组织的扶贫开发活动开始于1986年，但是中国农村反贫困行动的政策体系形成的关键时期却是在“八七扶贫攻坚计划”阶段。在这一时期，中国政府出台了两个有代表性的指导扶贫工作的纲领性文件，即1994年公布实施的《国家八七扶贫攻坚计划》和1996年颁布的《关于尽快解决农村贫困人口温饱问题的决定》。这两个文件的颁布实施，标志着中国农村反贫困行动体系的完成。

《国家八七扶贫攻坚计划》明确提出要集中人力、物力、财力，动员社会各界力量，力争用七年左右的时间，到2000年底基本解决当时全国农村8 000万贫困人口的温饱问题，“八七扶贫攻坚计划”的主要措施包括：（1）帮助贫困户进行土地改良和农田基本建设，增加经济作物和果树的种植，增加畜牧业生产，创造更多的非农就业机会；（2）使大多数乡镇通路和通电，改善多数贫困村的人畜饮水问题；（3）普及初等义务教育和初级预防与进一步放开到中西部地区；（4）加强扶贫资金管理，减少扶贫资金的漏出和提高扶贫投资的可持续性；（5）动员各级党政机关、沿海省份和重要城市及国内外其他机构广泛参与扶贫。

三、十年扶贫开发时期（2001~2010年）

进入21世纪后，由于20多年经济的快速增长，中国社会、政治和经济发展开始进入一个矛盾交织的时期。“国家八七扶贫计划”的顺利结束，标志着中国基本解决了贫困人口的温饱问题，在经济增长的强力推动和国家开发式扶贫战略的强劲干预下，单纯的收入贫困问题已经不再是中国社会发展的最主要问题，而以收入差距、城乡差距、工农差距以及农村内部分化为主要特点的差异格局，构成了当时社会发展的主要挑战。

相对于“八七”时期，中国农村问题发生了显著的变化：（1）从社会成员的普遍贫困到贫富差距的日益扩大，这要求在21世纪前十年的扶贫战略需要考虑控制贫富差距，更要直接瞄准穷人，扩大政府的转移支付来帮助穷人。（2）从基本需求不能得到满足的收入型贫困为主到多元贫困为主，这意味着仅仅关注贫困人口的温饱问题的低水平扶贫战略，已经不能满足贫困人口的发展需求，贫困人口的健康、教育、社会福利等方面的要求应该成为十年扶贫战略关注的焦点。（3）从区域性贫困到阶层性贫困，中国的贫困分布从社会贫困、18个贫困地带、592个贫困县和

14.8 万个贫困村逐渐演变，表明贫困问题不再是区域经济发展不足的问题，而逐渐演变为群体性贫困。贫困的主要人群如弱势群体、边缘群体等已经不能直接受益于区域经济发展战略，这要求扶贫战略更加以人为本，直接指向穷人。

（一）农村发展政策

1. 全面建设小康社会

中国共产党第十六次全国代表大会明确提出，中国要在 21 世纪头 20 年全面建设小康社会。其关于农村全面小康社会的目标主要包括：农村人均可支配收入达到 6 000 元、农村合作医疗覆盖率达到 90%、农村养老保险覆盖率达到 60%、恩格尔系数 0.4 以下、农村文化娱乐消费支出比重 7% 等。扶贫专项政策可以视为全面建设小康社会的具体达到路径，但是其覆盖面不仅仅是扶贫。

2. 中央一号文件

从 2004 年开始，中央连续 13 年出台以“三农”为主题的一号文件，强调了“三农”问题在中国社会主义现代化建设和全面建设小康社会时期“重中之重”的地位。这些政策文件或多或少都与农村扶贫有关系，例如 2004 年的降低农业税税率、取消农业特产税和对农民直补，2005 年的继续加大“两减免、三补贴”、加大对农村基础设施和农村科教文卫事业投资力度等，2006 年的新农村建设，2009 年的继续加强惠农政策等，这些政府文件不仅为农村现代化发展提供了支持，也为农村扶贫工作提供了帮助。

（二）政府扶贫专项政策

2000 年底，中国基本完成了“八七扶贫攻坚计划”，绝对贫困人口下降到了 3 000 万人左右，贫困发生率仅为 3%，基本解决了贫困人口的温饱问题。但是扶贫工作形势依然严峻，需要扶持的贫困群体数量依然庞大，剩余的贫困人口主要分布在生产生活条件更差的地区，不仅脱贫难度大，而且极容易返贫，扶贫工作仍是中国政府的一项重要任务。2001 年 5 月，中国召开了第三次中央扶贫工作会议，对 21 世纪前十年的农村扶贫开发工作做了全面部署，并且颁布了《中国农村扶贫开发纲要》。

《纲要》提出新时期中国扶贫工作的奋斗目标是：尽快解决少数贫困人口的温饱问题，进一步改善贫困地区的基本生活条件，巩固温饱成果，提高贫困人口的生活质量和综合素质，加强贫困乡村的基础设施建设，改善生态环境，逐步改变贫困地区经济、社会、文化的落后状况，为达到小康水平创造条件。

1. 扶贫开发对象和实现途径

扶贫开发的基本对象包括：尚未解决温饱问题的贫困人口和初步解决温饱问题的温饱人口。扶贫开发的重点区域是：中西部少数民族地区、革命老区、边疆地区和特困地区，并在上述四类地区确定扶贫开发工作的重点县。扶贫工作的主要途径为：发展种植业、推进农业产业化经营、改善贫困地区的基本生产生活条件、科技扶贫提高扶贫地区群众的科技文化素质、扩大贫困地区劳务输出、推进资源移民搬迁和多种所有制经济参与扶贫。

2. 扶贫资金使用投向

在区域投向上，“八七”时期的财政扶贫资金必须全部用于国家重点扶持的贫困县，并以这些县中的贫困乡、村、户作为资金投放、项目实施和受益对象，而非贫困县中零星分散的贫困乡、村和户。这引起了一些争论，因为国家贫困县中并不是所有的人口都是贫困人口。21 世纪初，扶贫资金区域投向上进行了重新规定，允许部分资金用于非重点县的扶贫工作，但其比例不能超过 30%，投向重点县的资金比例不得超过 70%。这样，一方面保证了国家非重点县中的贫困人口也能得到扶贫支持，同时也反映出扶贫工作重点县的贫困发生率仍然要高于非重点县。资金投向区域上的变化也反映了中国扶贫工作机制逐步走向完善。

3. 扶贫瞄准机制

20 世纪 80 年代，中国通过土地制度创新和相关政策及扶贫干预活动，农村贫困问题从普遍贫困变成了区域性贫困，政府的专项扶贫工作也就落在区域内。1986 年政府开展有组织的扶贫工作后，为了更好地组织工作，将有限的资源运用到最需要的地方，划定了国家级贫困县，当时确定了 331 个国家级贫困县，后来增加到 592 个。从那时候起，以县为基本单位来分配使用资金成为中国扶贫工作的一个特点，扶贫瞄准方法采取县级瞄准。进入新世纪后，贫困人口聚集在更小的地理范围内，贫困人口的分布从区域分布逐渐转为点状分布，贫困人口在空间更加分散；同时“八七”计划的完成极大缓解了贫困问题，国家级贫困县贫困人口和贫困人口所占比例均大幅度下降，所以如果仍按照“贫困县瞄准机制”将会导致扶贫资源和目标产生偏离。因此，贫困瞄准机制的调整势在必行。

2001 年 9 月，中国政府把参与式扶贫规划作为“整村推进”工作的主要理念和方法，贫困资源倾向于到村到户，以实施村级扶贫规划为内容的整村推进，标志着中国扶贫工作在实际操作中，将资金分配开始由县级瞄准转向村级瞄准。

4. 扶贫干预途径

（1）整村推进扶贫。整村推进扶贫是 21 世纪初期扶贫开发的三大重点内容之一。目的是利用较大规模的资金和其他资源在较短的时间内使被扶持的贫困村在基础和社会服务设施、生产和生活条件以及产业发展等方面有较大的改善，并使各类项目间能相互配合以发挥更大的综合效益，从而使贫困人口在整体上摆脱贫困，同时提高贫困社区和贫困人口的综合生产能力及其低于风险能力。整村推进的技术手段就是制定和实施参与式村级扶贫规划。

（2）产业扶贫开发。十年扶贫纲要明确提出，要“积极推进农业产业化经营。对具有资源优势和市场需求的农产品生产，要按照产业化发展方向，连片规划建设，形成有特色的区域性主导产业，积极发展公司加农户和订单农业。引导和鼓励具有市场开拓能力的大中型农产品加工企业，到贫困地区建立原材料生产基地，为贫困农户提供产前、产中和产后系列化服务，形成贸工农一体化、产销一条龙的产业化经营。加强贫困地区农产品批发市场建设，进一步搞活流通，逐步形成规模化、专业化的生产格局”。21 世纪初将产业开发作为扶贫工作的重点之一。产业化扶贫的内容包括确立主导产业，建立生产基地；提供优惠政策，扶持龙头企业；探寻运行机制，实现农户和企业双赢等。

（3）劳动力培训。随着中国宏观经济结构的变化，劳动力市场的供需也出现了结构性短缺，一方面是制造业发达的东部地区劳动力市场需求巨大，技能型人才严重短缺，用工单位找不到技术工人。另一方面，中西部地区有大量文化程度低、没有经过任何技能培训的农村剩余劳动力转移就业困难。在这样的背景下，国务院扶贫办公室决定将贫困地区劳动力转移培训作为扶贫工作的主要途径和工作重点。2004 年 8 月，国务院扶贫办公室发出《关于加强贫困地区劳动力转移培训的工作的通知》，宣告贫困地区劳动力培训工作的正式开始。

（4）自愿式开发移民。中国政府有组织的扶贫开发移民开始于 1983 年的“三西建设”，当时国务院“三西”农业建设领导小组和甘肃、宁夏共同研究，按照中央对“三西”建设“兴西济中”、“山川共济”，走共同富裕道路的战略构想，提出了“有水走水路、无水走旱路、水旱不通另找出路”的建设方针，走水路、走旱路就是在有条件的地方，兴办水利，建设保土、保水、保肥基本农田。对自然条件特别严酷，人口严重超载，一方水土养不活一方人的贫困山区，实施有组织的移民，迁到新开发的灌区，重建家园，发展生产。在十年扶贫开发纲要中，将自愿搬迁扶贫作为扶贫工作的主要途径和手段，并明确规定：要稳步推进自愿移民搬迁，对极少数居住在生存条件恶劣、自然资源贫困地区的特困人口，要结合退耕还林还草实施移民搬迁。要在搞好试点的基础上，制定具体规划，有计划、有组织、分阶段进行；要坚持自愿原则充分尊重农民意愿，不搞强迫命令；要因地制宜、量力而行、注重实效，采取多种形式，不搞一刀切；要十分细致地做好搬迁后的各项工作，确保搬得出来、稳定下来、富得起来。因此，移民搬迁依然是一项主要的工作。

（三）十年扶贫的成就

经过十年的扶贫开发，我国扶贫工作取得了可喜的成就，主要是贫困人口和贫困发生率得到了减少。

1. 贫困人口的减少

按国家公布的绝对贫困标准衡量，我国贫困人口从 2000 年的 3 209 万人减少到了 2008 的 1 004 万人，绝对贫困人口减少了 2 205 万人，平均每年减少 275 万人，贫困人口平均每年减少速率为 15%。扶贫重点县的贫困人口从 2002 年的 391 万人减少到 2010 年的 1 693 万人，贫困人口年均减少 391 万人。

2. 贫困发生率减少

以绝对贫困指标衡量，中国农村的贫困发生率从 2000 年的 3.5% 下降到 2008 年的 1%，农村扶贫工作成就显著。

3. 扶贫重点贫困县

按低收入指标衡量，扶贫重点县的低收入人口从2002年的4 828万人减少到了2010年的1 693万人，贫困人口年均减少391万人。扶贫重点县的贫困发生率从24.3%下降到8.3%，表明贫困已经得到有效缓解。

四、新十年扶贫开发时期（2011～2020年）

2011年，中共中央、国务院印发《中国农村扶贫开发纲要（2011～2020）》（以下简称《纲要》），《纲要》提出“稳定实现扶贫对象不愁吃、不愁穿，保障其义务教育、基本医疗和住房”，简称“两不愁、三保障”的总体目标，反映出我国扶贫形势从过去以解决温饱为核心向巩固温饱成果、加快脱贫致富、改善生态环境、提高发展能力、缩小发展差距的新阶段转变。这一时期，在扶贫标准以下、具备劳动能力的农村人口为扶贫工作主要对象，连片特困地区成为扶贫攻坚的主战场。2013年11月，“精准扶贫”重要思想提出，明确了新时期扶贫攻坚的指导思想。

（一）新十年扶贫开发的环境

1. 国民经济增长放缓，产业转型压力陡增

2008年，国际陷入金融危机，全球经济陷入长期低迷的状态，在国际经济联系日益紧密的环境下，任何一个国家都不可能免受经济危机的侵蚀，随着人口红利衰减、“中等收入陷阱”、风险累积、国际经济格局深刻调整等一系列内因与外因的作用，2011年以后，中国经济增速持续放缓，拉动经济的“三驾马车”动力下降，经济发展由年均增长10%左右的高速增长转变为7%左右的中高速增长，经济步入“新常态”，2015年以来经济增速低于7%，2016年经济增速为6.7%。经济增长放缓同时我国制造业也面临沉重的转型压力，由于外需疲软和劳动力价格高企，东部地区企业成本徒增，因此东部地区企业或者转型或者转移。此外，我国还存在大量的产能过剩行业，要清理这些行业势必会对地方经济发展带来压力，还有势必会带来下岗工人就业问题。所以，新十年中我国扶贫工作的压力也势必非常沉重。

2. 贫困标准的提高

在新十年以前的扶贫工作中，扶贫工作的目标主要是保证贫困户的温饱问题。但是，该目标忽略了贫困户的精神和社会需求，况且还存在贫困标准远远低于国际贫困标准线的问题。因此，在迈入全面小康时期新十年，我国贫困标准线势必提高，这也会对新时期扶贫工作产生影响。2000年，我国低收入标准为 865 元，2008 年为 1 196 元，2011 年为 2 300 元。此后，我国的贫困标准以 2011 年 2 300 元不变价格为标准定期调整。在 2011 年国家将贫困标准调整为 2 300 元之后，我国贫困人口增加了 9 955 万人，为 12 238 万人，因此贫困标准的变化对扶贫工作影响甚大。

3. 贫困人口呈现新特征

在新时期，我国贫困问题日益复杂化和多元化。虽然，我国绝对贫困问题得到有效的缓解，但是相对贫困却开始攀升，“因病、因灾、因残、因学、因婚”等致贫问题开始日益突出。此外，现存贫困人口日益分散，并且贫困人口存在的自然条件也比较恶劣。

（二）中央扶贫政策

2011 年，中央印发《中共中央、国务院关于加快水利改革发展的决定》，明确了新形势下水利的战略定位，制定和出台了一系列针对性强、覆盖面广、含金量高的加快水利改革发展的新政策、新举措。2012 年，中央政府出台的一号文件强调将农业科技摆在更加突出的位置上，文中表示要持续加大对农业科技的投入力度，确保农业科技投入增长和比例均有所提升。2013 年，中央发布了《中共中央、国务院关于加快发展现代农业进一步增强农村发展活力的若干意见》，提出要围绕现代农业建设，充分发挥基本经营制度的优越性，着力构建新型农业体系，并且鼓励以家庭农场形式提高农业集约化经营水平。2015 年，中共中央出台《关于加大改革创新力度加快农业现代化建设的若干意见》，提出加快构建新型农业经营体系、推进农村集体产权制度改革、稳步推进农村土地制度改革试点、推进农村金融体制改革、深化水利和林业改革、加快供销合作社和农垦改革发展以及创新和完善乡村治理机制。

2016 年 3 月，《国民经济和社会发展第十三个五年规划纲要》发布，其中将“全力实施脱贫攻坚”作为一个篇章，从推进精准扶贫精准脱贫、支持贫困地区加快发展、完善脱贫攻坚支撑体系进行阐述。2016 年 11 月，国务院印发《“十三五”脱贫攻坚规划》，确定了“十三五”时期贫困地区发展和贫困人口脱贫主要指标，从产业发展脱贫、移地就业脱贫、异地搬迁脱贫、教育扶贫、健康扶贫、生态保护扶贫、兜底保障、社会扶贫等角度对扶贫开发工作给予指导。

（三）政府扶贫专项政策

1. 扶贫目标

新十年扶贫攻坚的总体目标为，到 2020 年，稳定扶贫对象不愁吃、不愁穿，保障其义务教育、基本医疗和住房。贫困地区农民人均纯收入增长幅度高于全国平均水平，基本公共服务主要领域指标接近全国平均水平，扭转发展扩大差距。

2. 扶贫开发对象和实现途径

扶贫开发的基本对象：在扶贫标准以下具备劳动能力的农村人口为扶贫工作主要对象。在扶贫工作中，要健全扶贫对象识别机制、做好建档立卡工作，实行动态管理，确保扶贫对象得到有效支持。扶贫范围：六盘山地区、秦巴地区、武陵山区、乌蒙山区、滇桂黔石漠化地区、滇西边境山区、大兴安岭南麓地区、燕山—太行山山区、吕梁山区、大别山区、罗霄山区，以及四省藏区、新疆南疆三地州。扶贫途径：异地搬迁、以工代赈、整村推进、产业扶贫、通过龙头企业发展带动贫困户脱贫、加强对贫困户的技能培训确保其就业、对贫困家庭学生学业补贴、培育科技龙头企业、加大科技成果推广、发展农产品专业类合作组织。

3. 扶贫资金使用投向

在新时期，我国贫困形式已经发生了很大变化，贫困人口分布比较分散，山区和边境少数民族地区贫困人口较为集中。同时，非贫困县的贫困人口比例在 2010 年时达到了 995 万人。因此，扶贫资金需要重点投入到山区中的集中连片特困区，同时也应适当考虑到非贫困村的贫困人口。此外，以往通过县级财政大水漫灌式的扶贫成果收效越来越低，很多贫困开发项目将弱势的贫困人口排挤出收益范围，从而偏离了政策制定目标，因此贫困资金投入的对象需要精确到贫困户。

4. 扶贫瞄准机制

进入新世纪后，贫困人口聚集在更小的地理范围内，贫困人口的分布从区域分布逐渐转为点状分布，贫困人口在空间更加分散；同时，贫困户的类型也开始发生变化，主要以“因病、因残、因学、因灾、因婚”五大类型为主。所以，开发式的扶贫已经无法根除贫困，这些贫困类型或者是突发的和长期的，或者是暂时的，而并非因发展机会、自身能力等问题致贫。因此，在新时期扶贫工作中，扶贫资金使用对象瞄准到贫困户，实施精准扶贫。新十年扶贫规划纲要中明确指出，建立健全扶贫对象识别机制，做好建档立卡工作，实行动态管理，确保扶贫对象得到有效支持。

5. 扶贫干预途径

（1）异地搬迁扶贫。坚持自愿原则，对生存条件恶劣地区的扶贫对象进行异地扶贫搬迁。引导其他移民搬迁项目优先在符合条件的贫困地区实施，加强与易地扶贫搬迁项目的衔接共同促进改善贫困群众的生产生活条件。在新十年扶贫攻坚时期中，贫困人口呈现分散化特征，同时贫困人口居住的自然条件也十分恶劣。因此，易地扶贫搬迁政策可以将贫困户迁到自然环境较为良好的地方，改善其生产生活环境，从而达到脱贫的目的。易地扶贫搬迁的模式主要有四种：一是全省一个部门牵头；二是发改委和扶贫部门牵头；三是发改委牵头；四是扶贫部门牵头实施。在搬迁方式上主要以整村推进为主，安置方式分为城镇安置、村内有土安置和村外有土安置。国家发改委出台的《异地扶贫搬迁“十二五”规划》将搬迁人均补贴定为6 000元。2015～2017年，我国计划搬迁117万户，按每户20万元搬迁成本计算，需要的总资金投入为2 340亿元，因此扶贫财政资金的缺口比较大。

（2）产业扶贫。充分发挥贫困地区生态环境和自然资源优势，推广先进实用技术，培植壮大特色支柱产业，大力推进旅游扶贫。促进产业结构调整，通过扶持龙头企业、农民专业合作社和互助资金组织，带动和帮助贫苦户发展。基于现有贫困户多分布在山区中，可以考虑在自然风光较好的山区中实施旅游开发，通过旅游企业进入从而帮助农民脱贫。山西省灵丘县上车河沟村和下车河沟村位于太行山区中，交通不便，两个村全是贫困人口，生活条件较为恶劣，但是自然风光较好。后来，经过灵丘县政府对车河进行旅游开发，建立车和有机农业社区。公司租用车河村住宅和土地，并且为村民统一建设独立式小洋楼，以供村民居住和游客租住，同时农户还可以在农业公司打工获得收入。到2016年，上下车河村农户已经全部完成脱贫。

（3）教育支持和技术培训。以促进扶贫对象稳定就业为核心，对农村贫困家庭未升学应届初、高中毕业生参加劳动预备培训给予一定的生活费补贴；对农村贫困家庭新成长劳动力接受中等职业教育给予生活费、交通费等补贴。对农村贫困劳动力开展实用技术培训。加大对残疾人就业的扶持力度。

新十年扶贫攻坚计划完成后，贫困的类型主要以“因病、因残”等为主。因此，加大残疾人就业力度就显得很必要。此外，在以前的扶贫开发中，扶贫工作只重视短期脱贫，导致贫困人口“大进大出”，这本质上是对贫困对象人力资本不够重视，这样的脱贫很容易产生返贫现象。因此，需要对未升学的初高中应届毕业生和贫困家庭劳动力给予职业教育补贴，提升其人力资本，这不但可以减少贫困人口，还可以预防未来贫困人口的产生。

（四）精准扶贫战略

从区域性发展带动扶贫开发的战略到精准扶贫战略的提出，其产生与发展一方面离不开中国特色社会主义理论体系，另一方面也是针对当前经济社会特征等现实状况而提出的。

1. 精准扶贫战略的提出

“精准扶贫”的重要思想源于2013年11月，习近平总书记到湖南湘西考察时首次做出了“实事求是、因地制宜、分类指导、精准扶贫”的重要指示。精准扶贫的提出存在以下三个依据：一是“共同富裕”根本原则是精准扶贫思想产生的理论源泉。共同富裕是中国特色社会主义的本质规定、奋斗目标和根本原则，也是中国特色社会主义理论体系的重要基石。中共十八大会议重申，中国必须坚持走共同富裕道路，偏离了“共同富裕”原则的导向，中国特色社会主义理论体系的基础就不复存在。

二是“全面建成小康社会”宏伟目标是精准扶贫思想产生的现实需求。在2020年完成“全面建成小康社会”的宏伟目标，是中共十八大根据中国经济社会实际做出的重大决策，将为中华民族的伟大复兴奠定坚实基础。根据“木桶理论”，贫困人口是实现小康的主要短板。如果我们要补全面建成小康社会的短板，那就是解决贫困人口的脱贫问题。

三是处理好做大蛋糕与分好蛋糕的关系。为什么要提出精准扶贫的战略？经济发展只解决做大蛋糕的问题，发展并不必然会惠及穷人，只有通过收入再分配，合理分蛋糕才能实现有利于穷人的发展。

当前，重视收入的再分配问题十分重要。只有为贫困农民提供更多、更好的公共服务和基本社会保障才能提高穷人抗风险能力，避免返贫问题的出现。从理论上讲，基尼系数与贫困发生率是正相关的。就是说，收入水平提高了，但分配差距大，仍然会有很高的贫困发生率。剩余的贫困人口，主要是老年人、生病致贫的人员、没有劳动技能或劳动能力的人，以及当地生存条件极端困难地区、交通十分不方便的地区的人群。这些人群，无论经济如何发展，都很难通过涓滴效应惠及到他们。精准扶贫的关键，就在于精准识别，把那些真正的贫困人口识别出来，通过发展生产、移民搬迁、教育扶贫、生态扶贫、社保兜底等手段，实现精准脱贫。

2. 精准扶贫的核心理念及工作基础

第一，精准化理念是精准扶贫思想的核心要义。精准体现在“扶贫对象精准”“项目安排精准”“资金使用精准”“措施到户精准”“因村派人精准”“脱贫成效精准”等六个方面。当前，我国扶贫工作不论是在识别贫困人群方面，还是在扶贫政策的制定实施方面，都需要精准理念的融入。

第二，分批分类理念是精准扶贫思想的基础工具。“五个一批”具体包括：发展生产脱贫一批，涉及特色产业扶贫、旅游扶贫、电商扶贫、资产收益扶贫；转移就业脱贫一批，通过开展培训开拓就业渠道；异地搬迁脱贫一批，到2020年实现1 000万人搬迁脱贫；发展教育脱贫一批，涉及基础教育、高等教育、职业教育，通过人才培养增强贫困人口的脱贫能力；医疗救助脱贫一批，通过推进健康扶贫工程，建立因病致贫数据库，探索先诊疗后付费机制；生态保护脱贫一批，加大贫困地区生态保护修复力度，增加重点生态功能区转移支付；最后，通过低保政策兜底脱贫一批。

第三，“建档立卡”是精准扶贫的工作基础。从区域性发展带动扶贫开发的战略到精准扶贫战略的提出，体现出中央更加重视较低贫困发生率条件下贫困人口的识别问题。“建档立卡”对象包括贫困户、贫困村、贫困县和连片特困地区。通过建档立卡，对贫困户和贫困村进行精准识别，了解帮扶对象的贫困状况，以及通过建档立卡信息对地方扶贫工作开展考核与监测。

（本文摘编自2017年6月完成的国家自然科学基金委管理科学部应急管理项目《中国扶贫开发的战略和政策研究》）

我国扶贫开发的政策设计

孙久文*

一、扶贫政策设计的角度

（一）扶贫的识别问题与设计

对于贫困人群的识别是扶贫中的核心问题，也是关键问题。对于贫困人口的识别是相当困难的，这主要是因为随着经济社会的发展，农村的人口已经发生了结构性分化。而这种结构性的分化所造成的问题是村组织干部经常遭遇的问题。即将有限的贫困资金投入到那些有产业基础的，有经营能力的人，让他们起到示范带头作用，还是如"撒胡椒面"一般让大部分人都享有扶贫资金。

目前对于贫困人口的识别采用的是建档立卡的办法，其过程是农民自愿申请、入户调查核实、村级民主评议和票决、乡镇审核和公示、县级审批和公示、信息采集，最后建档立卡。整个环节是好的，但是在村级民主评议和票决的部分，很多村干部对于贫困农户的把握存在很多偏差，将判断贫困的标准单纯地定义为这个家庭有没有劳动力、有没有老弱病残，这一判断标准极为不科学，也会将一部分贫困户排斥在外。究其原因主要是在识别贫困人群中采用的都是自上而下，逐级分配指标的方式。由省里根据贫困监测数据将贫困人口指标总量分解到县，最后进一步分配至行政村。这种贫困的测量方法本身与实际情况就会存在差距，造成建档立卡的

---

* 孙久文，中国人民大学区域与城市经济研究所所长。

指标过少，很多贫困户被排斥在这一帮扶系统之外。

农村的人口结构性问题以及建档立卡的指标分配问题都需要我们对于扶贫的识别问题给予相当的认识和反思。首先摸清贫困人数，理清贫困原因。由上级部门划定贫困线标准确定贫困人口指标的同时还应该让村级基层部门上报贫困人数，将上级确定指标和下级上报指标结合，同时也要采用统计计量的方法，每个片区抽选一个两个贫困村进行抽样调查，核实指标的偏差。同时委托本地科研或高校机构对于本地区贫困原因进行调研和分析，找出原因并给出相应政策措施。其次在现有的贫困识别和建档立卡工作基础上，推进建档立卡信息与不动产登记、低保、公安系统等信息的衔接，完善贫困户基本信息。改革单纯以农户年人均收入识别贫困户的方法，建立和完善贫困户多尺度、多维度识别方法。将农户收入能力、可支配能力、消费能力有机结合起来，建立贫困人口识别与评判综合指标体系。

识别问题中另一个关键性要素是识别的动态性问题，其实也就是建档立卡的周期性问题。现在各地政府规定建档立卡的农户将在三年内持续得到资金补助，这种做法也确实能帮助农户积极脱贫，但同时由于名额的有限性以及每年新增的贫困人数，都使得这种做法带来的实际效果不理想。虽然 2014 年国家扶贫办印发了《建立精准扶贫工作机制实施方案》，要求每年更新建档立卡的信息，但这种做法又增加基层部门的识别成本，所以大多数地区仍然以三年为周期来更新建档立卡信息，总体上建档立卡的动态性非常不足。解决周期性不足归根到底还是资金匮乏的问题，仅仅依靠政府的投入来解决识别的成本问题是远远不够的，这就需要从社会融资。可以成立公益性项目，或是公益众筹项目投入社会，公益项目筹集的资金可以用于扶贫项目的资金成本投入，帮助基层组织改善识别条件，做到以一年为周期更新建档立卡的信息，加大考核力度，建立脱贫的农户能及时退出，新增贫困农户能及时进入动态性强的运营机制。

（二）扶贫的“排斥”问题与规避

在扶贫问题研究中谈得最多的是精英捕获问题，贫困资金常常会被经济基础较好、容易出政绩的农户或是与村级干部有亲缘关系的农户所获得，从而造成贫困资金分配不公的问题。在谈精英捕获问题的同时，我们也要看到同时存在“排斥”问题。精英捕获和“排斥”问题是同时存在的。

需求排斥就是指忽视了贫困户贫困的根源，忽视了贫困人群自身的需求，简单地以资金或是帮助购买生产资料的方式来解决。专业排斥就是专业扶贫项目往往会被村里的产业大户捕获，因为这样能很快带来成效，而那些不懂专业技能的农户被排斥在外。配套排斥就是中央划拨扶贫资金时都要求地方进行配套，一些贫困地区拿不出配套资金就会造成分配给农户资金数量过少，或是一些专业项目要求贫困户自行配套一部分资金，很多贫困户拿不出配套资金，也被排斥在这些专项扶贫项目之外。这些排斥问题之中最为凸显的就是识别排斥、需求排斥以及项目排斥，这些排斥问题造成了很多贫困人群被排斥在扶贫帮助的人群之外，造成了更多的复杂问题。

首先需要理清的一个问题就是扶贫项目不应该将其视为产业项目，追求绩效与成绩。扶贫项目不可能向产业项目一般很快能拉动经济的发展，因为它兼顾了大量的弱势群体，因而必然存在“冰山成本”。在扶贫专项项目运作过程中要考虑本村实际情况，考虑贫困户的盈利模式，发展易上手的产业项目。同时可以考虑开展“公司＋农户”的模式，让企业根据市场情况引导农户生产，让所有的农户都能从这种模式中获利。其次，应该增加扶贫资金的类别满足扶贫人群不同需求问题。尤其是将扶贫项目与社保相结合，解决农户因病致贫、因病返贫的问题。还应增加扶贫资金对贫困家庭子女求学的支持力度，尤其是对高等教育的支持力度，使教育成为摆脱贫困的途径之一。第三，对于需要农户资金配套的项目可以考虑从社会融资。扶贫问题不仅仅是政府主体的问题，更应该是社会多方参与的一个问题。在政府资金有限，贫困户自行配套困难的情况下，可以考虑从社会上融资，与一些慈善项目或是网络融资平台结合，让更多的人关注贫困问题，让更多人帮助贫困地区的农户，形成一个互帮互助的局面。

（三）扶贫的“统”与“分”的问题

扶贫工作经历了从集中连片特困地区的扶贫再到精准到人、精准到户的过程，是一个靶向瞄准的过程，也是越来越精细化的一个过程。现阶段，精准扶贫的提出让我们将关注点更多地放到了贫困者、贫困户上，这一点并没有错，这是扶贫的重要内容之所在。但是不能将扶贫工作的重点都放在对人的扶植上，而忽视贫困区域发展的问题。一些学者对区域贫困问题展开研究，发现我国贫困地区集中分布态势仍未发生显著转变，贫困发生率较高的区域仍然连绵分布于我国中西部地区。这说明贫困的集中连片发生的情况并没有改变，这就要求我们在扶贫工作中既要将扶贫工作精准到人，又不能忽视贫困的区域问题。首先，对于集中连片地区、特困地区成立专门的协调办公室，对区域扶贫工作进行安排，对责任进行划分，制定责任清单，明确各个区域的工作任务，避免重叠和遗漏，还要严格把控时间，制定任务完成计划，确保扶贫任务能在计划内完成。其次，对于贫困的乡镇和地区要着重提升贫困乡镇的基本公共服务能力和整体经济发展水平。在通过项目带动乡镇地区经济发展的同时，提升贫困地区公共服务能力对于乡镇地区城镇基础化设施建设以及新农村建设方面有着重大的意义。尤其是乡镇的城市基础道路设施建设以及医疗卫生、教育的建设，是提升乡镇地区人民幸福感实现小康社会目标的重要内容。第三，加大对中西部的扶贫力度。精准扶贫是源于广东省扶贫经验。广东等东部发达地区在经济发展、区位、地理环境方面具有优势性，不能将其经验简单地复制到中西部地区的扶贫工作中，针对不同的区域，扶贫工作的重点和工作方法也应该适当调整。对于广大的中西部地区而言，要摆脱过去等、靠、要、严重依赖政府财政支持的固化思维，要努力转变观念，寻求方法，利用社会资源，创新扶贫机制，多渠道、多管道融集扶贫资金，并且在现有扶贫机制下，探索和尝试适合本地区的扶贫办法。

（四）扶贫产业发展规划建议

产业扶贫对于贫困地区而言非常重要。这是贫困地区实现“内生性”增长的关键，是将扶贫问题由“输血式”扶贫转向“造血式”扶贫的关键。贫困地区产业发展问题极为明显，主要是缺乏主导和特色产业、产业层次低，远离市场，仍然以农业生产或畜牧养殖为主，缺乏市场经济意识。这就造成农户收入单一，收入不稳定，内生发展动力极为不足的状况。

我国的贫困地区主要在中西部。从外部环境而言，中西部贫困地区远离市场，因为对资源的开发力度不够，很难吸引企业入驻。存在着这些发展劣势，中西部地区产业发展必然要从两个方面着手：一方面，政府应该加强对中西部贫困地区的产业项目的扶持力度。对一些生态、环保项目可以优先考虑中西部地区，积极引导东部产能过剩产业向中西部转移，利用中西部更大的市场规模和人口规模，发展这些产业，带动当地经济发展。另一方面，加大中西部地区特色产业的开发与培育。中西部地区有着历史人文以及自然资源方面的优势，可以在充分挖掘这些资源潜力以及对外部市场深入分析的基础上，培育农产品加工、生物资源加工、矿产资源开发、加工产业；利用当地特色民族文化资源，每个乡镇结合各自特色，发展手工业项目，实现“一村一品”，避免手工产品同质化和恶性竞争，打开国内外市场，寻找适合手工制品的销售渠道，为农户增加收入来源。此外，还可以发展一些具有未来市场前景的产业，如养老产业和生态旅游产业。中西部地区虽然资源缺乏，但是水土环境以及自然环境较好，污染问题较少，极为适合开展养老、养生以及生态旅游产品。具备这些资源，却缺乏能开发这些项目的地区，本地政府应该做好相关项目的发展规划和介绍书，利用一些推介会进行宣传，而且对于在贫困地区进行项目开发的企业也考虑给予一些政策和资金的帮扶，使这些产业能顺利成长和发展起来。

（五）扶贫中的管理与考核机制设计

一是建立动态的“进入—退出”机制，返贫问题也是扶贫工作中相当棘手的一个问题。事实上，对于返贫问题的关注远远不够。根据对124个贫困村调查数据测算发现，近三年来贫困地区平均返贫率为12.9%。六盘山区、燕山—太行山区和秦巴山区返贫率分别高达53.7%、36.7%和29.5%；山西、甘肃、河北返贫率分别达到67.2%、53.7%和35.4%。此外，贫困农户退出机制也不够完善。建档立卡后，很多产业扶贫项目都会优先考虑进入扶贫机制内的农户，农户可以得到更多的项目和资金扶植，有些农户即使生活有了很大改善，也不愿意退出扶贫机制外，扶贫机制的动态监测不完善，造成部分地区“只进不出”的问题。针对以上问题，应该重新审视“进入—退出”机制，应进一步考虑农户的返贫问题，增加再进入机制。因此这一过程中就需要理顺退出机制，明确退出标准，建立动态的监测管理机制，将返贫的农户也纳入机制内。根据监测、评估数据，及时进行动态调整，降低农户返贫比率。

二是实施合理的绩效考核机制。目前对于扶贫项目的绩效考核过于注重绩效评价，而忽视了对整个项目的重新评估和审视的过程。因为对于绩效成绩的重视，一些扶贫产业开发项目被分配给了具有一定产业基础的大户，而其他弱势农户则被排除在了项目之外，造成了产业排斥问题。对于绩效的重视，只重视产业项目的短期效果，既忽视了它的长远预期效果，也造成了盲目开发、重复建设等问题。在扶贫项目开展中，应该正视绩效与评估之间的关系，不能顾此失彼，需要对于绩效评估环节进行必要的创新和改进。可以考虑在项目评估中引入第三方评估和监测机制，实现项目评估的公正与公平。设立项目考核的多层次、多目标体系。可以考虑设立项目的农户参与度，满意度指标以及项目的社会、经济发展指标等等。

（六）基层扶贫组织队伍建设

乡村基层组织是扶贫工作实施和开展的关键。然而目前基层老龄化问题突出，学历层次都比较低，对于精准扶贫的识别和工作的开展无法做到清楚地了解和操作，造成了诸多问题。其次，基层干部工资薪酬太低，无法吸引年轻人就业，造成很多岗位空缺，人才缺失的局面。随着精准扶贫项目以及其他项目的展开，村级干部面临的工作和责任越来越大，工作的开展也越来越困难，基层干部水平已经成为精准扶贫项目中的一个短板。针对以上问题，一方面应该加强基层组织机构建设和人才的培养，提高基层组织干部的薪酬，吸引有能力、有发展前途的大学生前来就业。应加强已有干部的培训，不仅要加强基层组织的党支部建设，强化基层服务群众、联系群众的作用，还要加强基层组织对于电脑操作等基础办公软件的学习。针对精准扶贫以及其他产业项目成立专门的培训班，开展一段时间的学习与培训，让基层干部对于项目的操作和实施能有更为清楚的认识和了解。定期举行各县、各村对于精准扶贫工作的交流会，在会上学习和交流各村先进办法和经验。还可以充分调动村里以老师、医生或宗族德高望重的人士为代表的“乡贤”群体，他们在村庄里拥有比常人更高的威信和影响力，也对乡村的基本情况最为熟悉，将他们纳入乡村的精准扶贫工作中，有利于促进相关政策的宣传，便于扶贫工作的有效开展，从而帮助推动实现精准扶贫的常态化。另一方面，完善干部驻村工作帮扶机制。制定驻村干部帮扶的目标任务，形成系统、持续的帮扶体系。建议驻村干部与乡村基层干部加强联系与互动，帮助乡村基层干部深入了解本地区致贫原因，在对致贫原因深入分析的基础上制定持续的、系统的帮扶任务、目标和达成办法，实现驻村干部长效帮扶机制。

（七）扶贫与生态环境的关系

扶贫问题并不是简单的经济问题，它还叠加了生态问题。集中连片的特困地区往往生态环境恶劣，自然资源紧张或是人口数量超过了自然环境所能承载的范围，造成人地关系紧张。对于贫困地区的扶贫问题进行研究和探讨时，不能够忽略生态环境和外部环境对贫困地区经济发展的影响。对于资源贫乏，人地关系紧张的地区，可以考虑有序迁出部分人口，降低生态压力，对于迁出人口可以实施一定的生态补偿。一些省区在这方面已经有了成功经验，比如重庆和成都等地，它们将生态移民搬迁后的农村建设用地复耕退耕，节约的建设用地指标，通过公开交易后用于城镇建设，增值收益用于弥补移民搬迁费用。也可以考虑将生态产品纳入生态文明框架下的经济核算体系，把保护和建设生态打造成为贫困地区的支柱产业和贫困人口收入的主渠道。采取国家和受益地区采购、获得正外部性的企业成本分摊等机制，实现生态产品保育的经济价值。这样，贫困地区的人口转为生态工人，开展林草养育，从事林下经济、生物多样性保护、生态功能监管，就成为我国生态文明新型经济链条中的一个关键环节，成为众多贫困地区共同的支柱产业部门。

（八）扶贫与“互联网＋”的应用

互联网的应用和大数据时代的来临为精准扶贫提供了一个新的契机，互联网与大数据的应用一方面为精准识别提供了解决办法，另一方面也是贫困地区产业发展的有效工具。扶贫工作的动态监管是一个难题，现在可以依据互联网和大数据实施有效的监管，通过建立扶贫信息大数据库，实现扶贫信息的全程信息化管理。这个扶贫信息大数据库不仅仅是对贫困人口的录入和建档，还可以进一步对数据背后的有用信息进行提取和分析，及时掌握贫困人口的变化情况，也为进一步了解扶贫工作、开展扶贫研究奠定了基础。利用互联网开展的电商扶贫项目也为贫困地区农户打开了一条致富之门。目前电商扶贫工作已经取得一定的效果，但是在其发展过程中依然存在很多问题。首先，电商人才缺乏。诸如淘宝、京东等大型网络购物平台有其自身的交易规则、交易手续和物流知识，对于人才缺乏的农村贫困地区而言，了解并熟练掌握交易流程的人才非常的缺乏；其次，一些贫困地区物流发展缓慢，农产品向外输出成为难题。因此，要加强对电商人才的培养，利用远程教育等方式，培训一批懂市场、了解互联网的新型农民。加强贫困地区物流的硬件和软件的投入力度，提高贫困地区物流发展的整体水平，减少物流交易的中间环节，保障农产品的新鲜度并能够及时运达。此外，可以依托互联网汇聚扶贫资金。依托互联网，可以打破时间和空间的限制，便捷地利用金融资本服务扶贫工作，用未来的钱办现在的事。要探索借鉴包商银行小马 bank 的“互联网金融 + 线下平台”模式、京东的“京农贷”等农村金融服务产品来扶贫，通过线上平台以众筹、众包等形式募集资金、汇聚“源头活水”，利用线下平台进行精准放贷，形成线上与线下合作共赢的 O2O 扶贫模式，有效解决款项投向问题，达到精准扶贫的目标。

（九）区域经济学视角下的扶贫政策设计

我国国土面积辽阔，各地区在贫困问题上各有特点，“一刀切”的扶贫政策不能满足所有地区的政策需求，因而在精准扶贫方面应该构建起区域政策体系。对于“京津冀”和“长三角”、“珠三角”地区，已经不能称之为是贫困问题，更多的是低收入农户如何增收的问题。低收入农户增收问题是一项复杂的系统工程，它更多需要产业化项目的扶持和带动，国家出台的一系列扶贫政策已经无法满足这些地区农户的发展需求，他们需要更加实际和具体的产业带动项目；对于中西部少数民族地区，贫困人数多，贫困程度深，道路交通等基础公共设施远远落后于东部地区，国家出台的建档立卡等精准扶贫政策又存在运营成本过高的问题；生态脆弱地区生态环境恶劣，贫困问题根深蒂固，开发式的扶贫往往不适宜，因而构建起系统性的区域政策体系是非常有必要的。

从中央层面上，应该允许地方在扶贫开发政策方面的创新，尤其是在扶贫资金的运用上，避免出现 70% 的扶贫资金用于产业扶贫的这种没有顾及地方实际发展需求的“一刀切”的政策。地方也应该积极探索本地贫困的原因，寻找解决贫困问题的突破口。对于“京津冀”和“长三角”、“珠三角”地区，解决低收入农户增收问题成为关键，这些地区需要大量的产业扶持政策，70%的扶贫资金用于产业扶贫这一政策更适用于这些地区。通过大幅增加这些地区农户家庭经营收入，加快土地流转机制的改革，增强城乡一体化发展可以有效改善这些地区农户的生活水平。对于中西部少数民族地区和偏远地区，加强这些地区基础道路、医疗、教育等公共服务设施，注重各类技能人才的培养，尤其是财务管理、公共管理、农业技能专业人才队伍的培养，大力挖掘本地区特色产业项目，充分发挥特色项目在精准扶贫中的作用。对于生态脆弱地区要从开发式扶贫转向保障式扶贫，在增加农户经营性收入的同时，通过生态补偿、生态保育制度，增加农户转移性收入。

（十）精准扶贫方式的创新

扶贫的方式是多种多样的，有外资扶贫、对口帮扶、异地安置扶贫、集中连片扶贫和社区扶贫，而精准扶贫是其中的一种方式，也是我们认为最能解决扶贫资金效率不佳的一个很好的方式。在推行精准扶贫的过程中我们可以将精准扶贫与以上几种方式很好地结合起来。其中社区参与模式可以很好地促进精准扶贫的开展，解决精准扶贫中遇到的一些问题。在社区参与中，农户既是社区参与的客体，也是社区参与的主体，自觉自愿地参与到扶贫开发的各种项目的决策、管理、运作及其监督中。

从形式上看，社区参与精准扶贫可以分为直接参与和间接参与。直接参与可以是村民选取代表参与扶贫项目的决策和管理，维护社区内广大农户的利益。间接参与是社区内农户对已经参选扶贫项目的农户可以起到一定监督作用，避免扶贫项目中的徇私舞弊行为。同时在社区参与模式中如何有效地进行社区内的宣传和动员也是关键问题。形成适合本社区的宣传动员模式，或是口头宣传，利用广播、网络、电视媒体宣传，或是社区宣传墙内张贴海报、文件等，或是多种方式相结合，确保社区内农户对扶贫政策、项目、参选人员都能有所了解。

社区参与的扶贫项目对于精准扶贫项目来说意义重大。首先，社区参与提升了贫困人群的识别效率。社区的管理人员既是本社区的成员也是社区的管理者，对本社区成员都有所了解，这对识别致贫原因、识别扶贫人群、采取不同帮扶手段都有很大帮助。其次，社区参与也是弥补扶贫开发资源不足的有效措施。对于很多中西部地区和部分山区来说，这里贫困人口多，贫困村、贫困县多是集中连片分布，贫困程度深，扶贫难度大，仅仅依靠政府的投入解决不了深层次的贫困问题。社区参与模式通过社区成员间的互帮互助，相互提携和带动，可以有效地弥补政府扶贫开发资源投入不足的问题。虽然社区参与模式能有效地解决精准扶贫中遇到的一些问题，但目前很多扶贫项目执行过程中都将社区排除在外，这不利于农村地区社区的建立和发展。因此在精准扶贫过程中应该积极引入社区参与模式，以解决精准扶贫中遇到的问题和困难。

二、扶贫政策的具体设计

（一）推进扶贫对象精准识别

精准扶贫指的是最大限度地提高扶贫的效益，以免因扶贫瞄准度偏移而造成资源浪费、效益低下。通过精准扶贫识别可以提高扶贫资源的瞄准精度，《关于创新机制　扎实推进农村扶贫开发工作的意见》提出，建立精准扶贫工作机制，对每个贫困村、贫困户建档立卡。

针对当前农村地区扶贫识别情况，应当建立起完善的精准扶贫识别机制，能够准确进行贫困人口甄别和贫困情况区分，依据统一、科学的标准程序开展扶贫识别工作。在开展精准扶贫中，以县级为单位，做到贫困人口识别动态化管理，杜绝“一刀切”式的贫困人口识别方法。完善的精准扶贫识别机制，应当包括数据筛选、走访、长时期考查以及信息登记和公示等各个环节和过程，特别是在走访和考查过程中，应当真实、准确了解贫困人口数据情况，特别是贫困家庭的真实收入情况等等。在信息公示阶段，接受村民的信息反馈，如果有村民对选定的贫困家庭存在异议，应当及时接收反馈信息，并且派遣专人团队进行进一步的考查核实，防止虚假贫困家庭的出现。通过建立这种完善的精准扶贫识别机制，能够大大提高扶贫工作的有效性和准确性。

因为个体真实收入的难测度性和指标的单一性，在贫困户精准识别时，地方才创新提出和实践了“一看房，二看粮，三看劳动力强不强，四看家中有没有读书郎”等更具比较性和操作性的办法。

（二）大力推进开发式扶贫

开发式扶贫要在以下三个方面做文章：首先是资源调查，了解贫困地区和贫困人口的资源禀赋；其次是选择适合利用这些资源的发展模式；最后是建立起农户对接市场的产业链。

尤其是要重视企业在开发式扶贫方面能发挥的作用，可以引导企业通过订单方式与农户结成合作关系，缓解贫困农户在市场需求和销售渠道方面的困难，企业还可以为农户，特别是贫困群体在生产环节提供资本支持，这是一种互利共赢的合作关系。如果深入推动，可以把订单农业、深度加工、人才培养和销售等结合起来，实现一二三产的融合。

由于上述问题的存在，后期扶贫工作在继续坚持政府主导的同时，还要重视开发式扶贫的作用。近年来，社会对开发式扶贫给予了广泛认可，并将其列入相关扶贫开发文件之中，这有助于完善政府主导的扶贫开发机制。但是，就目前的实际操作过程而言，开发式扶贫还只是停留在农户开发项目选择上，需要在其他环节上进一步落实。

（三）确保扶贫资金使用阳光透明

为了提高扶贫资金的利用率，提高精准扶贫的效果，应当在农村地区的扶贫资金使用管理中，建立起阳光管理机制，确保所有的扶贫资金使用行为和管理活动都是公开、公正、透明的，防止出现腐败死角。村一级的贫困资金发放管理中，为了提高资金利用率，可以直接由资金拨付部门向贫困家庭个人账户进行资金发放，防止出现中间环节的克扣问题。同时，在其他扶贫模式方面，如与当地优势产业合作，建立长效扶贫机制中，可以有专门的扶贫管理部门对当地产业发展情况和企业进行考察，选定合作对象，进行相应的资金扶持，增加定向的贫困人口就业或者贫困家庭补贴，以这种扶贫企业发展的模式来彻底解决贫困问题。在这些活动开展中，都应当建立起更加阳光公开的管理机制，以确保取得较好的实施效果。

（四）建立有效的扶贫考核机制

GDP 向来是考核地方官员的重要指标，地方官员为了维护政绩和形象，往往会忽视扶贫工作的实效。对贫困地区应调低对官员的 GDP 考核，更注重现代高效农业推进、旅游产业发展、生态环境保护等指标的权重，以此考核扶贫开发成效，把扶贫开发的工作实绩作为评价贫困县党政领导班子和领导干部的主要内容。改进贫困县考核机制无疑将引导贫困地区党政干部把工作重点放在解决贫困问题上，而不是盲目追求经济发展。

精准考核是提升精准扶贫工作成效的重要手段，是指针对贫困户和贫困村脱贫成效，建立贫困人口脱贫退出和返贫再入机制，完善贫困县考核与退出机制，加强对贫困县扶贫工作情况的量化考核，强化精准扶贫政策实施的效果。适应我国贫困治理形势的变化，精准扶贫政策实现了扶贫对象瞄准化、帮扶措施具体化、管理过程规范化、考核目标去 GDP 化，是新时期我国扶贫开发政策的重大战略转型。

将贫困人口脱贫、增加贫困群众收入、提高贫困人口素质、贫困农户危房改造等指标列为各县市区绩效考核重要内容，严格考核，奖优罚劣。要尽力降低对贫困地区政府经济增长指标的政绩考核压力，把贫困状况缓解、基础设施建设、社会事业发展、生态环境保护、社会秩序稳定作为贫困地区地方政府的重要考核标准，防止贫困地区政府为片面追求经济增长指标，而擅自挪用占用扶贫款项的行为。

（五）广泛动员，推进社会扶贫

社会扶贫是近年来我国扶贫政策的新战略，该战略在《关于创新机制扎实推进农村扶贫开发工作的意见》中首次提出，并在《创新扶贫开发社会参与机制实施方案》中对社会扶贫的机制进行了系统讨论。

社会扶贫的核心是广泛动员社会力量参与扶贫。扶贫工作是一项大的社会工程，如果单纯靠政府自上而下的推动往往收效不大，需要广泛动员社会各界人士、整合各种社会资源来反贫困。社会扶贫需要由政府直接推进转向政府推动全社会参与，在扶贫参与主体上进行突破，构建政府、市场、社会组织三位一体协同推进的大扶贫开发格局。因此，广泛动员社会各界力量，鼓励多元主体参与到反贫困工作中，对于扶贫工作的成败具有重要意义。

社会扶贫要构建一整套与之相适应的机制。社会扶贫背景下多元化主体参与扶贫，其中必然涉及扶贫工作的协调机制和信息传播与共享，这就需要构建相应的协调机制。社会扶贫创新机制应当包括以下几个部分：能够动员、吸纳多元化主体参与扶贫的机制、内部协调机制和信息传播与共享机制。

提供良好的法律和政策环境，引导和鼓励民主党派、社会团体、科研单位、大专院校等社会力量广泛进入反贫困领域，不断促进非政府组织发展壮大；其次转移政府部分职能给非政府组织，拓展非政府组织的反贫困空间。

（六）加强金融服务，提供科技支持

随着农村金融体系市场化改革，商业银行不断从农村撤离，正规金融服务减少，农民金融服务需求难以得到有效满足，而那些只有少量甚至没有抵押物的农村贫困群体，更难从正规的商业金融机构获得支持以增强其生产能力。因此，加强农村金融服务体系的创新，是提升贫困人口生产能力的重要举措。大力推进金融体制改革创新，建立以政策性金融为主导、合作性金融为基础、商业性金融为辅助的贫困地区金融支持体系。

财政政策在转移支付和项目倾斜方面应加大力度，针对特殊贫困地区突出专项扶持；金融政策在筹措扶贫资金方面应积极拓宽渠道，同时为解决贫困农户小额贷款的困难，应积极发展乡村银行、小额信贷公司和资金互助社等新型金融服务机构。

大力推广小额信贷扶贫方式，可考虑把80%以上的贫困人口纳入小额信贷模式的扶持范围，80%以上的扶贫资金通过小额信贷方式投向种养业和与之相关的家庭加工业，通过小额信贷培训项目对贫困人口进行技术培训和智力培训，促进贫困人口对反贫困战略的参与及自我选择、自我管理、自我约束和自我发展的能力。

（七）扶贫与完善基本公共服务对接

发挥政府和社会对贫困人群的扶持作用。政府和社会为农民提供培训与技术服务，帮助农民获得相关信息与发展思路；整合教育、电信等多方资源，进行对口扶持，帮助农民建立自己的经济合作组织，提高其在生产与市场中的组织化程度。总之，实施参与式扶贫，就是以农民为根本，以农民的广泛参与为途径，以农民的能力建设为核心，提升农民的自我发

展、自我管理和自我服务，从而充分发挥贫困农户在扶贫开发活动中的主体作用；社会保障政策作为贫困农户生存的“生命线”，应当扩大最低生活保障、新型农村合作医疗制度、养老保险制度在贫困区域的覆盖范围，使之与扶贫开发政策相互补充、有机协调。

（八）确立法律保障体系

针对特殊贫困人口颁布针对性的反贫困法律，形成稳定的社会福利制度，或者针对贫困人口相对聚集的落后地区颁布区域性反贫困法，通过地区经济的发展达到反贫困的目的。因此中国农村反贫困治理要取得最终胜利，关键在于加强法制建设，实现贫困人口的权利再配置，而不只是享有保障和得到救济。鉴于中国农村贫困的复杂性，反贫困法律制度的设计应既有纲领性的法律制度，也有针对性的法律制度。

在针对性的法律制度方面，既需要针对特殊贫困地区，也需要针对特殊类型贫困人口，特殊地区如民族地区、革命老区及边疆地区等，特殊贫困人口如老、弱、病、残等丧失基本劳动能力的贫困人口及单亲妇女贫困人口，除此之外还要对相关内容作进一步的细化，使之更具有操作性。

（本文修订于 2016 年 3 月 8 日）

中国扶贫开发政策及其实践中的一体化扶贫思想

赵作权　赵　璐*

我国扶贫开发政策与实践中涌现了资源整合、部门协同和立法等政策思想，这些政策思想的融合有利于推进区域扶贫开发合作，有利于提高我国扶贫开发的整体效率。为此，通过梳理总结这些政策思想精髓，我们提出了基于整合资源、部门协同和立法的“三位一体”的我国扶贫开发一体化政策框架。

一、资源整合——中国扶贫开发政策思想之一

资源整合是近十年来我国扶贫开发政策的主要思想之一。《脱贫攻坚决定》要求“创新扶贫资源使用方式，由多头分散向统筹集中转变”，强调“统筹使用涉农资金”，“整合目标相近、方向类同的涉农资金”，同时“积极整合交通建设、农田水利、土地整治、地质灾害防治、林业生态等支农资金和社会资金”。

党中央、国务院在《中国农村扶贫开发纲要（2011～2020年）》（以下简称《扶贫纲要Ⅱ》）中正式要求全国扶贫开发要“加大省县统筹、资源整合力度”和“建立健全协调统一的扶贫资金管理机制”。李克强总理在2015年8月26日国务院常务会上要求“我们要以扶贫为切入点，深化机制改革，整合财政资金……在这方面要力求有所突破，打破整体扶贫、

* 赵作权，中国科学院科技战略咨询研究院研究员、博士生导师；赵璐，中国科学院科技战略咨询研究院。

精准扶贫的障碍”。事实上，资源整合思想并没有出现在《国家“八七”扶贫攻坚计划（1993 ~2000 年）》（以下简称《“八七”扶贫计划》）和《中国农村扶贫开发纲要（2001 ~2010 年）》（以下简称《扶贫纲要I》）两个我国主要扶贫开发文件之中。

资源整合一般包括许多方面。在中共贵州省委办公厅贵州省人民政府办公厅《关于印发〈贵州省“33668”扶贫攻坚行动计划〉的通知》（黔党办发〔2015〕13 号）中强调整合“四类资源”。一是整合涉农资金资源。以扶贫攻坚规划为引领，优先在紫云、正安等取消 GDP 考核县和支农资金整合基础较好的贫困县开展涉农资金整合试点，集中解决贫困地区突出问题，并逐步扩大到 50 个国家扶贫开发工作重点县；二是整合部门帮扶资源。大力推进省领导集团帮扶、部门“定、帮、联、驻”、省内市县结对帮扶等模式，做到不脱贫不撤队伍、帮扶不脱钩；三是整合金融扶贫资源。发挥财政扶贫资金的杠杆作用，利用人民银行支农再贷款，开展小额信贷金融扶贫试点；四是整合社会扶贫资源。完善社会扶贫导向机制，培育多元社会扶贫主体，拓展领域，广泛动员。引导民营企业、社会组织、爱心人士参与扶贫开发，构建多元化大扶贫格局。

最早出现与扶贫开发资源整合相关的中央文件是 2005 年 12 月 31 日发布的中共中央国务院《关于推进社会主义新农村建设的若干意见》（中发〔2016〕1 号）。该文件要求“进一步加大支农资金整合力度”、“充分利用和整合涉农信息资源”和“整合农村各种教育资源”。同样在 2005 年，国务院扶贫开发领导小组认可了资源整合在全国扶贫开发中的重要性。在其发布的《关于加强扶贫开发“整村推进”工作的意见》（国开发〔2005〕2 号）中，要求“贫困地区要整合各类支农资金……整合扶贫资金、各类支农资金和社会帮扶资金等资源”。在 2005 年国务院扶贫办与其他部委联合发布的《关于共同做好整村推进扶贫开发构建和谐文明新村工作的意见》（国开办发〔2005〕62 号）中，强调“支持和鼓励开展整合扶贫资源和支农资源的试点，探索良性运行机制。支持和鼓励在县级开展资源整合试点，在整合过程中完善管理和运行机制……整合扶贫、各类支农、社会帮扶和群众自筹资源”。陕西省是我国探索扶贫资源整合的少数地区之一。2007 年陕西省出台了《关于加大扶贫资源整合力度、实施区域板块开发提高整村推进实效、促进贫困地区社会主义新农村建设的意见》（陕发〔2007〕5号）。

目前，扶贫资金和项目分散，“碎片化”问题突出，资金使用效率太低。根据国家审计署对贵州省丹寨县的扶贫调研，2014年该县收到的专项转移支付资金达5亿多元，涉及260多个专项，分别由县农业局、扶贫办等40个部门单位管理，其中最大的专项5 500多万元，最小仅4 800元。如果把几个项目的钱集中起来干一个项目，资金整合又与专款专用的有关规定不符。

整合资源同样引起扶贫研究界的关注，一些学者讨论了贵州、陕西、甘肃等地方扶贫开发工作中的整合资源问题，有以下几种重要观点值得参考。

1. 通过立法来整合扶贫资源。利用具有规范性、稳定性、可操作性和权威性的制度约束资源筹集、分配、使用、监管的全过程，提高扶贫资源利用效率。

2. 扶贫资金需要整合。以中央政府层面上的扶贫资金管理为例，以工代赈扶贫资金由国家发改委地区司分管，财政扶贫资金由财政部农业司分管，信贷扶贫资金由中国农业银行分管，社会救助扶贫资金由民政部分管。“这种政出多门的管理架构造就了分散的资金管理方式，难以形成很好的扶贫合力，且容易导致扶贫项目的重复申报，重复建设和资金浪费”，导致扶贫资金利用效率低。例如，2014年中央财政扶贫资金投入是中央教育、医疗、社保、救助和社区发展等民生保障部门的财政投入的1%。但是各部门各自为政，不同部门间缺乏有效协同，严重影响了扶贫资源的整合和优化配置。需要整合碎片化的社会救助制度，统筹规划分散在教育、民政、残联、扶贫等部门的救助资源，以消除重复救助和过度救助造成的资源浪费。

二、政府部门协同——中国扶贫开发政策思想之二

扶贫开发部门协同同样引起扶贫研究界的关注，有以下几种重要观点值得参考。

（一）扶贫组织整合

扶贫组织需要整合，如组建一个长期具有统一领导权的新型扶贫机构（如国家开发署或扶贫总署），统一集中分散于扶贫办、发改委、财政、农业银行和民政等部门的扶贫管理权力；我国扶贫开发工作涉及约27个职能部门。“多头化的扶贫组织，就使得不同组织单位的决策权、财权、事权等模糊而不易确定，相互推诿责任或争抢权力”。纵向上扶贫组织同样需要整合。目前，我国扶贫开发工作“空间管理层级过多。就扶贫行政组织的纵向架构而言，从中央到省、地市，再到县和乡，空间管理层级过多，这也就导致项目开展和资金下放的中间环节过多，政策协调成本过高、内耗过大，严重影响扶贫工作的运作效率。”

（二）扶贫政策整合

使针对扶贫开发的财政、税收、金融、产业和投资等各种政策相互配合。公共扶贫政策需要和扶贫工作特别是连片特困区的脱贫攻坚相结合。有效的公共服务供给能够提升连片特困区的治理效率，大规模的外来援助能够提升连片贫困区（如西藏）政府公共职能的执行能力，同时在外在的监督中地方政府更愿意向低收入群体提供廉价或免费的基本公共服务。

（三）区域之间整合

政府主导、按行政区推进的扶贫开发模式在连片特困区实践中减贫效率低，很难解决跨行政区的片区性、区域性贫困问题。统筹片区层面扶贫规划，对自然、人文、社会等相似的贫困地区采用的扶贫措施，协同多样性扶贫措施，共享扶贫资源，推进连片贫困区的整体性脱贫。

（四）跨行政区政府间合作

建立跨行政区政府间扶贫合作的组织，统一协调各地方政府的政策，扩展区域利益主体的合作空间。目前，跨行政区划政府协同扶贫还停留在中央行政推动上，采取地方政府集体磋商的形式很少，地方政府扶贫工作主要是各自安排。中央政府、地方政府和市场组织没有一个制度性组织机构协调片区扶贫工作。国务院扶贫办、国家发改委负责片区扶贫规划的指导、协调和监督。应由一个中央直属部门作为跨省（市区）扶贫协调的联系单位，各省（市区）政府负责对本省片区内的规划编制与实施，片区内各地（市、州）县具体实施扶贫任务。区域扶贫仍然是靠地方领导人来推动。

三、立法——中国扶贫开发政策思想之三

扶贫立法思想在我国起步比较晚。《脱贫攻坚决定》强调“推进扶贫开发法治建设”，要求“完善扶贫开发法律法规，抓紧制定扶贫开发条例”。《扶贫纲要Ⅱ》要求“加强法制化建设。加快扶贫立法，使扶贫工作尽快走上法制化轨道（第47条）”。事实上，在《“八七”扶贫计划》、《扶贫纲要Ⅰ》和国务院扶贫办与其他部委联合发布《关于共同做好整村推进扶贫开发构建和谐文明新村工作的意见》（国开办发〔2005〕62号）中，没有提及扶贫立法、扶贫法律方面内容。

扶贫立法正在我国兴起。2012年成立了由全国人大农委、国家发改委、财政部、国务院扶贫办等单位组成的扶贫立法工作领导小组，开始针对农村扶贫开发问题征求各界意见。国务院扶贫办起草了《中国农村扶贫开发法》。河北、贵州、四川、黑龙江等11个省建立了扶贫方面的地方性法规。最近，贵州省通过了《贵州省大扶贫条例》，同时废止了2013年制定的《贵州省扶贫开发条例》。《贵州省大扶贫条例》在一定程度上体现了资源整合（如整合救助资源、整合涉农资金），确立了扶贫办的部门间协调人角色，强调了东西部协作和考核的重要性，包含了多部门协调的思想，要求“促进部门间的沟通和合作”，“实现各级各部门数据交换、联通与共享”。

扶贫开发立法同样引起扶贫研究界的关注，有以下几种重要观点值得参考。

（1）中国农村扶贫机制改革的重点是整合扶贫资源、规范管理体制、拓展横向传递、确立法律保障和完善社会参与。这样才能克服扶贫资金管理利用碎片化、效率低，政府对社会、市场参与扶贫的激励不足等问题。

（2）扶贫立法需要明确政府和市场的边界。建立政府筹措扶贫资金、监督市场（主体）使用扶贫资金的市场化扶贫机制，提升扶贫开发工作

的效率。

（3）国家扶贫立法需要明确扶贫开发工作的对象及其权利、扶贫主体、资金组织管理体制和法律责任。只有制定专门的扶贫法，才能避免各地扶贫工作中急于求成的短期行为、追求政绩的面子工程、频繁调整政策的半截子工程、挤占扶贫资金等浪费扶贫资源的行为。现行的扶贫资金立法，无论是条例形式还是管理办法形式，都是原则性约束，缺少明确法律责任的规定。

（本文摘编自2017年6月完成的国家自然科学基金委管理科学部应急管理项目《中国扶贫开发的战略和政策研究》）

完善精准扶贫的体制机制

石忆邵*

一、“靶向疗法”有助于避免“公地悲剧”

长期以来，贫困问题是与人口激增、粮食短缺、能源枯竭、环境污染并列的全球五大难题之一。伴随各国工业化和城市化的发展，全球绝对贫困人口总量虽然有所减少，但相对贫困人口却不减反增。特别是在一些发展中国家，不同空间尺度和不同社会群体之间的贫富差距均呈现扩大的态势。一些国家的农村贫困人口数量逐渐减少，但城市相对贫困人口却持续增加，拉美和非洲一些国家的城市贫民窟即是明证。事实上，绝对贫困虽然可以缓解或消除，但相对贫困却将是长期客观存在的。因此，扶贫工作将是一项长期和艰巨的任务。

改革开放以来，中国的扶贫工作取得了显著成效。30 多年来，我国共有 6 亿多人摆脱了贫困，扶贫标准也从 206 元上升到目前的 2 300 元。2011 年到 2013 年底，我国又减少了近 4 000 万贫困人口，贫困发生率从 12.7% 下降到 8.5%。广东省还创立了“瞄准扶贫对象，建立动态信息化管理系统；瞄准贫困成因，因户因人制宜建立帮扶模式”的精准扶贫的新机制，通过采取“靶向疗法”，驻村驻户实施定向定位扶贫，大大提高了扶贫绩效，成为各地学习的示范模式。

然而在扶贫中，有这样一种现象，个别的国家级贫困县在脱贫之后不愿意“摘帽”，现实中不仅出现过少数经济强县靠打折数据而跻身于贫困

* 石忆邵，同济大学土木工程学院测量与国土信息工程系教授。

县的“自残业绩”行为，而且有的地方甚至还发生了由省级贫困县“升”为国家级贫困县而准备大肆庆祝的“以耻为荣”的奇怪现象。凡此种种，无不说明忝列“贫困县”尽管“其貌不扬”，但还是“有利可图”的。

扶贫工作是缩小或消除区域差异、城乡差异、群体差异，促进区域公平和社会和谐发展的重要实践任务。扶贫资金属于社会公共资源，应当用于对真正的贫困区域和贫困人口的扶持。如果将其视为“不劳而获”的福利，则既可能助长“等、靠、要”的传统观念，产生“高福利养懒”的变异行为，又有可能发生权力寻租、资金滥用等腐败现象。最终，扶贫资金的明争暗斗也难逃“公地悲剧”的厄运。

二、完善精准扶贫体制机制的三条建议

为了进一步完善精准扶贫的体制机制，提出如下建议：

其一，贫困县的甄别与遴选要与国家主体功能区划相结合。国家主体功能区划的精髓在于从空间层面上处理区域经济发展与生态环境保护的关系，并在顶层制度设计上科学界定地域分工的基本格局。要以国家主体功能区划为指导，尽量将那些自然环境脆弱、区位条件艰苦或生态地位显要的县级行政区纳入贫困县范畴。

其二，要尽快建立贫困县的动态评估机制。生命周期评价是国际上广泛应用的一种评价理念和方法，它最初被用来评价产品的整个生命周期——从原材料获取到设计、制造、使用、循环利用和最终处理等，定量计算、评价产品实际、潜在消耗的资源和能源以及排出的环境负荷，可作为一种有效的环境管理工具。它在工业部门中的应用包括产品系统的生态辨识与诊断、产品生命周期影响评价与比较、产品改进效果评价、生态产品设计与新产品开发、循环回收管理与工艺设计、清洁生产审计等方面。生命周期评价不仅可以解决微观产品层面的生产、使用、再生和处置等生命周期各阶段的资源和环境的合理配置，而且可以了解宏观层面上，社会经济体系和自然生态规律体系之间的相互作用和相互影响，从而为政府管理部门制定地区和行业的环境发展政策提供依据。

随着实践经验的不断积累和完善，它的应用领域进一步扩大，重要性亦逐步增强。近年来它又被运用到开发区的绩效评价中来。产品和企业具

有生命周期，城市和区域同样具有生命周期。因此，我们也可以借鉴生命周期评价的理念和方法，建立贫困县（区域）的动态评估机制。一方面，要对重点扶贫项目进行经济绩效、社会绩效和生态绩效的综合评估；另一方面，要对贫困县开展全生命周期的动态评估和监管，对其纳入贫困县之前3～5年、享受贫困县政策期间、退出贫困县之后3～5年进行分阶段评估，全面比较和系统分析扶贫绩效。根据评估结果，决定其保留或退出贫困县序列。

其三，构建贫困县退出的激励机制和“后扶持”机制。一是要建立贫困县退出的奖励制度，对各项主要指标已符合退出条件的贫困县，在办理注销登记后，根据扶贫成效给予相应数量的资金奖励，提高其退出的积极性；二是要建立贫困县退出的“后扶持”制度，对部分发展尚欠稳定的原贫困县，在办理注销登记后的3～5年内，国家扶贫办应继续对其进行跟踪观察，借鉴类似扶持科技创新型中小企业“孵化器—加速器”的做法，通过建立脱贫“加速器”机制，继续支持其稳定发展，真正实现可持续脱贫的目标。

此外，为加强社会扶贫参与，需要真正建立一个全国人民都能参与的社会扶贫的网络支撑体系，把精准扶贫直接到村、到户、到人的信息和社会帮扶信息实现点对点对接，让扶贫更加精准有效。

（本文修订于2017年8月7日）

努力创新区域性整体扶贫机制

郭劲光*

贫困一直是困扰各个国家和地区的世界性难题。五中全会公报中明确提及的“农村贫困人口实现脱贫，贫困县全部摘帽，解决区域性整体贫困”的目标具有前瞻性，也极大鼓舞了关注贫困问题的广大群体。

应当说此目标的提法是有矢而发的。当下我国总体贫困状况呈现出“点（贫困村）、片（特殊贫困区）、线（沿边境贫困带）”共存的区域特征。自2011年以来，我国主要以区域扶贫攻坚为核心的扶贫战略取得了显著成效。与此同时，将有限的扶贫资金真正投放给最有需要的贫困人口，“精准扶贫”出现于2014年政府工作报告之中。区域扶贫和精准扶贫正是新阶段我国扶贫开发的工作重点，区域性扶贫目标的实现确实有赖于精准扶贫的及时跟进。究其原因，首先，当下的区域性贫困片区是我国长期致力于扶贫精准化而渐进聚集的自然结果；其次，区域性贫困救助及其整体脱贫内生地需要有更为精准的方法来实现扶贫资源的科学配置。如果这样的判断作为顶层设计的话，它也揭示了问题研究的学术旨向和学术诉求，需要学术界至少围绕以下问题做出科学回应。

第一，我们应当抓住贫困救助的历史机遇期，更为系统地总结和评价我们过去在扶贫理论和扶贫实践环节形成和发展出的、具有本土特色的价值资源，并进一步深入反思其中存在的不足。如在解决普遍贫困问题的道路上，我国的扶贫绩效要好于绝大多数其他国家，但是在解决诸如饥荒之类的贫困问题上，印度的经验却非常值得我们学习和借鉴。用这样的总结和反思来完善和发展我们的扶贫战略，寻找区域扶贫中新的政策窗口，有

* 郭劲光，东北财经大学公共管理学院教授。

针对性地满足贫困群体的现实需求，可以起到事半功倍的效果。

第二，我们应当深入研究和探索我国宏观经济结构、分配体系以及贫困治理制度的创新性安排。由于长期得益于经济的高速增长，使得贫困救助或多或少地带有对增长外溢的依存性。而随着经济发展“新常态”的到来，经济增速放缓的现实不容忽视，相应地寻求扶贫动力新机制的任务就显得愈发重要。从宏观角度看，我们需要研究和引导构建新的、更具包容性的经济增长结构和相应的分配体系，在国家治理现代化的架构下思考、研究、设计新的贫困治理政策和制度，让贫困群体从中得到真正的实惠，提高贫困群体的政策满意度。

第三，区域致贫的因素是多元的，须考虑其复合性和层次性，需要积极研究社区层面贫困救助的机制和模式。社区是最直接的贫困群体接触面，也是贫困帮扶距离最短、贫困信息掌握程度最高的扶贫层面。从这一意义上讲，社区层面的扶贫知识最有利用价值。我们需要结合公共权力下放的制度趋势，盘活和利用当地信息、资源和市场，为区域贫困的整体解决提供新的知识。

第四，为及时、有效地掌握贫困区域的贫困动态，我们需要充分开发、利用新的贫困分析工具。如利用空间分析技术，跟踪、收集和分析重点贫困区域的贫困相关数据，及时了解相应区域的贫困时空变动情况并作出科学预测；系统论证和开发基于风险和脆弱性视角的贫困生计干预方法，将徘徊在贫困陷阱边缘的群体纳入贫困瞄准的范围，从而可以将扶贫窗口前置，为高效扶贫奠定基础；还可以考虑将扶贫救助和其他与贫困相关的区域问题相关联，从而进行综合性的政策设计。如将扶贫与减灾防治相链接，这对于治理因灾致贫、改进贫困瞄准机制、防灾减灾管理工作以及救灾物资的科学配置都具有重大的理论和现实意义。

第五，从研究时效的角度，学术界还需要联合社会各界构建区域扶贫研究平台，形成多学科交叉的研究共同体，推进学术界贫困研究知识的扩散和实际应用。如可以进行区域间贫困救助的周期性比较与协同推进问题研究，一方面可以及时发现和解决问题；另一方面也可以将成功的脱贫治理经验进行有效推广，从而更好地为整体解决区域扶贫服务。

（本文修订于 2017 年 8 月 7 日）

扶贫减贫制度的比较

万海远*

一、扶贫理念与对象的国际比较

（一）扶贫理念的历史变迁

1. 国际贫困标准的确定

任何一项扶贫制度的构建都离不开扶贫概念自身的塑立。1990 年，世界银行为了比较各国的贫困状况，对各国的国家贫困标准进行了研究，发现在 34 个有贫困标准的发展中国家和转型经济国家中，贫困标准从每年 200 多美元到 3 500 美元不等①。其中，12 个最贫困国家的国家贫困标准集中于 275～370 美元，因此世界银行在 1990 年采用了 370 美元作为衡量各国贫困状况的国际通用标准。同时，为了有效地反映印度、孟加拉国、印度尼西亚、埃及、肯尼亚等国的贫困状况，世界银行将 275 美元（约合 1 天 0.75 美元）作为国际通用赤贫标准，用于比较各国的极端贫困状况。按 1985 年购买力平价计算的每年 370 美元的高贫困线很快被简化成“1 天 1 美元”的贫困标准，被各界熟知并广泛接受。

1994 年，世界银行对贫困标准重新进行了研究，按 1993 年的购买力平价测算，10 个最贫困国家的平均贫困线约为每天 1.08 美元。世界银行当年按此标准重新测算了各国的贫困状况。虽然十多年过去了，各国的物

* 万海远，北京师范大学中国收入分配研究院研究员。

① 按 1985 年购买力平价将各国货币表示的贫困标准换算成美元。

价水平和消费结构都发生了变动，贫困标准的实际数值也已不再是1天1美元，但是，在贫困状况的研究和衡量中，人们仍习惯将“1天1美元”称作贫困标准。“1天1美元”的贫困标准之所以能被广泛采用，一是因为它简单明了，容易记忆；二是因为其测算基础是最贫困国家的贫困线，“1天1美元”比较符合人们对贫困生活水平的大致想象。这个贫困标准在2000年被联合国千年发展目标采用后，就更加深入人心。之后，由于物价和经济发展因素的影响，联合国继续上调贫困标准至每天1.25美元。在这个新的扶贫标准下，全球各国的扶贫压力迅速上升。

作为国际贫困标准确定依据的各国贫困线的测定，通常都是先确定最低食品需求，并计算满足这种需求的食品支出，然后在此基础上测算非食品支出。但是，各国的具体方法却千差万别。例如，在确定最低食品需求时，有的按维持生存的热量摄入量计算（例如东南亚、印度），有的按几种主要营养要素计算（例如俄罗斯）。在计算食品支出时，是按穷人的实际消费结构还是按平均消费结构？穷人是按什么标准划分的？非食品消费是按“一篮子”货品确定，还是根据效用理论直接计算支出？各国解决这些问题的方法也很不一样。1994年后，各国逐渐采用了世界银行推荐的方法（即马丁法），这种方法也是中国在1995年计算农村贫困标准时所采用的方法。

2. 中国贫困标准的确定

我国农村贫困标准在1985年、1990年、1994年、1997年由国家统计局农村司根据全国农村住户调杏分户资料测定。其他年份则使用农村居民消费价格指数进行更新。2004年全国农村贫困标准为668元，2007年农村贫困标准为785元。

我国农村低收入人口标准是根据1997年的食物贫困线，再利用在贫困状况下食物消费份额占总生活消费的60%假设计算的，从2000年起正式公布。2004年我国农村低收入人口标准为924元，2007年绝对贫困标准为796元，而低收入人口标准为1 067元。从2009年始，中国的绝对贫困标准和相对贫困标准合二为一，将把现行低收入标准作为新的扶贫标准，但是最新标准年收入1 167元（约为150美元），与联合国每天1美元的标准依然差距巨大。所以，在2010年中国进一步将扶贫标准提高到2 300元（按2010年不变价）。当然，在扣除价格因素和汇率因素之外，这条扶贫标准与联合国每天1.25美元的新标准仍有不少的差距。在最近世界银行年度《发展报告》统计公告的150多个国家中：年人均国民总收入不足150美元的国家，只有最贫穷的排在首位的布隆迪（100美元）、刚果金（120美元）等，而排在第3位的埃塞俄比亚、马拉维都超过了160美元，中国的贫困标准显然非常之低。而且我们还必须注意到这样的问题，即在农民的收入中有相当一部分是实物收入，并且收入中有很大一部分是要用于第二年的再生的，那么贫困农村人口的日均消费就可想而知了。

（二）扶贫对象的比较

综合国际经验，我们可以将各国的扶贫政策方针归纳为三大类别：工作为本、儿童为本、家长为本。

工作为本是指政府政策中，以贫困家长投身有酬工作为解决贫困人口就业及福利问题作为最重要的元素。在这一政策方针下，有一些政府不管其他配套是否足够（例如福利支持和托管），政府仍坚持贫困人口应外出就业，尽快离开社会福利支援网。但是有一些政府希望市场就业环境对贫困人口家长就业有利，例如设定最低工资标准，使贫困人口家长能够得到一份足以养家的薪金。

儿童为本的政策方针把焦点集中于如何解决贫困人口出外就业时，将要引起子女缺乏家长照顾的问题。儿童为本通常是指子女托管、学校教育如何配合贫困人口就业时的照顾空隙等有关儿童福祉的措施，而政府会在托儿及托管方面大力加强资源，以协助贫困人口家长解决托管子女及家庭照顾问题。

家长为本的政策方针焦点集中于贫困人口家长出外就业所面对的困难，包括子女托管、福利支持、市场就业环境、贫困人口个人需要（包括贫困人口的年龄学历评估、培训及能力提升、个人精神及健康状况等等）。

在推行贫困人口就业政策的时候，某些国家只把持单一的政策方针，而部分国家则会把两种或三种政策方针合并推行。其所引起的社会政策成效，以及对贫困人口家长及子女亦带来不同层面的影响。以下尝试就不同国家情况作逐一剖析。

1. 美国——以儿童为本作为基本方针

美国以严苛的态度对待贫困人口家长就业问题，甚至在社会福利范畴中抹除贫困人口家庭及家长的特殊需要，这一点是毋庸置疑的。一来是因为贫困人口家庭已占全国家庭的17%；二来，不少贫困人口家庭都由年青黑人女性组成，渗入了不少社会的种族成见与道德责难。不过，由于美国对于儿童权利和福祉向来十分关顾，也发觉到在推行工作为本的时候，必须以儿童为本作为基础政策方针。贫困人口或双亲家庭的父母因为工作或其他情况而不能照顾子女，可依靠政府提供的政策及福利，解决子女照顾的问题。然而，虽然美国的贫困人口就业政策以儿童为本作为推动贫困人口就业的重要基础，它仍辅以最低工资来提高工作诱因，以免贫困人口家长重投福利的怀抱。

2. 挪威——以工作为本作唯一方针的弊病

挪威与美国一样，十分着重推动贫困人口就业。挪威以工作为本为首要理念，以托管服务、过渡性补贴、培训增加贫困人口就业的数字。可是，由于挪威政府投放资源及力度不足，未能关顾家长及儿童的需要，而使不少贫困人口感到被强制工作而未能得到充足的支持。挪威的政策反映了工作为首要，儿童及家长需要为次，由此带来一系列弊病。

3. 新西兰——从工作为本到对家庭友善

新西兰曾于1998年开始实行强制贫困人口家长就业的严厉政策，以工作为首作口号，在缺乏完善托管、培训配套的条件下，把贫困人口家长推进劳动市场，结果导致整项政策崩溃。2003年，新西兰推出新政策，十分重视贫困人口家长的需要和实际处境。在以家长为本的蓝图下，家庭责任与工作得到平衡，儿童福祉亦不再受到忽略，步向对家庭友善的理念。

4. 荷兰——以工作为本，但重视个人状况差异

荷兰推行强制贫困人口就业，它亦投放大量资源对贫困人口家长进行训练。荷兰的政策特色是，它会因个别贫困人口家长的需要与个人状况差异，而决定某些贫困人口家长不用投身就业市场，让面对特别困难的贫困人口家长不需要受到强制政策之所难。

5. 英国及爱尔兰——对家庭友善的贫困人口就业政策

英国及爱尔兰，是贫困人口就业政策的理想原型。两地尝试就工作、家长、儿童做出平衡。一方面鼓励贫困人口家长就业，以提高生活水平，脱离贫穷；另一方面关顾到儿童的福祉以及贫困人口家长的特殊需要。当工作、家长、儿童均受到重视，便缔造了对家庭友善的政策成效。而根据数字，贫困人口家长出外就业并没有因为政策宽松而减少，反而因为就业配套完善、子女得到适当照顾，再加上其他社会政策和法例的扶助等，从而让贫困人口家长得到更大的支持，更有利于重新投入劳动力市场。

在各国的贫困人口政策中，我们可以看到，如果纯以就业为本而缺乏其他有效的政策配套的话，贫困人口家长便会面对各种不同类型的困难，包括难于就业、就业的不稳定性、工资微薄、缺乏时间照顾子女等等。所以，各国政府很少会采取单一的政策方针，而是采取一组政策来协助贫困人口家长脱离福利倚赖，也同时有更多机会使之脱离贫穷的行列。美国、新西兰、荷兰、英国及爱尔兰等国都并非只要求贫困人口家长从福利到工作，而是建立不同的援助制度，促使从福利到工作增值为从工作到脱贫。这些政策方针是值得我们参考的。

二、扶贫制度的比较

（一）扶贫制度的分类

在不同的扶贫理念下，不同国家的扶贫制度也存在很大的不同。而且，在过去的 50 年中，由于对发展问题复杂性的认识不断深化，缓解贫困的战略也不断得到调整和完善。这一变化在世界银行有关反贫困问题的“十年报告”中得到体现。在 20 世纪 50 年代和 60 年代，许多人把对物质和基础设施的大量投资视为推动发展的主要手段。在 70 年代人们的认识有了提高，《1980 年世界发展报告》中明确提出，仅有物质投资是不够的，医疗和教育的重要性不仅在于它们本身的意义，还可以促进穷人收入的增加。80 年代，世界上出现了债务危机和全球性的经济衰退，而东亚与拉丁美洲、南亚和撒哈拉以南非洲在减少贫困方面取得的成就迥然不同，因而对减少贫困的认识再一次发生变化：侧重点在于改进经济管理和允许市场力量发挥更大的作用。

但纵观世界扶贫的历史，无论是侧重市场化还是侧重政府力量的扶贫，其根本的手段和目标在于改善穷人的发展功能、增强穷人的抗风险能力和保障穷人的发展机会等，其根本战略和政策还在于创造机遇、促进赋权和增强安全保障。大体来看，缓解贫困的制度可以概括为以下三类：

1. 以收入分配为主导的社会福利式扶贫制度

社会保障和社会福利战略是发达国家缓解贫困的主要方式。1982 年末，美国近 150 万人获得了总额 500 亿美元的公共援助，换算成税收，美国 1982 年每人贡献 250 美元用于穷人的收入维持，占政府支出的 10%。社会福利计划的批评者认为，社会公共福利项目花钱太多，收效甚微，反而使穷人丧失上进心，不努力去接受教育、参加培训、寻找工作。他们建议，为残疾人和真正的穷人建立一个最低限度的“安全网”，并认为，持续和全面的经济增长才是帮助穷人的最佳方式。

2. 以能力建设为主导的目标瞄准式扶贫制度

20 世纪 80 年代以后，一些国际机构和广大发展中国家认识到经济增长很难保障增长的成果为穷人分享。正如全球“和平红利”不能为发展中国家分享一样，因为利益分配的格局很大程度上由强势集团决定。基于这一认识，许多国家转向实施目标瞄准型扶贫战略。吴国宝描述这一战略的主要内容是：直接向穷人或贫困地区提供脱贫所需的资源和服务，增加穷人的创收能力，并辅以必要的社会安全保障制度安排。

3. 以全面经济增长为主导的贫困人口受益式扶贫制度

通过经济的全面增长来缓解贫困，被有的学者认为是新古典经济学的一个重要思想，也是“二战”后许多发展中国家的扶贫战略选择。这种理论的假设是，穷人能够在经济增长中通过“涓滴效应”受益，比如说全面的经济增长能够提供更多的就业机会、更大的市场等。

（二）不同扶贫制度的效率评估研究

目前，大量的研究都集中在贫困成因分析，对贫困农户面临的外部环境（宏观、微观环境）、内部的自身特征进行了系统分析，从而理清了贫困主要成因，为定性分析政府扶贫的主要资源（资金）的投向是否合理提供理论依据。然而，从制度经济学的视角来分析比较不同制度优劣的文献则并不多见。

由于不同的制度设计导致了不同的扶贫效率，在扶贫成果上，不同的国家也产生了完全不同的扶贫效果。下面，我们从扶贫制度的激励机制、约束机制和监测机制方面进行文献回顾与比较。

1. 社会福利式扶贫制度

总体来看，在以收入分配为主导社会福利战略的西方国家（如瑞典），其扶贫制度的效率评估主要是从资金配置效率的角度进行的，特别是利用调查得来的微观数据进行分析，采用前一部分定性分析所得出的主要致贫因素作为自变量，以样本点农户人均收入作为因变量，选取适当的模型，把截面数据代入模型进行回归，得出各个因素对农户收入的贡献率，由此得出扶贫资金对农户收入增长及社会收入分配的贡献。总体上说，在西方以收入分配为主导的社会福利型扶贫模式下，这种方法有效地评估了财政资金在减贫和调节收入分配中的作用。从结果来看，这种以终极目标为瞄准对象的扶贫模式能充分调动各种扶贫资源，而且能有效提高扶贫效率，从而对极端贫困人口具有较好的扶贫效果。然而，这种扶贫模式总体上来看还是一种输入式的扶贫模式，对瑞典这种高福利国家可能有效，但对亚非等财政偿付能力有限的国家或地区则难以奏效。

而且，随着经济体制的转轨以及各方面环境与条件的改变，以政府行政推动为主导的社会福利型扶贫方式及实施中存在的缺陷和问题日益显露。表现为，一是政府的资金供给能力有限，难以满足社会对扶贫资金的需求；二是多部门参与和部门利益的存在使政府扶贫开发易出现难以协调的矛盾，并很有可能出现相互削弱甚至抵消工作成果的情况；三是由于政府对扶贫资金的管理过于宏观，难以形成有效的监督体系，影响了扶贫资金尤其是有偿资金效益的发挥；四是政府官员的高度流动性既不利于扶贫政策的连续性，也不能保证官员以负责的态度保证扶贫任务的落实，造成扶贫项目的短期行为比较普遍①。

2. 以能力建设为主导的扶贫制度

正是认识到社会福利扶贫模式对财政盈余有较高的要求后，越来越多的国家（如美国）开始转向以能力建设为主导的目标瞄准战略。××认为，这种模式一方面能有效减少财政投入，而且能充分开发贫困人口的发展功能。而直接向穷人提供脱贫所需的资源和服务，能长久地提高穷人的

① 黄科，对我国农村扶贫政策的回顾与思考，《中国经贸导刊》，2010。

抗风险能力，从而在扶贫资金的使用效率上，长远来看要高于以收入分配为主导的社会福利型扶贫模式。然而，××认为，这种扶贫模式在理论上虽然更优，但是在实践中，对一国或地区的制度设计、政策实施、项目运作都提出了许多苛刻的条件，否则这种扶贫模式就很难真正起到作用。××在评估哥伦比亚的扶贫模式后，就发现几年的扶贫资金在一次性发放到贫困农户后，许多农户由于消费预算的限制，不得不提前将扶贫资金用作其他用途，而并没有使用到提前设计的培训和教育上来，从而扶贫资金的使用效率大大降低，这一点在极端贫困农户中更是如此。

3. 偏向型经济增长拉动的扶贫制度

在社会福利扶贫模式和能力扶贫模式都面临困难的情形下，一些国家开始探索一种新的扶贫模式，就是以经济增长带动贫困农户共享发展的扶贫模式。这种模式在东亚、西非和南美国家中比较盛行，这是因为这些地区都曾经历了一个经济的高速发展过程。然而，在新的形势下，扶贫开发的外部环境已发生了很大变化，很多措施都因为种种原因而无法再发挥有效作用，经济增长对贫困减少的作用大大降低，劳动力迁移政策对中国农村贫困的影响也不再那么有效。墨西哥的反面例子就很好地说明了这一点，在宏观经济高涨时期，经济增长对贫困削减的弹性为0.5，而当前，其偏向性的经济增长减贫弹性只有0.1左右，经济增长因素对贫困人口脱离贫困陷阱不太奏效。

（三）未来的扶贫制度展望

1. 强调公平目标和参与原则的制度

以改善社区基础设施、发展社区公益事业和培育增收产业为主要内容的整村推进是新世纪农村扶贫的重要举措。在这个过程中，开始强调公平的原则和尊重当地社区的参与。为此，在整村推进的实施中引入公示制度，希望通过扶贫项目选择结果、运行过程和实施结果的公开，让所有被政府扶贫政策瞄准的利益相关者和关注政府扶贫的机构和个人，了解政府扶贫项目确定的程序、选择的结果和实施的结果，以及扶贫资金拟投放的时间和投放量、实际到位时间和到位量的情况。穷人的参与对扶贫政策具有重要意义，一方面，能帮助决策者准确把握穷人的需求以制定具体有效的政策；另一方面，在政策的执行与监督过程中更容易获得穷人的支持与合作。从社会发展的视角，新世纪的扶贫政策应更加关注公平目标和参与原则。

2. 更具包容性的制度

劳动力转移培训政策的目标是通过技术培训和能力提高，使贫困村庄中更多的劳动力有机会从事有薪酬的或非农行业的劳动，能够分享到中国经济增长的成果。同时要看到，片面强调正规就业或到城市就业，使劳动力转移政策的负面影响引起农村的人才大量外流，使得农村自身发展受到限制。此外，由于偏向城市的发展方向使通过培训后转移出去的劳动力的发展在城市也受到很多制约，诸如社会联系、家庭支持、教育程度、文化隔阂及行为习惯与风俗等，使他们很难融入城镇化的过程中，又成为新的边缘人群。所以，制定出更具有包容性的发展政策是今后扶贫工作的挑战。需要制定更加具有包容性的城乡统筹发展的政策，使生活在农村和生活在城市的劳动力有更多的选择和获得相同的权利。

3. 以脆弱群体为中心的制度

尽管新世纪的扶贫政策较以往任何时期更加关注社会发展的目标，在整村推进与劳动力转移培训中开始遵循公平原则和参与的原则，但是农村扶贫工作的现实情况是仍然会漏出脆弱群体。由此可以得到的启示是：如果不执行针对脆弱群体的政策，那么政策执行的结果必然是偏离脆弱群体，他们往往被排斥在外或者是自我排除。特别是在目前中国农村面上的贫困问题已经基本解决，更深层次的贫困呈零星分布状态，这就更加需要按照社会发展的基本原则制定出针对脆弱群体的专门的扶贫政策，以期待摆脱区域性发展和产业化扶贫中仍然漏出最贫困户的困境。需要生计保护和生计促进政策相互配合，构建起针对农村最脆弱群体的社会保障网，在此基础上开展能力建设和生计促进活动。

三、结论与建议

近年来，随着全球经济的逐渐增长，贫困问题作为一个严肃的经济政治问题，其重要性愈见凸显，受到全世界政府和社会的高度关注。然而与此同时，扶贫效率却不断降低，在全球欧债危机、金融危机和通货膨胀的肆虐下，穷人的脆弱性愈发显著，因此如何提高扶贫效率成为全球瞩目的焦点。

而对于中国，虽然在过去十几年中已取得了伟大的成绩，但是在新的形势下，扶贫开发的外部环境已发生了很大变化，很多措施都因为种种原因而无法再发挥有效作用。经济增长对贫困减少的作用大大降低，劳动力迁移政策对中国农村贫困的影响也不再那么有效；在产业结构调整的背景下，最低工资标准的提高反倒加速了低收入阶层陷入贫困的步伐。而且，在另一方面，市场化进程也导致了农户参与农村网络的程度大为降低，从而应对贫困冲击的能力大大削弱。在新的形势下，贫困群体的分化现象也愈发突出，贫困分布由区域的、整体性的贫困逐渐过渡到个体性贫困，贫困个体的瞄准难度也越来越大。

正是在全球和中国特殊的扶贫背景下，继续探索新的扶贫方式、改进制度政策效率、挖掘制度红利就显得尤为必要。从中外比较文献的角度来看，当前的研究解决了两个关键问题：一个是分析现阶段致贫原因，找到最优的资源配置模式，为今后扶贫资源的配置提出了一些建议。但是从设计一套有效的监督激励机制，使得扶贫的组织效率提高，实现“激励相容”目标的角度来看，已有的文献显然做得不够。

总体上看，通过对中外扶贫制度和政策比较文献的梳理，我们仍然发现有以下几点值得我们借鉴和学习。

第一，加强对贫困人口的统计和监测，并进一步提高贫困的最低标准，可以建立动态的扶贫标准，使扶贫线增长同步或略高于物价增长水平。中国农业大学根据他们在全国 100 个贫困重点村、按 2003 年的绝对贫困人口贫困标准线进行的参与式贫富排序结果（不同于统计的抽样调查，而是由村民根据年人均 637 元的贫困标准来回答在被调查的村子中，低于这个标准的贫困农户和人数有多少），其贫困发生率在 35% 左右，由此估计绝对贫困人口数量至少是目前政府公布数字的 3 ~6 倍，即 7 200 万 ~1.4 亿人之间。如果考虑到贫困村确定中存在的问题，则实际贫困人口数量则还会增加。由此可见政府在对贫困人口的统计上有重大漏洞。另外虽然从 2009 年始，中国的绝对贫困标准和相对贫困标准已经合二为一，但是 1 167 元的扶贫标准，也就是每人每天每餐 1 元的标准在现代经济和物价快速增长的中国依然显得很低。提高扶贫标准虽然会使贫困人口增加，但是在较高标准的贫困标准下完成的扶贫相信将有利于返贫率的下降，实现真正正脱贫致富。

第二，吸收国际上扶贫的有益经验，完善现行的扶贫制度，争取在扶贫制度的创新上有大的突破。针对现在贫困人口大大减少，越来越分散的趋势，要进一步细化扶贫目标，由原来的以县为目标，细化到现在的以乡为目标、以村为目标，甚至把扶贫目标落实到农户。对有劳动能力的人口要坚持开发式扶贫，对于那些没有劳动能力的要以供养为主；对于有开发条件的地区，因地制宜，以挖掘当地生产潜力为主；对于没有开发条件的地区，则可以采取移民搬迁、易地扶贫的方法。

第三，创新扶贫资源和力量整合机制，坚持分级负责，进一步完善责任体系。在坚持“渠道不乱、用途不变、各负其责、各计其功”原则的基础上，整合各方资源，协调各方职责。促进中央投入、地方配套、社会捐助、贫困社区和群众投入的有机结合，区域开发、社区建设、农户经营改善、贫困人口资本素质提高等不同项目的协调规划；促进各相关部门和社会组织加强沟通，信息公开，相互协作，集中力量，整合资源，确保重点。而且，要继续坚持“省负总责、县抓落实、工作到村、扶贫到户”的方针，完善扶贫开发工作“责任到省、任务到省、资金到省、权力到省”的权责体系。

（本文修订于 2016 年 3 月 8 日）

中国特色社会扶贫体系

林万龙*

一、定点扶贫

定点扶贫是指根据党中央和国务院要求，由中央和国家机关各部门各单位、人民团体、参照公务员法管理的事业单位和国有大型骨干企业、国有控股金融机构、国家重点科研院校、军队和武警部队所承担的扶贫任务；国家同时还鼓励、引导、支持各民主党派中央、全国工商联、各类非公有制企业、社会组织承担定点扶贫任务；同时要求地方各级党政机关和有关单位也要切实做好定点扶贫工作。

20世纪80年代中期，定点扶贫工作在中央和地方陆续开展。当时，一些与农村关系比较密切的政府部门，如国家科学技术委员会、农牧渔业部、商业部、水利部和林业部等，都投身农村扶贫开发工作，积极发挥各部门的专业作用，从而实现稳定长效的扶贫效果；1987年，国务院召开第一次中央、国家机关定点扶贫工作会议之后，越来越多的国家机关参与到定点扶贫中来，参与扶贫成为执行中央政府下达的一项政治任务，它们在贫困地区发展方面承担的责任就是扶贫领导小组赋予它们的责任。

各省（自治区、直辖市）党政机关的定点扶贫工作也始于20世纪80年代中期。与中央、国家机关定点扶贫类似，地方定点扶贫机构也是分批动员起来的，有一个从内生自发到政府动员进而逐步制度化的过程。

---

* 林万龙，中国农业大学经济管理学院教授。

二、东西部扶贫协作

这是国家动员社会力量进行扶贫攻坚的又一项重要战略举措，是指东部发达省市根据党中央和国务院的要求对西部省区发展的对口支持。东西部扶贫协作双方制定规划，在资金支持、产业发展、干部交流、人员培训以及劳动力转移就业等方面积极配合，发挥贫困地区自然资源和劳动力资源优势，其目的不仅推动西部地区的减贫工作，而且也实现东西部优势互补和经济协作。另外，要求积极推进东中部地区支援西藏、新疆经济社会发展的制度和措施；各省（自治区、直辖市）也应在当地组织开展区域性结对帮扶工作。

1994 年，党中央、国务院决定实施“国家‘八七’扶贫攻坚计划”。在计划的第七部分“社会动员”当中明确指出：北京、天津、上海、广东、福建、浙江、江苏、辽宁、山东九个沿海发达省、直辖市对口扶贫一两个贫困省区发展经济。

1996 年，中央政府发出专门针对东西部扶贫协作的指导文件《国务院办公厅转发国务院扶贫开发领导小组关于组织经济较发达地区与经济欠发达地区开展扶贫协作报告的通知》，文件明确安排了 10 对经济较发达地区与经济欠发达地区的对口扶贫协作关系，这一年可以作为东西部扶贫协作真正制度化、规范化的起始。

除了全国性的东西部扶贫协作外，许多省也制定了省内的区域扶贫协作项目，如山东省对鲁西南地区的扶贫协作、江苏省的苏南支援苏北的扶贫协作等。

三、社会组织扶贫

社会组织扶贫是指在党政体系、市场体系之外的，具有非政府、非营利、公益性特征的各类社会组织（主要是基金会和民办非企业单位）参与的扶贫活动。

20 世纪 80 年代中后期至 90 年代，国内一些重要的扶贫组织建立起来。主要的非营利扶贫机构或扶贫项目有：中国扶贫基金会、中华慈善总会、全国妇联巾帼扶贫行动、全国残联扶贫活动、希望工程、光彩事业、幸福工程、宋庆龄基金会扶贫救助项目、中国社会科学院小额信贷中心、爱德基金会、香港乐施会等。

在上述大型机构之外，一些小规模的、非公募型的基金会以及越来越多的“草根”非营利组织也积极地加入到了扶贫工作中。

2001 年出台的《中国农村扶贫开发纲要（2001～2010 年）》进一步指出，“要积极创造条件，引导民间组织参与和执行政府扶贫开发项目”，“逐步规范民间组织开展的扶贫开发活动。通过多种渠道、不同方式争取国际民间组织对我国扶贫开发的帮助和支持”。

四、企业扶贫

在 1992 年之前，企业介入扶贫事业是一个非自主的阶段。1992 年底，中共十四大正式提出建立社会主义市场经济体制。企业的影响力越来越大，企业的社会责任开始受到重视。1994 年，中国政府颁布并实施“国家‘八七’扶贫攻坚计划”，国有（控股）企业定点扶贫是其中一项内容。同年 4 月，刘永好等 10 名民营企业家联名倡议《让我们投身到扶贫的光彩事业中来》，民营企业积极参与扶贫的光彩事业问世。此外，外资企业在介入中国市场竞争的同时，也将先进的公益理念带入中国。

从 2002 年起，在国家信贷扶贫、财政扶持、税收优惠、土地使用优惠等一系列政策的激励下，各类企业从自身发展的需要出发，在参与扶贫和慈善捐助方面显得越来越成熟，越来越制度化。

2008 年 9 月，由国务院扶贫办主办的“企业社会责任”研讨会在陕西府谷召开，对“府谷现象”等企业扶贫行为进行了深入探讨，企业扶贫正式纳入了社会扶贫工作体系；2009 年，国务院扶贫办组织召开了多个企业参与扶贫开发的政策研讨会，之后，支持企业参与扶贫开发的各项政策、举措逐步在全国推行，企业参与扶贫开发工作渐次在全国铺开。

五、个人扶贫

个人扶贫指各类扶贫志愿者、扶贫捐赠者和以其他方式积极投身于扶贫活动。

为鼓励个人扶贫行为，1993 年修正的《中华人民共和国个人所得税法》〔1993〕1031 即已规定，“个人将其所得对教育事业和其他公益事业捐赠的部分，按照国务院的有关规定从应纳税所得额中扣除”，此后于 2006 年、2011 年两次修订的该法对此规定都予以了重申。

2007 年财政部、国家税务总局联合签发的《关于公益救济性捐赠税前扣除政策及相关管理问题的通知》（财税〔2007〕6 号）规定，经民政部门批准成立的非营利的公益性社会团体和基金会，凡符合有关规定条件，并经财政税务部门确认后，纳税人通过其用于公益救济性的捐赠，可按现行税收法律法规及相关政策规定，准予在计算缴纳个人所得税时在所得税税前扣除。该政策的出台，扩大了公益捐赠可享税前扣除优惠范围，有助于提高企业、个人进行慈善捐赠的热情。

（本文摘编自 2017 年 6 月完成的国家自然科学基金委管理科学部应急管理项目《中国扶贫开发的战略和政策研究》）

第三篇

精准扶贫与精准脱贫

与过去的整体贫困状况好转不同，新时代赋予了我们新的使命。为顺利实现 2020 年我国全面建成小康社会的战略目标，保证困难群众与全国各族人民一道进入小康社会，党的十八大以来，在以习近平同志为核心的党中央的坚强领导下，脱贫攻坚被放在更加突出的地位。随着扶贫投入的不断增加和我国贫困状况的深刻变化，为保证扶贫资金的利用效率，确保真正的贫困户从中受益，避免以往扶贫开发瞄准不精准的弊端，精准扶贫、精准脱贫成为我国在新时期内脱贫攻坚的基本方略。

精准扶贫的基本要求与主要做法

汪三贵*

一、精准扶贫的基本要求

2015 年 6 月，习近平同志主持召开部分省区市党委主要负责同志座谈会，会上提出推进扶贫开发工作需要切实做到精准扶贫。扶贫开发贵在精准，重在精准，成败之举在于精准。各地都要在扶持对象精准、项目安排精准、资金使用精准、措施到户精准、因村派人（第一书记）精准、脱贫成效精准上想办法、出实招、见真效。要坚持因人因地施策，因贫困原因施策，因贫困类型施策，区别不同情况，做到对症下药、精准滴灌、靶向治疗，不搞大水漫灌、走马观花、大而化之。自此，扶持对象精准、项目安排精准、资金使用精准、措施到户精准、因村派人（第一书记）精准、脱贫成效精准作为“六个精准”的主要内容，是精准扶贫的基本要求。

（一）扶持对象精准

扶持对象精准是精准扶贫的前提和基础，倘若扶持对象不精准，后续的精准帮扶、精准管理、精准退出等都无法顺利实现，也必然带来扶贫资源利用的低效和浪费。

由于扶持对象精准识别工作直接影响扶贫开发全局，且过往工作中存在识别不够精准问题，因此精准扶贫的首要要求便是强调扶持对象精准。

---

* 汪三贵，中国人民大学农业与农村发展学院教授。

为扎实做好贫困人口的精准识别工作，自 2013 年开始，国家便开展了大规模的建档立卡工作，目的就是将符合条件的贫困人口登记造册、建档立卡，以便后续的精准帮扶、精准管理及精准考核等工作顺利进行。2015 年，为了保证建档立卡的贫困农户识别的精准性，国家组织进行了多轮回头看工作，目的是核实建档立卡贫困人口的真实性和精准度，一方面将不符合条件的农户从建档立卡贫困人口中清理出去，另一方面是将符合条件的农户纳入到建档立卡群体之中，实现贫困人口的动态调整。目前，国家层面大规模的建档立卡信息系统已经建立，贫困人口的精准识别工作显著改善，有力保证扶持对象精准，为精准扶贫后续工作的开展奠定了坚实基础。

（二）项目安排精准

项目安排精准的实质就是实现精准帮扶，这也是精准扶贫的关键环节。只有通过精准帮扶，贫困人口才能受益于国家政策和各类扶贫资源。据国务院扶贫办最新摸底调查显示，2015 年全国 7 000 余万贫困人口中，因病致贫的有 42%，因灾致贫的有 20%，因学致贫的有 10%，因劳动能力弱致贫的有 8%，其他原因致贫的有 20%。而这些贫困农民绝大多数都没有增收的产业。帮扶项目需要针对贫困人口的致贫原因进行安排，才能切实提高帮扶的效果。针对当前存在的致贫原因，各地实践过程中采取了一系列的帮扶措施。例如，对因病致贫农户提供新农合、大病保险、商业保险等医疗保险，对缺乏产业的农户提供到户增收产业帮扶项目；对缺乏劳动能力的贫困户提供低保、五保等社会兜底保障；对有劳动能力的农户通过安排公益性岗位等方式提供就业；对缺少技术和外出就业渠道的贫困户提供职业技能培训、帮助劳动力转移就业；对教育负担重的贫困家庭的受教育学生提供各式各样的补助；对缺少资金的贫困户提供小额信贷、贴息贷款等；对住房不安全及生存环境恶劣的贫困户提供易地扶贫搬迁、危房改造等帮扶举措。对多种致贫原因的贫困户，需要多管齐下、综合施策。这些措施的实施，显著提高了贫困人口的收入水平，有效改善了贫困人口的生活条件，发挥了积极作用。

（三）资金使用精准

财政扶贫资金的有力支持是脱贫攻坚的重要保障。2015 年贫困地区县级扶贫资金共 1 902.6 亿元，同比增长 35.6%。其中，中央扶贫贴息贷款累计发放 290.2 亿元，中央财政专项扶贫资金 441 亿元，中央专项退耕还林还草工程补贴 102.3 亿元，中央拨付的低保资金 344 亿元，省级财政安排的扶贫资金 171.3 亿元，国际资金 2.1 亿元，其他资金 551.7 亿元。2016 年中央财政安排拨付财政扶贫资金 660.95 亿元，同比增长 43.4%。这说明近些年来，由中央到县级的扶贫资金投入力度在不断加大。

在扶贫资金有充分保障的前提下，如何将资金真正用于贫困人口需要的地方，实现资金使用精准？我国从体制机制上也在不断进行调整以提高扶贫资金的使用效率。以往我国的扶贫资金下拨通常都带有明确的要求，某一笔钱只能用于某个方面，即“资金跟着项目走”，但实际上上级部门的各类项目很难完全符合各个贫困县的现实需求，项目安排存在不精准的状况，而各个贫困县没有项目审批权限，直接导致各地无法将林林总总的财政扶贫资金进行有效整合，使财政资金用于当地贫困人口真正需要的地方，最终导致资金使用不精准，扶贫资金的利用效率大打折扣。最近几年，我国开始尝试下放项目审批权限。2017 年 3 月底开始生效的《中央财政专项扶贫资金管理办法》明确提出，中央财政专项扶贫资金项目审批权限下放到县级，强化地方对中央财政专项扶贫资金的管理责任，上级政府主要负责资金使用的管理和监督。在赋予了贫困县对扶贫项目审批权限后，显著提高了扶贫资金利用的灵活程度，有力保障了资金使用精准。

（四）措施到户精准

如何使贫困户真正从扶贫项目分享收益？这是扶贫项目安排过程中的重点。易地扶贫搬迁、低保、危房改造、教育补助等扶贫项目由于自身特征，可以顺利实现到户。但是以产业扶贫项目为代表的扶贫项目，由于存在明显的市场风险，如果以贫困户为单位实现单打独斗，很难实现预期的要求。实践已经多次证明，贫困户由于技术、资金、抗风险能力等方面的不足，发展产业时面临的自然风险和市场风险很容易让产业扶贫面临失败。少数贫困户缺乏发展产业的动力，获得产业扶持后，产业发展成果往往未能进行有效的市场交换。例如个别贫困户在获得政府给予的猪牛羊等扶贫资源后，并未真正投入再生产过程中，而是用于自食等用途，具有造血功能的产业扶贫异化成简单的转移性资源投入。但是产业扶贫如果不能到户，真正的贫困户就难以从扶贫发展过程中分享红利，摆脱贫困，也不符合国家的精准扶贫、精准脱贫基本方略。

因此，措施到户精准虽然要求贫困户从各项扶贫措施中真正受益，但并不等于扶贫措施必须直接由贫困户负责具体实施。在各地发展产业扶贫的实践过程中，通常是采用龙头企业、专业合作社、能人大户带动贫困户的形式组织进行产业扶贫项目。企业、合作社和能人大户的带动，一是通过自身的发展起到了示范效应，带动贫困户发展；二是通过自身的先进技术和抗风险能力，有效降低了产业扶贫过程中的自然和市场风险，显著提高了产业扶贫的成功率。对一些缺乏劳动能力的贫困家庭，各地往往是将提供给贫困家庭的扶贫资源投入到企业、合作社及大户中，通过分红等形式使贫困户分享产业发展的成果。

（五）因村派人精准

各地的发展表明，基层党组织的战斗堡垒作用在村庄发展中的作用举足轻重。当村级党组织战斗力强时，村庄发展往往较快；村级党组织软弱涣散时，村庄发展往往陷于停滞。除了党组织的软弱涣散，一些贫困村还面临着村干部不懂产业发展、技术等现实情况，难以带领全村百姓脱贫致富。鉴于农村复杂的现实情况，因村派人精准要求选拔贫困村驻村干部时，需要针对各贫困村的现实需求。如对村党组织软弱涣散、凝聚力不强的村，注重选派熟悉党务的干部；对富民产业不明确，群众种养知识贫乏的村，注重选派熟悉产业发展的技术干部；对矛盾纠纷集中、上访问题多的村，注重选派熟悉法律、群众工作经验丰富的干部。

中组部、中农办和国务院扶贫办联合出台的《关于做好选派机关优秀干部到村任第一书记工作的通知》明确要求，第一书记由县（市、区、旗）党委组织部、乡镇党委和派出单位共同管理，在乡镇党委领导和指导下，紧紧依靠村党组织，带领村“两委”成员开展工作，注意从派驻村实际出发，抓住主要矛盾、解决突出问题。

驻村第一书记的主要职责包括四个方面，一是建强基层组织；二是推动精准扶贫；三是为民办事服务；四是提升治理水平。第一书记任期一般为1至3年，不占村“两委”班子职数，不参加换届选举。坚持驻村工作服务，任职期间，原则上不承担派出单位工作，原人事关系、工资和福利待遇不变，党组织关系转到村。在实践过程中，贫困县的驻村干部通常来自于县直单位干部，少数贫困村的驻村干部来自于市直单位、省直单位乃至中央国家机关干部。为了推动第一书记的驻村工作，派出单位对担任第一书记的干部优先提拔任用，建立激励机制。同时组织部门和派出单位也对一些履行职责不力的驻村干部建立了召回制度，敦促驻村第一书记积极履行职责。

（六）脱贫成效精准

脱贫成效精准就是要求脱贫攻坚的成果真实可靠，经得起历史和群众的检验，不搞弄虚作假，不玩“数字脱贫”和“被脱贫”。根据中央办公厅和国务院办公厅印发的《关于建立贫困退出机制的意见》，贫困户脱贫收入需要达到脱贫标准，且顺利实现不愁吃、不愁穿，义务教育、基本医疗和住房安全有保障。贫困村脱贫需要将贫困发生率降到国家标准（中部地区2%，西部地区3%）以下，并统筹考虑村级基础设施、产业发展、基本公共服务及集体经济收入等因素。贫困县退出则以贫困发生率为主要依据，脱贫摘帽也需降至国家标准（中部地区2%，西部地区3%）之下。

和以往的扶贫成效评估不同，对精准脱贫成效考核将引入第三方评估机制。和以往单一的评估主体不同，引入独立的第三方进行评估后，将实现精准脱贫成效内部评估和外部评估的有效结合，评估结果将更加客观，有助于实现脱贫成效精准。

二、精准扶贫的主要做法

精准扶贫的关键在于“怎么扶”。习近平总书记在中央扶贫开发工作会议上发表的重要讲话指出，要解决好“怎么扶”的问题，按照贫困地区和贫困人口的具体情况，实施“五个一批”工程。

一是发展生产脱贫一批，引导和支持所有有劳动能力的人依靠自己的双手开创美好明天，立足当地资源，实现就地脱贫。

二是易地搬迁脱贫一批，贫困人口很难实现就地脱贫的要实施易地搬迁，按规划、分年度、有计划组织实施，确保搬得出、稳得住、能致富。

三是生态补偿脱贫一批，加大贫困地区生态保护修复力度，增加重点生态功能区转移支付，扩大政策实施范围，让有劳动能力的贫困人口就地转成护林员等生态保护人员。

四是发展教育脱贫一批，治贫先治愚，扶贫先扶智，国家教育经费要继续向贫困地区倾斜、向基础教育倾斜、向职业教育倾斜，帮助贫困地区改善办学条件，对农村贫困家庭幼儿特别是留守儿童给予特殊关爱。

五是社会保障兜底一批，对贫困人口中完全或部分丧失劳动能力的人，由社会保障来兜底，统筹协调农村扶贫标准和农村低保标准，加大其他形式的社会救助力度。要加强医疗保险和医疗救助，新型农村合作医疗和大病保险政策要对贫困人口倾斜。要高度重视革命老区脱贫攻坚工作。

（一）发展生产脱贫一批

要真正实现精准扶贫精准脱贫，增强贫困户的持续增收能力，最终还是要着眼于发展生产，强化产业。产业扶贫是“拔穷根”的根本之举，但也是难度最大的扶贫措施，一是因为面临着较大的市场风险，二是农业生产具有显著的自然风险，三是贫困人口的抗风险能力较差。要顺利进行产业扶贫，首先需要选准特色产业。选择特色产业的标准主要有以下几条：一是突出特色选产业，产业的选取需要充分利用当地的资源禀赋，结合当地的特色，因地制宜；二是突出市场选产业，根据市场的需求决定具体的产业，不断适应消费需求的转型升级；三是突出绿色选产业，当前农产品消费对有机、绿色等要求不断提高，贫困地区可以充分发挥当地生态环境优势，在绿色产业方面寻求突破口；四是突出融合选产业，单纯依靠种养等环节增收获取的附加值有限，农民增收效果相对一般。因此在选取特色产业时，需要着眼于延长产业链，努力实现一二三产业的融合发展。

选准扶贫产业是实现产业扶贫的前提和基础，但是要成功实现产业扶贫仅仅有特色产业是远远不够的。现实经验不断证明，单打独斗的贫困户要想成功通过产业实现脱贫致富的可能性很小，必须通过与企业、专业合作社、能人大户等新型经营主体合作，由新型经营主体带动才有成功的可能性。一些条件相对较好的贫困地区存在一些规模较大、带动能力强、有社会责任感的新型经营主体，此时发展产业扶贫就占有先机。但是很多贫困地区缺乏能够带动贫困户发展产业的新型主体，此时进行产业扶贫就处于劣势，要进一步发展，需要着重进行新型经营主体的培育，但是在发展新型经营主体过程中，不可盲目贪大求全，仍需要根据当地实际情况进行，关键是在实现自身发展的同时，带动更多的贫困人口发展产业、脱贫致富。

在顺利实现新型经营主体与贫困人口的对接后，如何保证贫困人口在产业发展的过程中获得长期稳定的收益？如何针对不同类型的贫困人口设计受益机制？这是产业扶贫过程中的核心问题。对有劳动能力的贫困户来说，在新型经营主体的示范和带动下，可以从事生产乃至加工、销售等环节，也可以进入新型经营主体中就业，获得劳务收入。例如通过龙头企业带动发展产业时，有劳动能力的贫困户可以在龙头企业的支持下，从事养殖等环节，由龙头企业负责收购销售，一来解决了市场销售问题，二来也降低了经营的自然风险，农户可以获得一定的经营收入。贫困户也可以在龙头企业中务工，获得劳务收入。对缺乏劳动能力的贫困户而言，扶贫资金也可以入股龙头企业中，年终获得一定的分红。

金融扶贫政策在推动产业扶贫的过程中具有显著的作用。无论是企业、新型农业经营主体还是贫困户，发展产业时均面临着资金不足的问题。尤其是新型农业经营主体和贫困户，由于缺乏有效的抵押和担保，几乎不可能从正规金融机构获得贷款。即使有合适的产业项目，也因为缺乏启动资金而放弃，错失了脱贫致富的良机。因此为了保证有发展产业意愿的农户通过产业扶贫脱贫致富，金融扶贫必须予以保障。当前在各地的实践过程中，政府及金融机构通过减免抵押担保环节、降低贷款利率、设立风险保证金、给予贴息、建立贷款保证保险等手段，将贫困户、企业、新型农业经营主体、金融机构等联结起来，既降低金融机构发放扶贫贷款的风险和成本，又切实解决贫困户、企业及新型农业经营主体的贷款难问题。最终实现助力产业扶贫，增强贫困户内生发展动力，帮助贫困户顺利摆脱贫困的发展目标。

为克服产业扶贫存在的受市场影响大、失能或者弱能贫困人口难以获取收益等问题，资产收益扶贫在各地开始积极探索。以重庆市南川区为例，当地探索资产收益扶贫的具体做法是按照“资金入股、配股到户、保底分红、脱贫转股、共享收益”原则，整合各类扶贫帮扶资金作为入股资金，量化成股权后投入辖区内合作社（企业），让贫困户变成股东，从合作社（企业）的产业发展中分红受益。这一模式设计具有明显的优势：一是贫困户的分红收益不受市场经营情况的影响；二是保证了缺乏劳动能力的贫困户也能够在此过程中获得收益；三是贫困户脱贫后配股转移，产权未固定化，保证了分红收益均用于贫困户。

当前的产业扶贫政策成功和失败的案例均较为普遍，国家针对产业扶贫的各项保障政策不断出台。无论是成功还是失败的案例均表明，要成功进行产业扶贫，保证贫困人口持续稳定脱贫，必须要有完整、合理的机制设计，充分调动政府、企业、新型农业经营主体、金融机构、贫困户等参与主体的积极性，保证在产业扶贫过程各方追求自身利益与实现脱贫攻坚目标的统一，靠贫困户的单打独斗很难顺利实现产业扶贫目标。同时，产业扶贫要谋求切实增强贫困户的内在能力，通过产业的发展带动贫困户自身的能力建设，保证其真正实现长期稳定脱贫。

（二）易地搬迁脱贫一批

由于贫困人口多集中于中西部地区，尤其是地形复杂、交通落后、缺乏产业的山区，这部分贫困人口很难就地实现脱贫致富。在此情况下，需要将贫困人口搬到条件更好的地区，解决“一方水土养不活一方人”的问题。

《“十三五”时期易地扶贫搬迁工作方案》明确规定，易地扶贫搬迁对象主要是居住在深山、石山、高寒、荒漠化、地方病多发等生存环境差、不具备基本发展条件，以及生态环境脆弱、限制或禁止开发地区的农村建档立卡贫困人口，优先安排位于地震活跃带及受泥石流、滑坡等地质灾害威胁的建档立卡贫困人口。要统筹考虑水土资源条件、城镇化进程及搬迁对象意愿，采取集中与分散相结合的安置方式。

在集中安置方面，主要包括行政村内就近集中安置、建设移民新村集中安置、依托小城镇或工业园区安置、依托乡村旅游安置等。行政村内就近集中安置是指依托靠近交通要道的中心村，引导本行政村内居住在生存条件恶劣地区的搬迁对象就近集中安置。建设移民新村集中安置是指依托新开垦或调整使用的耕地，在周边县、乡镇或行政村规划建设移民新村，引导居住在生存条件恶劣地区的搬迁对象就近集中安置。依托小城镇或工业园区安置是指结合新型城镇化建设，在县城小城镇或工业区附近建设集中安置区。安置区周边不具备基本生存条件地区搬迁对象集中居住并发展乡村旅游。

在分散安置方面，主要包括插花安置、投亲靠友等。插花安置是指依托安置区已有基础设施、公共服务设施以及土地、空置房屋等资源，由当地政府来回购空置房屋、配置相应耕地资源安置部分搬迁对象。投亲靠友等其他安置方式是指引导搬迁对象通过进城务工、投亲靠友等方式自行安置，除享受易地扶贫搬迁补助政策外，迁出地和迁入地政府应在户籍转移、社会保障、就业培训、公共服务等方面给予支持。

由于易地扶贫搬迁主要是为了保障建档立卡贫困人口的基本生活，为避免贫困户因建造住房再次致贫，《“十三五”时期易地扶贫搬迁工作方案》对住房面积明确予以控制。中央补助的建档立卡贫困户人均住房建设面积不超过25平方米（宅基地严格按照当地标准执行），与建档立卡贫困户随迁的一般农户的住房面积标准由各省确定。

考虑到“十三五”期间需完成1 000万人口搬迁任务，保证到2020年，搬迁对象生产生活条件明显改善，享有便利可及的基本公共服务，收入水平明显提升，迁出区生态环境有效改善，与全国人民一道同步进入全面小康社会。初步计算，“十三五”时期易地扶贫搬迁总投资约6 000亿元，资金来源主要包括以下几个渠道：一是逐年增加中央预算内投资规模，鼓励和引导农户自筹部分建房资金，两项合计力争达到1 000亿元；二是通过调整地方政府债务结构，由省级政府向有关市场运作的省级投融资主体注入1 000亿元项目资本金；三是通过开发银行、农业发展银行发行专项建设债券设立的专项建设基金，为市场化运作的省级投融资主体注入500亿元项目资本金。剩余约3 500亿元缺口部分，由开发银行和农村发展银行为省级投融资主体提供易地扶贫搬迁长期贷款。

易地扶贫搬迁政策针对的是“一方水土养不活一方人”的现实难题，目标是保证贫困人口的基本住房安全，满足贫困户的基本住房需求。在此目标设定下，易地扶贫搬迁政策追求的是贫困户住房条件的“够用”而非“享受”。从各地易地扶贫搬迁的情况来看，绝大多数建档立卡贫困人口均愿意搬迁，但是易地搬迁政策在实施过程中还存在一些问题，一是个别地区对国家政策理解不到位，易地扶贫搬迁过程中存在超标准、超规格的问题，本身造福贫困户的易地扶贫搬迁却成为搬迁农户新的困扰；二是部分地区结合自身实际设计的易地扶贫搬迁政策设计存在不足，贫困户如要搬迁，需要自筹部分搬迁资金，资金不足成为搬迁的主要障碍，想搬没钱搬成为新的现实问题，易地扶贫搬迁政策无法落到实处；三是人均25平方米的住房面积的规定对部分农村地区的贫困户而言稍小，有限的面积下对户型设计也提出了更高的要求；四是易地扶贫搬迁后贫困人口的生计问题，如就业、土地等未能完全解决。当前易地搬迁实践极少涉及土地调整，农村的就业机会较少，这些现实情况使搬迁后贫困人口的生计缺乏保障；五是易地扶贫搬迁政策宣传还存在一定程度的不到位，个别地区贫困户对政策熟悉程度不足。

（三）生态补偿脱贫一批

我国贫困地区多位于中西部山区，资源禀赋较好，但是却面临着“富饶的贫困”这一困境。如何在保护生态环境的过程中实现对贫困人口的精准扶贫、精准脱贫？

2016年，国务院办公厅出台的《关于健全生态保护补偿机制的意见》提出，在生存条件差、生态系统重要、需要保护修复的地区，结合生态环境保护和治理，探索生态脱贫新路子。生态保护补偿资金、国家重大生态工程项目和资金按照精准扶贫、精准脱贫的要求向贫困地区倾斜，向建档立卡贫困人口倾斜。重点生态功能区转移支付要考虑贫困地区实际状况，加大投入力度，扩大实施范围。加大贫困地区新一轮退耕还林还草力度，合理调整基本农田保有量。开展贫困地区生态综合补偿试点，创新资金使用方式，利用生态保护补偿和生态保护工程资金使当地有劳动能力的部分贫困人口转为生态保护人员。对在贫困地区开发水电、矿产资源占用集体土地的，试行给原住居民集体股权方式进行补偿。

当前的生态补偿扶贫还存在一些不足：一是生态补偿的金额较低，覆盖面不足，单纯靠生态补偿难以顺利实现脱贫；二是林业的生产周期长，投入较高，在短期内很难通过林业产业经营脱贫增收。

（四）发展教育脱贫一批

发展教育是阻断贫困代际传递的根本渠道，也是实现社会有序流动的基本保障。发展教育脱贫一批，实质上就是使贫困地区和贫困家庭子女享受更好的受教育条件，提高贫困人口的人力资本，增强贫困人口脱贫致富的能力。

当前教育扶贫的做法主要有以下几个方面：一是全面改善贫困地区义务教育薄弱学校基本办学条件，重点保障贫困地区义务教育学校办学条件，提高教师队伍素质；二是实施贫困地区义务教育学生营养改善计划，按照每生每天 4 元标准为 3 200 多万贫困地区小朋友每天提供营养膳食补助；三是实施中等职业教育学生免学费和给予国家助学金补助政策，按照每生每年 2 000 元标准对片区内中等职业学校全日制农村在校生免除学费，并给予每生每年 2 000 元的助学金补助；四是实施面向贫困地区定向招生计划，招生高校覆盖所有“211”工程和 108 所中央部属高校，招生计划从 2012 年的 1 万人增加到 2016 年的 6 万人；五是实施《乡村教师支持计划（2015～2020 年）》，从乡村教师待遇、乡村教师培训、城乡教师流动交流等方面增强乡村教师队伍建设；六是实施学前教育重大项目，重点支持中西部地区发展农村学前教育；七是将 44 所教育部直属高校实施定点扶贫工作体系中，发挥高校自身优势参与教育扶贫工作。

治贫先治愚，扶贫先扶智。这些教育扶贫方面的举措有效改善了我国贫困地区义务教育长期以来存在的薄弱局面，增加了贫困家庭子女通过教育改变自身命运的机会，是实现精准扶贫的根本举措。当前在教育扶贫过程中，需要着重处理好高等教育与职业教育之间的关系，在发展高等教育的同时，要积极转变以往重高等教育、轻职业教育的局面，加大对职业教育领域的投入，充分发挥职业教育在教育脱贫过程中的重要作用。

（五）社会保障兜底一批

前四类精准扶贫做法具有一定的针对性，如产业扶贫偏重于有劳动能力的贫困户，生态扶贫偏重于自然资源丰富地区，教育扶贫侧重于有受教育子女的贫困家庭，易地扶贫搬迁针对的则是“一方水土养不活一方人”地区的贫困户。考虑到当前我国仍然存在大量的缺乏劳动能力、体弱多病的贫困人口，这部分人群由于无法通过上述举措予以帮扶，此时更适用于以社会保障进行兜底。

针对社会保障兜底问题，贵州省的做法具有代表性。2015 年，贵州省发布《关于开展社会保障兜底推进精准扶贫的实施意见》，《实施意见》明确提出到 2020 年，农村低保与扶贫两个标准实现统一，2016 年贵州低保平均标准达到3 184元，今后将根据经济发展情况逐步提高。同时，针对纳入低保的老年人、重度残疾人、重病患者、在校学生、单亲家庭成员等特殊困难群体，在发放基本保障金的基础上，根据困难程度，按照当地低保标准的10% ~30%分类别增发特殊困难补助金给予生活保障。对农村低保中的季节性缺粮户实施好粮食救助。

此外，贵州省在其他方面也在不断提高对贫困人口的社会保障水平。例如逐年提高农村“五保”供养标准，确保“五保”供养对象生活水平不低于当地农村居民平均生活水平。保证散居孤儿基本生活费不低于600元/月，集中供养孤儿基本生活费不低于1 000元/月。提高贫困人口的医疗救助保障水平，完善临时救助制度和受灾人员救助制度，完善城乡居民基本养老保险制度，确保贫困群众老有所养。

总体来说，社会保障兜底在顺利实现贫困户的脱贫过程中发挥了重要作用，社会保障水平的不断提高有利于保障贫困人口的基本生活，使贫困人口不愁吃、不愁穿，义务教育、基本医疗和住房安全有保障。贵州的各项做法实际也反映了当前在社会保障兜底过程中所存在的一些问题。一是一些地区社会保障水平仍然不足，以低保为例，多数地区分为A、B、C三类，即使是保障标准最高的A类低保年补贴金额也不足2 500元，离脱贫标准有明显距离，这说明针对贫困人口的社会保障程度还不足以完成兜底，让贫困户真正实现脱贫；二是低保政策与扶贫工作衔接仍不到位。贫困人口未必能享受“低保”政策、享受“低保”政策的未必是贫困人口，而且“低保”政策通常以人为单位进行评定，而贫困户是以户为单位进行认定，“低保”保人不保户与扶贫保户不保人的关系之间存在一定冲突；三是基层干部重社会保障兜底，轻产业发展等能力扶贫手段。由于社会保障操作简单、效果明显、风险较小，在一些基层的实践中，往往更愿意争取更多的社会保障指标对贫困户进行兜底保障，产业扶贫往往被忽视；四是部分地区存在“精英俘获”现象，村干部在分配扶贫资源时掌握决定权，上级难以有效监管时，就容易出现优亲厚友、各种社保资源难以瞄准真正贫困户，导致扶贫资源利用效率低下等。

（本文摘编自2017年6月完成的国家自然科学基金委管理科学部应急管理项目《中国扶贫开发的战略和政策研究》）

教育致贫悖论解析及相关政策

张永丽*

一、问题的提出

现代人力资本理论认为，人力资本积累是经济增长的源泉。通过人力资本投资，不仅可以提高劳动者的质量进而提高劳动生产率，增加国民收入及个人收入，而且可以减少收入不公、促进社会各阶层收入均等化，是任何一个社会公民增进其福利的主要途径。因此，人力资本投资特别是发展教育就成为世界各国反贫困的主要行动计划和政策着力点。但近年来“教育致贫”成为一个社会热门话题，引起社会各界的广泛关注。贫困家庭一方面希望通过孩子接受教育彻底摆脱贫困，一方面又因为高昂的教育成本支出陷入更加贫困的状态，这一悖论是否成立？如果成立，如何走出这一悖论？如果不成立，如何解释社会普遍关注的这一问题？

教育本应成为打破阶层固化，实现社会各阶层人才自由流动的主要途径。“教育致贫”这一问题提出后，学者们尝试着从不同角度进行解释。从教育接受过程来看，有研究认为，教育的溢出效应会抑制弱势家庭和弱势地区政府教育投资激励，进一步恶化教育投入不平衡的程度。较高的教育对农村低收入家庭也形成很大负担，减少了贫困家庭获得教育的机会。家庭贫困影响教育投资决策，导致低收入家庭陷入持续性贫困。从教育结果来看，随着人口转变、社会经济结构转型和体制转轨的进行，中国社会经济的结构性矛盾加剧，贫困家庭的毕业生在城市劳动力市场中处于不利

---

* 张永丽，西北师范大学商学院教授。

地位，影响了贫困家庭接受教育的相对收益。此外，也有研究认为，贫困地区的免费基础教育普遍提供低的教育质量，容易导致农村学生辍学，导致家庭教育投资失败，出现“教育致贫”问题。

自舒尔茨创立人力资本理论以来，学术界关于人力资本投资特别是教育与经济增长、收入分配等相关问题的研究相当丰富。但就目前“教育致贫”问题的研究并不是很深入，大部分研究仅仅停留在现象描述阶段，少有本质性问题的探讨，基于贫困家庭基本数据资料进行微观分析的更是少有。鉴于已有研究现状，本文利用课题组对甘肃省 14 个建档立卡贫困村的实地调查数据，统计描述了 1 749 户贫困家庭收支状况、子女受教育状况及教育支出状况，考察了家庭劳动力教育收益状况及家庭子女上学与家庭贫困的关系，回应和剖析了“教育致贫”悖论的客观存在性问题，以期为精准扶贫、实现西部地区如期全面脱贫提供实证研究基础和相应政策建议。

二、样本农户家庭收支及教育状况

为更加准确地了解甘肃省农村贫困状况、基本特征和主要原因，对现行扶贫政策及其实施效果进行科学评价，进一步完善精准扶贫、精准脱贫政策和措施，甘肃省精准扶贫与区域发展研究中心在以往 4 次较大型的农村社会调查的基础上，于 2016 年 4 月份和 5 月份，在综合考虑甘肃省六盘山片区贫困县分布状况、乡镇村组规模及收入分布后，按照概率比例抽样方法进行分层整群抽样，分别从 43 个贫困县（市、区）共抽取 11 个贫困县，每个县抽取 1 个乡（镇），每个乡（镇）抽取 1 个建档立卡贫困村。通过问卷调查、访谈等形式获取了样本村 1 749 户、8 319 人的基本信息，其中建档立卡贫困户 767 户，占样本农户的比重为 43.85%（调查过程中由于一部分农户处于外出流动状态不能进行面对面访谈，样本户占户籍总户数的比例为 45%，未能实现对样本村户籍人口的全覆盖。处于流动状态的人口包括下地务农和走访亲朋农户占 5.6%；外出务工家中主要人口不在的农户占 33%，举家迁移但户口依然在村的农户占 6.7%）。具体情况见表 1。

表 1　　样本村基本情况

村名	调查户数（户）	调查人口数（人）	幼儿园/小学（个）	村卫生室/诊所（个）	距县城医院（公里）/到县城医院时间（分钟）	饮水	电网	自然村道路	最近的集市距离（公里）/最近的集市时间（分钟）	人均耕地面积/户均耕地面积（亩）	耕地面积占国土面积的比例（%）
团庄	211	990	1/1	1/2	30. 9/42	自来水	动力电	硬化路	30. 9/42	3. 2/18. 01	0. 15
川口	61	250	0/0	1/0	54. 5/60	自来水	动力电	硬化路	54. 5/57	7. 3/21. 27	0. 12
富岔	120	663	0/0	1/0	15/40	窖水	照明电	土路	15/40	5. 7/22. 37	0. 33
城子	155	864	0/1	1/1	15. 3/30	自来水	照明电	土路	15. 3/27	4. 8/3. 8	0. 20
史洼	113	555	0/1	1/1	25. 1/40	窖水	照明电	土路	25. 1/31	4/9. 36	0. 25
杜右手	64	286	1/1	1/0	55/80	窖水	动力电	土路	55/65	5. 2/29. 22	0. 42
张大湾	168	880	0/2	2/2	50/60	井水	照明电	土路	10/20	3. 5/18. 12	0. 39
文家集	70	270	0/1	0/3	83. 6/100	自来水	动力电	土路	51. 2/96	5. 9/19. 37	0. 33
四族	185	871	1/1	2/7	45/80	自来水	动力电	硬化路	34. 4/58	6. 5/5. 22	0. 25
马家湾	198	869	0/2	1/0	106. 9/175	自来水	照明电	土路	97. 9/154	4. 6/9. 68	0. 26
大寺	100	438	0/1	0/1	30. 7/50	窖水	照明电	土路	30. 7/47	4. 1/4. 53	0. 28
五户	88	414	1/1	1/0	25. 1/35	自来水	照明电	土路	25. 1/37	4. 7/7. 85	0. 34
蒲陈	180	811	0/1	1/2	60/140	自来水	照明电	硬化路	60/140	2. 6/2. 71	0. 12
瓦石坪	36	158	0/0	1/1	80/170	窖水	照明电	土路	80/170	2. 1/6. 44	0. 10

注：调查的 14 个建档立卡贫困村行政隶属分别为团庄村属兰州市永登县通远乡，川口村属白银市景泰县正路乡，富岔村属白银市会宁县八里湾乡，城子村属天水市张家川县恭门镇，史洼村属平凉市庄浪县郑河乡，杜右手村属庆阳市华池县五蛟乡，张大湾村属庆阳市镇原县方山乡，文家集村属定西陇西县宏伟乡，四族村属定西市漳县四族乡，马家湾村属定西市临洮县龙门镇，大寺村属临夏州积石山县小关乡，五户村属临夏州康乐县五户乡，蒲陈村属陇南市礼县雷坝乡，瓦石坪村属陇南市宕昌县南阳镇。

（一）样本农户家庭人口结构及子女上学现状

在被调查的 1 749 个农户中，共有人口 8 319 人，户均家庭人口为 4. 8 人。其中，劳动力（具有劳动能力且参与劳动）人数为 5 028 人，占样本人口总数的 60. 4%，户均 2. 9 人。老年（65 岁以上）人口数为 836 人，占样本人口总数的 10. 0%，户均为 0. 5 人。儿童（7 岁以下）人数为 476 人，占样本人口总数的 5. 5%，户均 0. 3 人。学生（7 岁及以上）人数为 1 968 人，占样本人口总数的 23. 7%，户均 1. 1 人。具体见表 2。

表 2　样本农户家庭人口结构　（单位：人）

分类	劳动力	老年人口	儿童人数	上学学生
总人数	5 028	836	454	1 968
户均人数	2. 9	0. 5	0. 3	1. 1
结构比例（%）	60. 4	10. 0	5. 5	23. 7

在上学的学生中，上幼儿园的人数为 132 人，占比 6. 7%；上小学的人数为 654 人，占比 33. 2%；上初中的人数为 542 人，占比 27. 5%；上高中的人数为 354 人，占比 18. 0%；上大学（大专及以上）的人数为 286 人，占比 14. 5%。具体见表 3。

表 3　样本农户家庭子女上学情况　（单位：人）

教育阶段	幼儿园	小学	初中	高中	大学
学生人数	132	654	542	354	286
年龄段未上学人数	157	11	6	77	267
学生结构比例（%）	6. 7	33. 2	27. 5	18. 0	14. 5

（二）样本农户家庭收入支出状况

从收入水平来看，样本农户人均收入 7 594 元，是全国农民人均可支配收入的 66. 5%，整体收入水平低。人均收入水平 2 800 元以下的户数占 16. 0%，人均收入水平 5 000 元以下的户数占 40. 3%，人均收入水平低于全国农民人均可支配收入的户数占 85. 5%。

从农户家庭收入结构来看，人均年收入总额为 7 594 元。其中，人均务工收入为 4 692 元，占比 61. 7%；人均农业经营收入 1 677 元，占比

22.1%，其中人均种植业、养殖业收入分别为4 677元、2 891元，分别占总收入的13.8%、8.3%；人均非农经营收入为667元，占比8.8%；人均低保收入为279元，占比3.6%。人均其他收入为285元，占比3.8%。可见，务工收入在农民家庭收入中占比最大，对农户收入影响最大，其次为农业经营收入。具体见表4。

表4　　样本农户家庭收入情况　　（单位：元）

分项	年总收入	务工收入	种植业收入	养殖业收入	非农经营收入	低保收入	其他收入
人均	7 594	4 692	1 047	630	667	279	285
占比	100%	61.7%	13.8%	8.3%	8.8%	3.6%	3.8%

从样本农户家庭的支出结构来看，人均年支出总额为4 165元。人均教育支出为1 072元，占比25.7%；人均医疗支出为1 064元，占比25.6%；人均生活用品及服务支出为851元，占比20.4%；人均食品消费支出（不计自产自销农副产品）为397元，占比9.5%；人均农业生产性支出为271元，占比6.5%；人均其他用品及服务支出为289元，占比6.9%；人均转移性人情支出为220元，占比5.3%。教育、医疗支出是构成农户家庭的最大支出项目。具体见表5。

表5　　样本农户家庭支出情况　　（单位：元）

分项	教育支出	医疗支出	生活用品及服务	食品消费支出	农业生产性支出	其他用品及服务支出	转移性人情支出
人均	1 072	1 064	851	397	271	289	220
占比	25.7%	25.6%	20.4%	9.5%	6.5%	6.9%	5.3%

（三）样本农户家庭教育支出状况

从样本农户家庭的支出结构来看，人均教育支出占人均年支出的比重最大，达到25.7%。在教育支出中，生均教育支出为4 499元。人均上学支出为1 049元，占人均教育支出的比重为97.9%，人均其他培训支出为23元，仅占人均教育支出的2.1%，说明农户子女接受正规学校教育的各项支出占了教育支出的绝大部分。

从占农户家庭收入和支出的比例来看，户均教育支出占家庭收入的比例为14.8%，占家庭支出的比例为25.7%，仅次于农户的家庭基本消费支出，和家庭医疗支出相当。

在上学支出中，生均幼儿园支出为 2 558 元，生均小学支出为 1 671 元，生均初中支出为 2 841 元，生均高中支出为 6 504 元，生均高职、大专及以上支出为 13 167 元。具体见表 6。

表 6　　样本农户家庭子女上学费用支出情况　　（单位：元）

分项	幼儿园	小学	初中	高中	大学
生均费用	2 558	1 671	2 841	6 504	13 167

（四）农户家庭教育成本的分担状况

为了不断提高贫困地区教育发展的整体水平，更好发挥教育在推进精准扶贫中的重要作用，近年来，从教育部到甘肃省教育厅都出台了一系列的政策和措施，旨在减少贫困人口的教育负担，提高贫困人口的受教育水平，隔断贫困的代际传递，实现贫困人口的稳定脱贫。内容覆盖了农村教育的方方面面，具体包括建档立卡贫困户学生学费、学杂费减免、入园补贴等直接经费支持，农村学前教育、义务教育办学条件改善，农村教师培训与补贴，扩大职业教育，高等教育招生计划向贫困人口倾斜等。为考察近年来教育精准扶贫的相关政策及其对农户家庭教育支出的影响，进一步了解农村家庭教育支出结构，本研究进行了进一步补充调查。调查显示，近年来，随着农村义务教育“两免一补”政策的落实，特别是 2015 年以来教育精准扶贫政策和措施的出台和实施，对贫困户教育支出产生了较大的影响。具体见表 7。

从表中可以看出，自 2015 年以来政府直接补贴力度不断加大，每个教育阶段的直接补贴在 2 000 元以上，农村家庭教育负担在学前教育、义务教育和高中教育阶段的费用绝大部分来自生活费特别是寄宿费方面（包括住宿、交通、伙食等）。来自学费和生活费等方面比较沉重的负担主要发生在大专及以上教育阶段。

三、实证分析

从以上对调查资料的分析可见，样本农户的经济收入水平低下，在较低的收入局限下，农户又将收入的相当部分用于子女教育支出，户均教育

表 7　　家庭教育成本的分担状况及农户反应的问题

教育阶段	政府补贴	家长承担	样本农户实际负担	存在问题
学前	保教费生均 1 000 元，2016 年建档立卡户幼儿新增 1 000 元	2 000～3 000 元不等的伙食费；不等的陪读成本	2 558 元	县城幼儿园不能满足城镇化的需要，乡村幼儿园师资缺乏。近 60%的孩子寄宿或者随父母在打工地上学，产生额外费
小学	免学杂费 600 元，寄宿补贴 1 000 元，营养计划补贴 800 元	生均寄宿费用 2 000～3 000 元，不等的陪读成本	1 671 元	教育资源向乡镇集中，偏远山区绝大部分孩子寄宿中心小学。寄宿比例占全部学生的三分之一，占样本村孩子的 50%
初中	免学杂费 800 元，寄宿补贴 1 250 元，营养计划补贴 800 元	生均 3 000 元左右寄宿费，不等的陪读成本，600 元资料、学习用具、补课费等	2 841 元	优质教育资源配置不均，寄宿比例占全部学生的一半，占样本村孩子的 92%。初中毕业打工的问题突出，造成贫困的代际传递
高中	2016 年起建档立卡户生均补贴 800 元，助学金 2 000 元（占 30%）	生均年学费 810 元，住宿费 240 元；生均伙食费 3 000 元左右、不等的陪读费；资料、学习用具费、补课费等 1 000 元	6 504 元	高中教育一般都有比较成熟的教学与管理。但运行经费不足。农村孩子 100% 寄宿，支付较高的成本
中职	免学费 2 000 元，助学金 2 000 元，享受率 80%	伙食费 3 000 元，住宿费 300 元	4 887 元	绝大部分中职学校师资和管理问题突出，进一步升学的比例太低，就业层次太低，家长对教育的预期收益难以达到
大专以上	国家助学贷款	生均年 10 000 元左右的生活费，5 000 元左右的学费	13 167 元	成本高，就业困难，家长对教育的预期收益难以达到

支出占其总收入的 14.8%、总支出的 26.9%，在此就有一个“教育值不值得”的问题。为回答这一问题，我们仍然利用本次调查数据就样本村农户劳动力以往接受教育的收益状况进行分析。

（一）家庭不同受教育水平劳动力收入比较

为比较样本农户家庭劳动力不同教育水平下的收入情况，通过对样本人口中的劳动力样本进行分离、分类，经整理统计得到表 8。

首先，从总体情况来看，教育收益是随着教育阶段的提高而增加。教育水平为小学及以下的劳动力的年收入为 9 121 元，教育水平为初中的劳动力的年收入为 14 052 元，教育水平为高中的劳动力的年收入为 17 638 元，教育水平为大专及以上的劳动力的年收入为 24 064 元。

其次，从从事不同行业的劳动力在不同受教育水平下的收入来看，教育收益也是随着教育阶段的提高而明显增加。在农业生产经营领域，整体收入比较低，劳动者收入水平随着教育程度的提高而上升，但幅度不大。在个体私营经济领域，收入回报率整体比较高，并且随着教育水平的提高收入递增效果特别明显。在劳动力外出务工领域，教育收益率递增也非常明显。当劳动力选择兼业（农忙种地农闲打工）时，随着受教育水平提高劳动者的收入递增，但幅度不大。

表 8　不同受教育水平劳动力收入情况　（单位：元）

分项	小学及以下	初中	高中	大专及以上
均值	9 121	14 052	17 638	24 064
务农	4 958	5 775	9 004	9 980
个体	18 270	20 736	24 540	29 486
打工	18 607	19 445	20 863	25 340
兼业	14 228	14 785	16 628	17 857

（二）家庭劳动力不同受教育水平对贫困的影响

为进一步考察农户家庭劳动力受教育水平对家庭贫困的影响，这里进一步运用 Logit 模型就农户劳动力不同教育水平对贫困发生的影响进行分析。Logit 模型的分布函数服从 Logistic 累积分布函数，是目前应用广泛的离散选择模型。具体模型设定如下：

$$\text{Logit } P = \ln\frac{P}{1-P} = \beta_0 + \sum_{i=1}^{n}\beta_i x_i \tag{1}$$

其中

$$P = \text{Exp}(\beta_0 + \sum_{i=1}^{n}\beta_i x_i) / [1 + \text{Exp}(\beta_0 + \sum_{i=1}^{n}\beta_i x_i)] \tag{2}$$

在上式中，P 说明给定自变量取值的情况下，贫困发生的概率。当 $P=1$ 时，表明贫困发生，农户家庭处于贫困状态，采用 2 800 元为贫困标准[①]，即农户家庭人均年收入低于 2 800 元。$P/(1-P)$ 为贫困发生与贫困

① 中国当前贫困标准为农民年人均纯收入 2 300 元（2010 年不变价），每年根据物价指数、生活指数等动态调整，2015 年公布的贫困标准上升至 2 800 元。

不发生的概率之比。lnP/(1 - P)为贫困发生的机会比率对数，即贫困发生机会比率对数。β_0 为模型的截距，β_i 为回归系数。x_i 为自变量，表示第 i 种影响因素，具体包括劳动力的文化程度、家庭劳动力数、劳动力工作年限、家庭人口负担比、劳动力健康状况均值、户主性别、户主年龄。其中，小学、初中、高中（中职）、大专及以上为反映劳动力的文化程度的虚拟变量，将文盲作为参照组，通过对虚拟变量参数的分析，有利于考察农户不同劳动力受教育程度对于贫困发生率的影响。家庭人口负担比为家庭需供养的人口数量与劳动力人口数量之比，反映一个家庭的负担程度。劳动力健康状况分为健康、大病、慢性病、残疾[①]，分别用 1、2、3、4 表示，劳动力健康状况均值反映一个家庭劳动力的平均健康程度。户主性别为男、女，分别用 1、2 表示。回归结果如表 9。

表 9　　教育对贫困影响的 Logit 模型估计

解释变量	系数	标准误	P 值	Exp(β)
劳动力文化程度				
小学	-1.326***	0.306	0.000	0.266
初中	-1.460***	0.317	0.000	0.232
高中（中职）	-2.384***	0.472	0.000	0.092
大专及以上	-20.805	9 972.464	0.998	0.000
劳动力情况				
家庭劳动力人数	0.043	0.083	0.602	1.044
劳动力工作年限	-0.003	0.011	0.779	0.997
劳动力健康状况均值	0.328**	0.155	0.035	1.388
家庭人口负担比	0.494***	0.116	0.000	1.638
户主情况				
户主性别	-0.182	0.434	0.676	0.834
户主年龄	-0.014*	0.007	0.055	0.986
常数项	-0.347	0.787	0.659	0.707
卡方统计量	79.694***			
-2Log likelihood	1 421.079			

注：***、** 和 * 分别表示通过 1%、5% 和 10% 的显著性水平检验。

由样本分析可知，模型的卡方统计量在 1% 的水平上显著，模型整体显著。劳动力文化程度中小学、初中和高中（中职）和大专及以上教育

① 大病为完全失去劳动能力，慢性病为在劳动年龄阶段是半劳动力。

的系数为负，且都在1%的水平下显著，说明不同教育水平对贫困减少有显著影响，农户劳动力教育水平提高有利于降低农户贫困发生率。估计结果显示，与文盲相比，接受小学教育的贫困发生机会比率为26.6%，比文盲陷入贫困的概率低73.4%；接受初中教育的贫困发生机会比率为23.2%，比文盲陷入贫困的概率低76.8%；接受高中（中职）教育的贫困发生机会比率为9.2%，比文盲陷入贫困的概率低90.8%；大专及以上教育的贫困发生机会比率很低，但在统计上不显著。从以上数据可以看出，农户劳动力教育水平的提高能显著的降低农户家庭陷入贫困的概率，特别是高中（中职）教育降低陷入贫困的效应显著，说明对于西部农村而言，高中（中职）教育的反贫困贡献最大，能够最大限度地消除农村贫困。

（三）子女上学对家庭贫困的影响

那么教育致贫又是怎么产生的？和现期子女上学数量有关系吗？为进一步考察子女上学对贫困的影响，采用Logit模型进行分析。具体模型设定如上式，下列模型1中P说明给定自变量取值的情况下，贫困发生的概率。当P=1时，表明贫困发生，农户家庭处于贫困状态（采用2 800元的收入水平为贫困标准）[①]。P/(1－P)为贫困发生与贫困不发生的概率之比。lnP/(1－P)为贫困发生的机会比率对数，即贫困发生机会比率对数。β_0为模型的截距，β_i为回归系数。x_i为自变量，表示第i种影响因素，包括是否有子女上学、户主性别、户主年龄、户主受教育年限，其中，有子女上学为反映是否有子女上学的虚拟变量，将无子女上学作为参照组，通过对虚拟变量参数的分析，有利于考察农户是否有子女上学对于农户贫困发生机会比率的影响。下列模型2中x_i为自变量，表示第i种影响因素，包括在校子女数情况、户主性别、户主年龄、户主受教育年限，其中，上学子女数为1、上学子女数为2、上学子女数为3为反映在校子女数情况的虚拟变量，将上学子女数为0作为参照组，通过对虚拟变量参数的分析，有利于考察农户是否有子女上学对于农户贫困发生机会比率的影响。回归结果如表10。

---

① 以2015年公布2 800元为贫困标准。

表 10 子女上学对农户家庭贫困的影响

变量	模型 1		模型 2	
	回归系数	Exp (β)	回归系数	Exp (β)
是否有子女上学	0.347*	1.414		
学生平均受教育年限	-0.002	0.998		
在校子女数情况				
上学子女数为 1			0.112	1.118
上学子女数为 2			0.458***	1.581
上学子女数为 3			0.765***	2.150
户主情况				
户主性别	0.197	1.217	0.207	1.230
户主年龄	-0.013*	0.987	-0.011	0.989
户主受教育年限	-0.114***	0.892	-0.115***	0.892
常数项	-0.817	0.442	-0.927*	0.396
卡方统计量	41.765***		47.434***	
-2Log likelihood	1 522.981		1 493.161	

注：***、** 和 * 分别表示通过 1%、5% 和 10% 的显著性水平检验。

由样本分析可知，模型 1 的卡方统计量在 1% 的水平上显著，模型整体显著。以无子女上学为参照组，是否有子女上学的系数为正，且都在 1% 的水平下显著，说明有子女上学对农户陷入贫困有显著影响，农户子女上学会导致农户贫困发生率增加。估计结果显示，与无子女上学相比，有子女上学农户的贫困发生机会比率为 1.394，比无子女上学农户陷入贫困的概率高 39.4%。

模型 2 的卡方统计量在 1% 的水平上显著，模型整体显著。在校子女数情况中上学子女数为 2 和上学子女数为 3 的系数为正，且都在 1% 的水平下显著，说明对农户陷入贫困有显著影响，农户在校子女数增加会导致农户贫困发生率增加。估计结果显示，与上学子女数为 0 相比，上学子女数为 1 的农户贫困发生机会比率为 1.118，比上学子女数为 0 农户的概率高 11.8%，但在统计水平上不显著；上学子女数为 2 的农户贫困发生机会比率为 1.581，比上学子女数为 0 农户陷入贫困的概率高 58.1%；上学子女数为 3 农户贫困发生机会比率为 2.150，比上学子女数为 0 农户陷入贫困的概率高 115.0%。

从以上数据可以看出，子女上学能显著影响家庭的收入水平，增加农户家庭陷入贫困的概率，特别是家庭有 2 或 3 个上学子女时，农户降低陷入贫困的效应显著。原因非常简单，一是目前国家以 2 800 元的单一收入指标设定的贫困标准本身存在一定问题，因为贫困更多地表现为能力贫困；在假设其他情况不变的条件下，家庭收入存在着典型的恰亚诺夫“家庭生命周期”规律，农户家庭经济状况与家庭生命周期密切相关，当子女处于上学阶段时，家庭劳动力比较少，并且要支付教育成本，容易暂时性的使家庭陷入低收入、高支出的困境。

四、“教育致贫”悖论的解析及原因分析

由以上样本农户的分析可以看出，不论从不同受教育水平劳动力的收入来看，还是家庭劳动力受教育水平与家庭的贫困状况来看，教育对脱贫有着非常大的贡献，特别对于自然环境严酷、依靠发展生产脱贫的基本条件并不具备的农村人口来说，接受好的教育是摆脱自然条件束缚、提高个人及家庭收入、实现稳定脱贫的主要途径，也是防止贫困代际传递的最有效方式。这一点从理论界到政策界早已达成共识，本文关于样本农户教育收益率的研究也再次证明了这一点。因此，从长期来看，特别是就农村人口和家庭发展来看，“教育致贫”悖论并不成立。但从短期来看，家庭子女接受教育不仅需要投资，而且减少了家庭劳动力数量，降低了家庭收入，并且存在着对家庭生活消费的挤出效应，甚至在个别情况下造成家庭货币支出的窘迫，即社会意义上的“教育致贫”现象。对于这一现象产生的具体原因分析如下。

（一）农户低收入水平和教育支出形成很大反差，是“教育致贫”的主要原因

从样本农户收入水平来看，人均可支配收入 7 594 元，是全国农民人均可支配收入的 60%，是甘肃省农民人均可支配收入的 72%，整体收入水平比较低。从样本农户的教育支出来看，除了国家在各个阶段的补贴之外，学前及义务教育阶段生均年支出在 2 000 到 3 000 元左右，高中阶段在 6 000 元左右，高等教育在 10 000 元以上，这些费用中生活费占了近 80%，并且呈刚性特征。这样一笔费用对一般家庭来说，并不算是很高，

但对农村贫困家庭来说，占家庭支出的25.7%，占家庭总收入的14.8%，这一比例无疑是比较高的，并且这种支出是刚性的，常常带来家庭暂时性的支付困难。同时，家庭子女上学减少了家庭劳动力数量，直接降低了家庭收入，带来较高的机会成本，这种成本随着受教育年限的增加递增，但这一支出是暂时性的，并且和其他消费支出完成不同，是为了未来的收益进行的投资。

（二）教育资源城乡配置不均加大了偏远山区人口的教育负担，是“教育致贫”的另一主要原因

近年来“农村义务教育改薄工程”等项目的实施，使得农村中小学基础设施建设有较大改善，但在师资、教育环境、基础设施等方面，越是偏远山区越是薄弱。二是随着农村人口数量和结构发生很大变化，适学年龄人口大幅减少，农村中小学布局向中心村镇及县城集中。追求较好的教育资源和农村学校撤并，都直接导致越是偏远地区学生寄宿的比例越高。寄宿产生了一定的交通、住宿、伙食费，同时也有部分家庭陪读，产生了一定的误工、食宿等陪读成本。这是农村家庭负担的一笔额外教育费用，并且这笔费用给家庭带来负担的一个重要原因是，在农村大部分家庭基本是自给自足，家庭消费中实物消费占有很大比例，而寄宿制使学生的生活费用由直接的实物支出，转变为刚性化的货币支出，从而带来家庭支付的困境。

（三）教育支出和就业困难形成较大反差，导致成本收益比较意义上的“教育致贫”

教育是人力资本投资的核心内容，具有较高的收益率，并且教育的收益率有着很强的外溢性，因此具有半公共产品性质，是各个国家政府公共服务的主要内容，分不同受教育阶段由政府和家庭共同承担。从目前我国农村家庭承担的子女教育费用而言，学前教育和义务教育阶段的费用绝大部分由国家承担，并且随着城乡公共服务一体化进程的进一步加快，国家对农村教育的投资进一步加大，农村家庭负担教育费用将进一步减轻。现阶段家庭负担比较中重的是高等教育，以及家庭在各个教育阶段承担的生活费用。

“教育致贫”现象的一个重要原因还在于，大学生就业困难带来的教育投资的成本—收益比上升。现行以应试教育为主的教育体制下培养的学生，不论从就业观念还是就业能力等方面不能适应市场的需求，大量大中专毕业生就业困难，相比较20世纪八九十年代的教育成本收益，不仅家庭对孩子教育的预期收益很难实现，还面临着偿还助学贷款的压力，家庭支付的教育成本和收益的落差增大。近年来随着中国“刘易斯”转折点的到来和农民工工资的上升，部分农村孩子在初中毕业后加入到打工者的行列，而上学的孩子相对于外出打工者，教育的机会成本进一步增加。

（四）社会教育观念存在着应试教育和过度教育问题，造成贫困家庭较高的心理成本

随着家庭“少子化”等问题的出现，“再穷不能穷孩子”等理念非常普遍，在农村家庭普遍以20世纪80、90年代高等教育为参照，对“教育改变命运”有着高度期望，这重理念和应试教育契合，带来了一系列的教育问题。这种问题首先体现在许多家庭为子女能考上理想的大学舍近求远、补习复读、租房陪读、相互攀比，部分家庭条件较好的农村孩子、进城农民工的孩子也加入到各种“英语补习班”、“奥数班”的行列，显然贫困家庭是无法支付这些教育费用的，从而对贫困家庭及子女造成极其高昂的心理成本和压力。其次是中职教育的作用难以发挥。虽然国家大力倡导职业教育，中职学校对农村孩子实行学费全免政策，但一方面由于职业教育的师资配备、学校管理、就业层次等存在一定问题，一方面由于受社会及家庭教育观念的影响，家长对职业教育的认可度不高，大多数家庭希望子女能进入普通高中，然后进入国家普通高等院校。这使得部分农村家庭在子女考高中失利后仍会选择复读补习，增加了教育成本，也使得中职教育的相关政策并未发挥减轻农村贫困家庭教育负担的作用。

（五）贫困的多维性和衡量标准的单一性，放大了“教育致贫”现象

早期人们关于贫困的理解以家庭收入为标准，认为总收入不足以维持家庭人口最基本的生存活动要求，这个家庭就属于贫困。但随着社会经济的发展，社会各界对贫困问题的认识不断深入和扩展。阿玛蒂亚·森（1985）创立了多维贫困理论，他认为贫困不应该局限于收入水平低下和

物质匮乏，更主要表现在发展机会的缺失和能力贫困。世界银行在《1990 年世界发展报告》中将贫困定义为“缺少达到最低生活水准的能力”。联合国开发计划署（UNDP）在《1997 年人类发展报告》中提出贫困不仅包括人均国民收入的因素，也包括人均寿命、教育、医疗卫生、生活质量等因素。我们国家对贫困的认识也在不断拓展和深化，反贫困目标向着多维度方向迈进，现阶段“两不愁、三保障”的脱贫目标，就是典型的多维目标。同时，学术界也根据贫困性质差异和脱贫难度，将贫困类型划分为绝对贫困和相对贫困、长期性贫困和暂时性贫困、物质性贫困和能力性贫困等不同类型，并且发展能力建设逐渐成为反贫困的重点，教育成为主要途径。但在实践中为了便于操作，参考国际社会贫困线的划分方法，我国将单一收入标准（2015 年国家标准为 2 800 元）定为贫困线，并且社会普遍接受的观念是以单一贫困线标准衡量农村家庭是否贫困。如果就单一的就家庭人均收入水平衡量，任何一个家庭受教育学生人数和受教育层次与家庭收入水平存在着典型的负相关关系，这一认识从某种程度上放大了“教育致贫”现象。但是从根本上看，教育与贫困的关系并不是这样简单的线性关系。

以上分析表明，样本农户在较低的收入水平约束下，面临着较高的教育成本（包括货币成本、机会成本和心理成本），从而产生“教育致贫”。“教育致贫”可理解为在收入既定的条件下，因家庭教育刚性支出所导致的消费支付贫困。从贫困类型上看，“教育致贫”属于暂时性、支付性贫困，和长期性、根本性的能力贫困性质完全不同，反而是提高发展能力、隔断贫困代际传递的主要途径。从家庭层面来看，这一贫困服从“家庭生命周期”规律，即孩子成长期家庭负担重收入低，随着孩子长大成人，这一负担随之减轻，并且能够带来较高的教育投资回报。从社会层面来看，这一问题随着教育精准扶贫力度的加大、农村寄宿学校条件改善、寄宿补贴标准提高等政策和措施落实，能够得到很大改善。从体制上看，“教育致贫”现象反映的大多数问题，需要进一步深化教育体制改革。

五、政策建议

为进一步深化教育体制改革，不断提高教育质量，提升教育公平程度，推进教育精准扶贫，从根本上消除“教育致贫”问题，提出以下政策建议。

（一）加强师资队伍建设，科学发展农村学前教育

首先，对学前教育进行科学规划、合理布局。以保护幼儿的安全和身心健康、方便农村适龄幼儿就近接受学前教育为出发点，充分利用中小学布局调整后的闲置校舍和农村公共场所资源，采取灵活多样的方式建设农村幼儿园，避免过度建设和各种指标考核造成资源的浪费。科学合理预测城镇化发展速度，加强城镇幼儿园建设，取消入园的户籍要求等不平等待遇，满足农民工子女接受学前教育的要求。

其次，建设一支具有较高专业素质、以公办教师为主的农村幼儿教师队伍，使他们能高效、稳定的从事农村学前教育工作，提高农村学前教育质量。

第三，坚持以政府投入为主的农村学前教育发展模式，重点推进学前教育资源向贫困地区行政村延伸，设立农村学前教育专项经费并建立相应的经费支出保障机制，扶持贫困地区学前教育事业发展。

（二）优化农村教育资源配置，促进城乡义务教育均衡发展

以教育精准扶贫为契机，继续提高农村教师薪酬待遇，对边远地区的乡村教师给予补贴；在职称评定、评级评优等方面向农村一线教师倾斜；进一步改善乡村教师的工作和生活环境，采取多种措施和政策鼓励乡村优秀教师扎根农村，推进义务教育均衡发展。

其次，继续改善乡村办学条件的基础上，鼓励父母在农村的家庭子女就地上学，确保父母对子女的关爱和照顾；在城镇进一步解决农民工子女上学难的问题，鼓励有条件的孩子随打工父母随迁上学。通过这两种途径使小学教育阶段孩子尽量能够在父母和家庭的照顾下接受教育，解决小学生在寄宿过程中产生的一系列问题，比如孩子太小生活不能自理、缺少父母关爱等问题带来的不良影响，确保农村子女身心健康，德智体全面发展。

第三，加强寄宿制学校建设，着力改善寄宿条件，提高办学水平。重点改善寄宿制学校的寄宿条件，提高管理水平，完善课程体系，提高办学

质量，满足孩子成长所需要的从生理到心理等多种需求。鉴于寄宿制与非寄宿制学校在管理和成本上的差异，建立差别化的经费核拨标准，解决寄宿制学校的经费短缺问题。

（三）合理发展高中教育和高职教育，给学生更多的选择机会

就高中教育来说，针对其教育体系相对完善但教育规模不能满足需求、经费投入不足的问题，建议顺应民众对普通高中教育迫切的要求，科学预测适学人口规模和结构，适度扩大办学规模，提高农村子女入学比例，给予农家子女更多的选择机会。从不同教育阶段减贫效应来看，初中教育减贫的效应已趋边际递减，高中教育减贫效应非常显著，为保证农村家庭、特别是贫困家庭子女在初中毕业后能够继续接受高（职）中教育以至大学或高职教育，建议尽快将高中教育纳入义务教育，减轻高中教育给农村家庭带来的负担，避免部分贫困家庭孩子初中毕业后过早加入到打工的行列，防止贫困的代际传递。

就中职教育而言，应全面提高办学质量和水平，增强对学生的吸引力。首先，应尽快解决部分中职学校专业教师短缺、师资力量薄弱、专业设置与社会需求脱节、实训基地建设落后等问题，形成完善的职业教育体系。其次，应进一步扩大中职升高职、升大学的比例，保障贫困家庭后备劳动力能接受中长期职业教育和技能培训，掌握专业技能，提高脱贫致富能力。第三，加大职业教育免费力度，提高中职学校奖助学金标准，使贫困家庭中不能上高中的初中毕业生能接受更高一级教育。

（四）完善贫困学生资助政策，确实减轻贫困家庭教育负担

全面落实《甘肃省精准扶贫学生资助专项支持计划（2015～2020年）》，从以下方面完善各级各类贫困生资助体系，确保不让一名家庭经济困难学生因贫失学。一是进一步提高对各级各类农村寄宿就读学生的寄宿补贴标准；二是针对高中阶段成本较高的问题，尽快将高中教育纳入义务教育的范围，并适度提高贫困家庭子女普通高中助学金标准；三提高教育精准扶贫识别，除扶贫部门已识别的建档立卡贫困户外，可针对农村家庭多子女同时上学的情况扩大资助范围；四是尽快出台国家助学贷款还款救助细则，并不断完善。

（五）建立城乡一体化的劳动就业市场，提高农村子女就业水平

改变大学生就业观念，完善就业体制机制，建立公平有序的城乡一体化劳动就业市场，给予生源地是农村的孩子更多的就业机会；完善劳动就业保障制度，提高大学生就业层次和水平。

（本文摘编自2017年6月完成的国家自然科学基金委管理科学部应急管理项目《中国扶贫开发的战略和政策研究》）

谨防精准扶贫实施中的三类风险

王建康*

全国上下正以时不我待的紧迫感，全力以赴打赢脱贫攻坚战。作为一项牵涉面广的复杂系统工程，在实施过程中还需要增强风险意识，确保精准扶贫脱贫目标的顺利实现。

一是防范脱贫时间节点层层提前带来的短期效应风险。中央为全面脱贫画下2020年的时间节点，在此期间，不脱贫的县区党政主官不能调离，到期未完成脱贫任务的地区党政官员更面临着"摘帽"负责的压力。压力层层传导下，各地为了确保脱贫目标按时实现，纷纷为辖区基层单位设置了更加提前的时间节点，我们调查了解到有些镇的脱贫时间点设为2016年年底。事实上，农村发展产业和贫困户培育收入来源都需要一定时间。在推进扶贫脱贫的过程中，要谨防一些地区把资源过度集聚到"短平快"项目，而那些对于地区长远发展和农民持续增收具有重要作用的"长周期"项目乏人问津的风险。建议在省级层面上对各地设立的脱贫时间节点做必要的管控，防止出现大量"抢跑"现象。

二是防范产业脱贫主体规模快速扩张带来的能力不足风险。产业扶贫是真正为贫困户带来持续收入来源的扶贫方式。调查发现，为了解决贫困户发展产业能力不足的问题，各地大都采用了企业/合作社带动贫困户增收的策略。实践中，扶贫到户资金、产业扶贫资金，以及以贫困户名义贷款获得的扶贫资金，常常以股金形式参与企业运营的产业项目。在这种模式下，企业/合作社解决了融资困难，贫困户获得了持续可以分红的股金，是一个多赢的选择。需要注意的是，企业/合作社及产业项目的选择要非

* 王建康，陕西省社会科学院农村发展研究所研究员。

常慎重。一方面，一些企业/合作社由于参与扶贫项目实现了超常规的规模快速扩张，可能出现自身管理能力、营销能力及资金运作能力不能适应快速扩张的需要，出现经营管理风险。另一方面，一些实力不足甚至动机不纯的经营主体可能借机圈钱，中途跑路，出现“败德风险”。

针对这些风险，建议一要加强对参与扶贫项目主体资格、信用状况的审查，推出符合各地实际的准入标准，有效降低风险；二要加强对产业扶贫项目运营主体的监管、抵押、担保，有效管控风险；三要逐步形成和完善产业扶贫项目保险制度，有效分散风险。

三是防范替民做主损害贫困户自主权的组织动员风险。精准扶贫是一项得到国内外广泛认可的民生工程，更是能为贫困户带来实际利益的德政工程。但不可否认的是，在脱贫方式和产业项目选择等方面，可能出现基层干部和贫困户认识不一致的矛盾。除了传统的思想动员和宣传引导，建议各地在推动精准扶贫过程中，认真借鉴世界银行相关经验，运用参与式扶贫理念和社区主导型发展模式，更多地把决策权、项目管理权、监督权赋予农户，特别是注意倾听贫困户的意见，发挥贫困户的作用。

（本文修订于2017年3月17日）

集中连片区人口结构变化特点及扶贫对策

张耀军[*]

一、集中连片特困地区社会总抚养比均偏高，劳动力负担重

较高的社会总抚养比意味着缺乏有利于经济发展的人口红利。2000年，除大兴安岭南麓山区外，其他地区都高于50%，尤其新疆南疆三地州地区甚至达到72.39%，2010年有所改善但变化不大，这说明贫困地区拥有较多的青少年以及老年人口，缺少人口红利以及沉重的总抚养比则愈加成为劳动年龄人口的负担。同时2000年秦巴山区、武陵山区、吕梁山区、大别山区等多地10~14岁人口格外突出，大量留守消费人口的存在会加重当地贫困状况，对于整个区域经济的发展和改善将带来较大难度。加上贫困地区劳动力外出打工，一方面导致留守儿童缺乏照顾，养育和教育水平不高；另一方面，劳动力人口负担重，对脱贫也带来不利影响。

二、人口受教育程度普遍较低，脱贫难度大

2000年，在所有集中连片集中连片区中有超过85%的人口仅接受了初中及以下的教育，接受高等教育的人口则少之又少，尤其是西藏区有超过80%的人口仅接受小学及以下教育，大部分人口都未上过学。2010年接受义务教育以及高等教育的人口比重虽有所增多，但这一比重的提升非常有限。由此可见，整个集中连片区都缺乏较高水平的人力资本，无法利

---

* 张耀军，中国人民大学社会人口学院教授。

用高素质人口活力产生持续有效的生产能力。此外，所有集中连片集中连片区的受教育水平还呈现明显的性别差异，男性相较于女性接受了更多的高等教育。稀缺的教育资源成为这一现象产生的主要原因，因此发展教育事业刻不容缓。

另外，虽然连片特困地区的人力资本现状普遍较差，但也存在一定差异。大兴安岭南麓山区、新疆南疆三地州、燕山—太行山区和罗霄山区的文盲率相对较低，基础教育的发展要优于其他连片特困地区，但其他连片特困地区的文盲率仍然较高，基础教育投资亟待加强。因此在发展教育事业过程中分区域分重点扶植，大兴安岭南麓山区等地可以集中精力提高接受中高等教育人口在总人口的比重，带动整体受教育水平的提高。而西藏区、四省藏区等地的人力资本投资还要以基础教育为重点，首要解决文盲率较高的现状，才能继续发展。

三、大多数劳动力在第一产业就业，收入水平低

2000 年 14 个集中连片集中连片区中从事第一产业的人口占绝大多数，均超过全国平均水平，尤其大别山区、六盘山区、滇桂黔石漠化区、滇西边境山区等地甚至达到 80% 以上。由于第一产业产值相对于其他产业来说产值创造力十分有限，经济价值较低，如果较多的人口从事第一产业，则不利于收入的提高，同时过低的三产比重使当地缺乏高附加值的产业从而难以较快的实现自我脱贫。2010 年虽大部分地区的情况有所好转，但各地的一产比重（50.13%）仍高于全国平均水平（10.1%），三产比重（26.84%）仍低于全国平均水平（40.1%），产业结构仍待进一步优化。

值得注意的是，2000 年在非从业人员中还有 13.32% 的料理家务人口，结合其相对平衡的性别结构，提高就业人口比重，尤其是鼓励家庭妇女走出家门从事生产活动、提高女性就业率成为当地脱贫的新出路。而对于大别山区、滇西边境山区等农林牧渔水利业从业人员超过 70% 的地区，优化产业、就业结构为当务之急。

四、迁出人口比重、城乡结构、少数民族结构成为影响贫困发生率的重要因素

基于多元线性回归以及 GWR 模型分析，迁出人口比重、城乡结构、少数民族结构成为影响贫困发生率的重要因素。

结合 14 个集中连片集中连片区的人口年龄结构情况，迁出人口所导致的人口空心化问题将是扶贫工作的主要着眼点，提升当地经济水平既需要“走出去”也需要“引进来”，同时还需注意农村人口比重与产业结构的联系，扶贫开发政策要注重双向引导。对于 14 个集中连片集中连片区来说，秦巴山区、吕梁山区、大别山区和罗霄山区少数民族所占比重较少，而滇黔桂石漠化区、西藏区、四省藏区、新疆南疆三地州则成为少数民族人口的主要聚居区，因此在制定扶贫政策时，对于少数民族比重较高的连片特困地区，需要格外注重少数民族人口的贫困问题和其特殊性，在扶贫过程中更加注重民族人口的人文制约因素和政府提供的脱贫服务所带来的效果与作用。

五、针对贫困原因与特点的异质性，有的放矢精准帮扶

考虑到集中连片集中连片区贫困人口的形成原因较为复杂，涉及自然地理、社会制度、文化传统以及经济发展根源等因素，要全面回应扶贫工作和研究中的关键性议题较为困难。基于前文对于 14 个集中连片集中连片区人口结构状况的分析以及贫困发生的影响因素分析，试图为未来扶贫工作提供政策参考。

首先，需要重视集中连片特困地区人口结构特征中的共性与个性，避免政策“一刀切”。根据前文对于各地区人口结构特征的描述，不同集中连片集中连片区可以分为不同类型。

对于自然地理环境相对较好、人口综合结构较合理的大兴安岭南麓山区，扶贫工作的重点可以放在提升高等教育水平、巩固产业结构转型等方面；属于性别结构失衡、社会抚养比偏高类型的乌蒙山区，应着重优化贫困人口的年龄性别结构，加快人口转变进程；属于典型少数民族型的新疆

南疆三地州、西藏区、四省藏区等地要结合少数民族聚居的特点，普及双语教育以及义务教育，提高人口质量，发展特色旅游，改善经济现状；秦巴山区、武陵山区、滇桂黔石漠化区、大别山区、吕梁山区等地的流出情况较明显，结合当地较高的青少年人口比重情况，平衡人口年龄结构成为工作重点，同时针对大量流出的劳动力人口做好回乡就业，发挥能人带动效应；对于罗霄山区受教育程度具有明显性别差异的特点，政策的制定可以向女性倾斜，进一步提升女性文化素养并鼓励女性就业；如果燕山—太行山区能够加强就业政策的扶植、滇西边境山区能够注重产业结构调整，则将对当地经济水平提高具有重要的推动作用。

另外，就集中连片区存在的共性问题来说，提升当地人口的受教育水平、鼓励流出人口回乡创业等政策的统一制定仍十分必要。各省扶贫办通过“建档立卡”的方式已为精准扶贫的开展准备了基本条件，接下来瞄准贫困户为其提供充足教育资源，努力改善当地人力资本状况将继续成为扶贫工作的重点。结合 GWR 中迁出人口比重对于中西部地区的重要影响，如何发挥流出人口的经济吸引力，让其“走出去”再“引进来”将会是扶贫工作的重点与难点，在实践中需继续探讨。

六、持续关注贫困地区的人口结构特征及其对贫困的影响，坚持精准扶贫

由于影响贫困的人口结构因素处于不断变化之中，动态关注人口结构因素对于贫困的影响很有必要。只有在正确的时段对症下药，方能药到病除。各省扶贫办“建档立卡”工作已展开推进，这为精准扶贫的开展准备了基本条件，接下来瞄准特定贫困人群及贫困户，为其提供充足教育资源，努力改善当地人力资本等状况将继续成为扶贫工作的重点。结合各集中连片集中连片区人口结构的实际情况，瞄准重点，以因施政，精准扶贫才能真正落到实处。

（本文摘编自 2017 年 6 月完成的国家自然科学基金委管理科学部应急管理项目《中国扶贫开发的战略和政策研究》）

易地扶贫搬迁：进展与思考

马秀莲*

一、易地扶贫搬迁：概念、历史与政策

（一）定义

2015年，中国开始实现通过精准扶贫到2020年脱贫7 000万人的宏伟目标，其中，通过易地扶贫搬迁脱贫1 000万人，是其重要组成部分。

易地扶贫搬迁起源于20世纪80年代，国家发改委主导的易地扶贫搬迁开始于2001年。“易地扶贫搬迁”概念属于中国的本土词汇，在国外一般被称作生态移民（ecological migrants或environmental migration）。《易地扶贫搬迁“十二五”规划》定义“易地扶贫搬迁”：“它是指将居住在自然条件和生存环境恶劣、不具备基本生产和发展条件的贫困人口搬迁到基础设施较为完善、生态环境较好的地方，改变其现有的居住环境、生活和生产条件，使其能够融入现代社会，跟上现代社会发展的步伐，接收到更多信息，受到更好的教育，为其彻底脱贫致富创造条件。”与因自然灾害或者国家重点工程建设而产生的移民（如三峡工程移民），以及因市场力量驱动而产生的移民（如农民工）活动不同，易地扶贫搬迁因为“一方水土养不活一方人口”产生的一种兼具减贫发展、生态保护与社会和谐等多重目标的制度性扶贫方式。

* 马秀莲，国家行政学院社会和文化教研部副教授。

（二）历史

2001 年，国家发展改革委按照“先行试点、逐步扩大”原则，率先在内蒙古、贵州、云南、宁夏四省区组织实施易地扶贫搬迁工程，2015 年已经扩大到 17 个中西部为主的省份。2001 ~ 2015 年，中央累计安排补助投资 363 亿元，搬迁贫困人口 680 万人（表 1），撬动各类投资近 1 500 亿元。在此期间，中央预算内投资一直执行统一的补助标准，2001 ~ 2011 年人均补助 5 000 元，2012 ~ 2015 年人均补助增加到 6 000 元。

（三）当下政策

“十三五”期间，中国将易地扶贫搬迁将近 1 000 万建档立卡贫困人口，相当于之前 15 年间（2001 ~ 2015 年）的 1.5 倍。根据《全国“十三五”易地扶贫搬迁规划》，2016 ~ 2020 年，我国将易地扶贫搬迁建档立卡贫困人口 981 万人，计划同步搬迁 647 万人，共 1 628 万人。他们将以下“一方水土养不活一方人”的四类地区搬迁出来：（1）公共服务严重滞后且建设成本过高地区（36.4%）；（2）资源承载力严重不足地区（28.4%）；（3）国家禁止或限制开发地区（15.8%）；（4）地质灾害频发易发、地方病高发及其他地区（19.4%）。并且，在搬迁方式上，分散搬迁和自然村整村搬迁方式分别占 65% 和 35%。搬迁人口迁出区范围涉及全国 22 个省（区、市）约 1 400 个县（市、区）。

表 1　易地扶贫搬迁情况（2001 ~ 2020 年）

No.	年份	中央补助投资（亿元）	搬迁贫困人口（万人）	人均补助标准（元）
1	2001 ~ 2015 年	363	680	
	“十五”时期	56	122	5 000
	“十一五”时期	76	164	5 000
	“十二五”时期	231	394	6 000
2	2016 ~ 2020 年	800	981	7 000 ~ 10 000

初步匡算，1 000 万建档立卡贫困人口搬迁将总投资约 6 000 亿元。其中中央预算内投资 800 亿元，主要用于贫困人口补助，并根据地区不同实行 7 000 ~ 10 000 元每人的差异化补助标准。

扶贫搬迁任务地区差异较大，超过 3/4 集中于八个省份。其中，有五个省份建档立卡贫困搬迁人口不低于100万人：贵州（130万人），陕西（125万人），四川（116万人），广西（100万人），湖北（100万人）；有三个在50万～100万人之间：湖南（80万人），云南（65万人），甘肃（50万人）。它们分别占到全部搬迁任务的58%和20%，合计78%。

二、实施情况

（一）任务完成较好

按照“十三五”规划，2016年计划搬迁建档立卡贫困人口249万，同时随迁人口171万，共住房建设10 827万平方米，卫生院所108所，其他村级服务设施420个。

从国家发展改革委扶贫搬迁工程调度数据显示，截至2016年11月底，全国已开工建设易地扶贫搬迁安置住房119万套、10 237万平方米（按面积是当年计划的95%），已竣工55万套；配套建设卫生院所（室）1 746个（按个数是当年计划的16倍）、安置区活动室2 880个（按个数是当年计划的6.9倍）。初步统计，贫困搬迁人口人均住房建设面积22.83平方米，低于25平方米的最高标准（约为91%）。

搬迁安置的同时，各地统筹推进后续发展工作，确保搬迁一户、脱贫一户。初步统计，在2016年计划搬迁的贫困人口中，拟通过发展种养业、加工业等产业安置方式实现脱贫的83.57万人；通过务工就业、自主创业、提供公益岗位等安置方式实现脱贫的88.42万人；通过资产收益扶持、社会保障兜底等其他方式实现脱贫的76.96万人。三项合计252万人（是249万人计划目标的101%）。

（二）搬得出：资金问题

1. 预算够不够？

2016年搬迁任务的超额完成，证明了各地组织有效这一点。但是最让人关心的仍然是——扶贫搬迁资金到底够不够？按照“十三五”规划，将投资5 922亿元用于981万建档立卡搬迁人口住房和安置区建设（人均6.0万元；如果随迁人口都在内，总投资为9 463亿元，人均5.8万元）

(表 2)。其中住房建设 3 094 亿元（占 52%），如果按 25 平方米/人的最高标准计算，人均 3.15 万元，平均造价 1 260 元/平方米。那么各地实施情况怎样呢？

表 2　　总投资构成表　　单位：亿元、%

内　容	总投资	所占比例
总投资	9 463	100
建档立卡搬迁人口住房和安置区建设投资	5 922	62.58
住房建设	3 094	52.25
配套基础设施建设	1 962	33.13
基本公共服务设施建设	866	14.62
同步搬迁人口住房建设投资	2 640	27.90
土地整治、生态修复等其他投资	901	9.52

第一，严格制定或完成计划，在标准上下浮动。如贵州“十二五”时期易地扶贫搬迁任务 130 万人，按照建档立卡贫困人口人均 5.8 万元，同步搬迁非建档立卡人口人均 5 万元进行匡算。河南省“十三五”期间搬迁任务 43 万人，按人均不超过 6 万元筹集资金，2016 年计划易地扶贫搬迁建档立卡贫困人口 26 851 户、97 394 人，建设易地扶贫搬迁项目 317 个，总投资约 58.7 亿元，正好人均 6 万元。其他省份也在计划标准上下浮动。如四川 2016 年计划搬迁 25 万人，截至 2016 年 12 月 31 日，全省 144 个县市区，建成住房 97 686 套，建成率达 133.1%；完成投资 165.5 亿元，年度投资完成率 109.6%。数据显示，原计划也是 6 万元/人，现在由于住房建成量大大提高，人均成本比计划原下降。广西搬迁建档立卡户 100 万人，其中 2016 年搬迁 30 万人，建设项目 424 个，计划投资 219.83 亿元，人均达 6.7 万元（如果按 10% 随迁人口计算），计划就比中央标准高出 15%。搬迁任务较少（20 万人）的江西更加大方。2016 年计划搬迁 9.6 万人（其中建档立卡贫困人口 4.2 万人、同步搬迁人口 5.4 万人），年度项目总投资 72 亿元，人均达 7.5 万元，比中央计划高出 25%。

第二，资金标准偏紧。从各方面情况来看，人均 6.0 万元的搬迁标准，以及 1 260 元/平方米的住房建设标准，还是偏紧的。这导致对住房面积和建造单价的严格控制，以及安置点规模的扩大。如贵州省除建房用地由当地政府提供外，规定在城镇和中心村安置的房屋土建成本分别按

1 500 元和 1 200 元左右控制。同时明确，人均住房面积，城镇不超过 20 平方米，中心村和移民新村不超过 25 平方米。从实施结果看，住房实际造价每平方米，城镇在 1 200 ~1 600 元之间，中心村在 1 100 ~1 300 元之间。还有就是扩大安置点规模。到 2016 年 9 月，贵州分两批实施的搬迁 45 万人 481 个安置点已全部开工，算下来平均每个安置点将近 1 000 人。

设施更加丰富、完备的小区，与实际资金投入量成正比。这可见于那些媒体公开报道的典型。如广西南宁市上林县明亮镇易地扶贫搬迁工程（一期），项目建设规模约 200 亩，总建筑面积约 20 万平方米，总投资金额 4 亿元，搬迁安置贫困人口约 1 250 户、5 000 人。项目拟配套农贸市场、幼儿园、体育活动公园、卫生服务中心、金融服务网点、土特产推广中心、少数民族旅游风情街、“无土栽培”种植基地和“两广”帮扶培训基地等项目配套。这样的小区，推算下来人均投入达 8 万元。

第三，随迁人口资金压力大。这是目前面临的最突出的资金问题，647 万人随迁人员的 3 000 多亿元搬迁资金完全靠地方筹集。河南省在向国家发改委的汇报中也指出：“同步搬迁人口国家没有补助政策，地方筹资压力较大，同步搬迁的积极性不高。”也为了减轻资金压力，地方多采用分散搬出办法——按照“十三五”规划中，分散搬迁占 65% 和 35%——这不免带来问题，因为如果“一方水土养不活一方人”，非贫困人口又岂能例外？

2. 是否还得起？

针对建档立卡贫困搬迁人口的近 6 000 亿元投资中，除了 800 亿元中央预算内投资，200 亿元农户自筹外，剩余的 80% 约 5 000 亿元钱是要还的（虽然中央贴息达 90%），包括：作为项目资本金的 500 亿元专项建设基金，1 000 亿元地方政府债务资金，以及在此基础上的 3 450 亿元低息贷款（表 3）。

于是此次易地扶贫搬迁形成了以下两点做法：一是组建省级投融资主体（省级扶贫开发投资公司），与政府签订购买服务协议，承接、承贷、管理和偿还用于易地扶贫搬迁的中央各项资金、省级统筹的相关补助资金、其他银行信贷资金本息等等。同步组建市（县）项目实施主体，与省级投融资主体签订资金使用协议，从省级投融资主体承接易地扶贫搬迁

表3　　资金筹措方案一览表　　单位：亿元、%

内　容	总投资（亿元）	所占比例（%）
总投资	9 463	100
中央预算内投资	800	8.4
地方政府债务资金	994	10.5
专项建设基金	500	5.3
低成本长期贷款	3 413	36.1
农户自筹资金	898	9.5
其中：建档立卡搬迁人口	215	
地方自筹及整合其他资金	2 858	30.2

相关资金，专项用于易地扶贫搬迁工程建设。

二是用好城乡建设用地增减挂钩政策，土地出让形成的纯收益优先用于购买易地扶贫搬迁服务。2016年2月17日，国土资源部下发《关于用好用活增减挂钩政策积极支持扶贫开发及易地扶贫搬迁工作的通知》，正式明确了11个集中连片特困地区和592个国家扶贫开发工作重点县，均可将指标在省域范围内流转。

于是各地开始省内建设用地指标流转尝试。2016年年中，成都市高新区使用巴中市300公顷土地增减挂钩节余指标，总金额达13亿元，每亩均价29.5万元。巴中因此成为全国第一个在省域范围内流转使用结余挂钩指标的地区。2016年9月20日，南昌新建区政府提出了购买2 000亩增减挂钩指标意向，省国土资源厅立即向全省25个国定贫困县函询出让意向，兴国等6个国定贫困县最后以3.39亿元的价格出让2 000亩增减挂钩节余指标，均价16.95万元/亩，成为江西省首例。此外，山西岢岚县将结余的230亩建设用地增减挂钩指标跨市流转到太原市后，获得流转收益2 530万元，均价11万元/亩；湖南长沙高新区以2.8亿元的价格获得新邵县挂钩节余的81.8615公顷指标，均价22.8万元/亩；贵州省2016年前8个月完成流转交易8 050亩，交易金资金21亿元，每亩均价26万元。

土地增减挂钩如果做得好，似乎有望帮助解决扶贫搬迁资金的归还问题。以巴中市为例，“十三五”期间，巴中市计划易地扶贫搬迁群众37.28万人（其中2016年计划搬迁7.84万人），其中建档立卡贫困人口18.2万人，计划完成总投资184.24亿元（其中2016年计划总投资38.41

亿元）。第一笔对成都高新区的流转交易收入 13 亿元，占到 2016 年 38.41 亿元计划投资的 1/3，对于 2015 年财政收入才 39 亿元的巴中来说，是一笔非常可观的收入。巴中市计划继续与攀枝花市和成都天府新区开展下一轮增减挂钩节余指标交易。据统计，巴中 699 个贫困村的农村宅基地存量约 10 699 公顷，如果按照 45% 的面积参与增减挂钩计算，可以拆旧 4 814 公顷，结余 3 016 公顷土地。如果都按 29.5 万元每亩计算，结余 3 016 公顷结余土地指标价值 133 亿元，可达到“十三五”期间易地扶贫搬迁计划总投资 184.24 元的 72%。

这同时也引出了两个值得注意的问题：一是会否造成地方政府从获得土地流转指标的角度，来进行（整村式的）易地扶贫搬迁？二是当有很多用地指标需要出让时，是否造成过度市场竞争从而压低价格？

（三）落得住

1. 集中与靠近城镇安置

搬得出，还要落得下。按照“十三五”规划，1 628 万人计划搬迁人口，集中安置 1 244 万人，占 76.4%，分散安置 384 万人，占 23.6%。集中安置中，行政村内就近安置（29.8%）、小城镇或者工业园区安置（28.3%），以及移民新村（11.5%）安置等，是最主要方式，显示了搬迁居民向城镇或者中心村集中的趋势（图 1）。

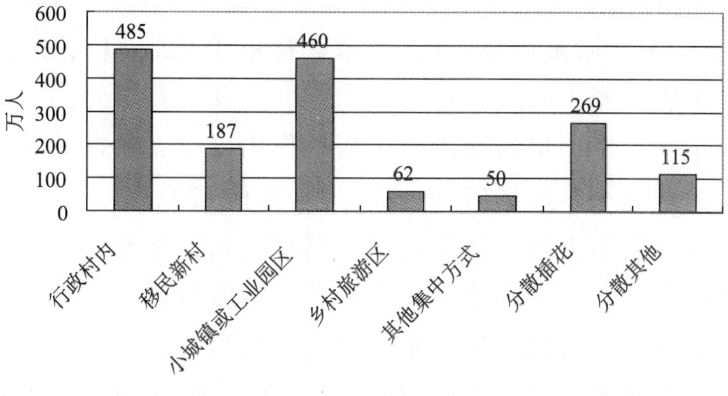

图 1　“十三五”易地扶贫搬迁安置方式（计划）

这种趋势在一些地方更为明显。如湖南湘西自治州统筹确立了以统规统建、购买住房为主要手段，集中安置为主体、分散安置相结合的安置原则，把搬迁农民有序向城区、镇区、产业园区、商贸物流区、旅游产业服务区等人口相对集中、发展潜力大的地区转移，逐步转化为城市居民，同时也支持就近安置或跨村、跨乡镇、跨县市安置。贵州省总结吸取过去农村搬农村，既不能脱贫更难致富，还拖累安置地原村民的教训，坚持以就业机会相对多、发展有后劲的城镇、产业园区、旅游服务区集中安置为主。2016 年第一批搬迁的 30 万人中，集中安置比例达到 97%，其中县城安置 29.1%，集镇 46.5%、产业园区 9.8%，旅游服务区 5.7%，中心村 8.9%。

2. 后续发展

落得住，还需要就业和产业的支撑。

第一，依托安置区特点，进行产业和就业开发。湖北兴山就此形成的“四种模式”：一是依托特色产业区，发展优势产业。对靠近五大特色产业区的 27 个集中安置小区，利用贫困户现有的上地、山林资源，按照“专业合作社 + 基地 + 贫困户”的模式，发展优势产业，共有柑橘、茶叶、药材、食用菌、核桃等 22 个专业合作社带动 756 个贫困户发展特色产业；二是依托新型工业区，发展劳务经济。对靠近平邑口工业园区、后河工业园区、树空坪兴发矿山区、安邦化工厂、格林公司的 8 个安置小区，9 家企业吸收具备劳动能力的贫困对象 180 人进厂务工，人均年收入达 2.3 万元；三是依托生态旅游区，发展旅游产业。对靠近生态旅游区的 9 个安置小区 218 个贫困户，重点扶持发展旅游产业。其中发展农家乐 32 家、小旅馆 27 家、旅游用品商店 45 家、特色小吃店 81 家、土特产店 28 家、手工加工店 6 家；四是依托集镇功能区，发展商贸经济。对靠近集镇的 9 个安置小区，发挥集镇功能分区辐射作用，重点扶持搬迁户发展商贸经济。贫困户建起个体经销店 16 家、经营摊位 83 个。

第二，通过新型市场主体和制度、路径创新，开发就业渠道。如湖北十堰市分类施策，通过六种途径扶持搬迁户后续发展。一是利益联结，藤上结瓜。建立政府、市场主体、银行机构、保险公司和搬迁户等多方合作利益机制，完善政策支持。在此机制下，丹江口北斗星生态农林开发有限公司采取“公司 + 基地 + 合作社 + 农户”的模式，吸纳 358 户贫困农民入社，使他们既获得土地流转金又挣得打工收入；二是转移就业，劳务输出。鼓励本地企业优先吸纳搬迁户劳动力就业，并适当减免地方税和税收地方留成部分；建立输出地政府与输入地政府和接纳企业的对接联动机制，如郧西县积极与广州、深圳、东莞、佛山等地对接，举办劳务对接招聘会11场，出台交通补贴、求职补贴等16条政策，帮助贫困人口8 294人外出就业；三是入股分红，化解风险。将扶贫产业扶持和贴息贷款资金入股市场主体，获取保底分红加利润提成收益，降低贫困户分散经营的市场风险；四是资产投资，村户收益。将搬迁资金、产业扶贫资金、部门整合资金投资于项目（如光伏发电、建设标准化厂房、修建或购买商业门面等），并量化分配到搬迁户和村集体，通过资产投资收益增加贫困村和搬迁户收入；五是协会认领，帮扶脱贫。以扶贫村为单位，以外出创业成功人士、本地致富能手等为会员，组建互助性的乡亲扶贫协会，通过结对帮扶、捐资助贫、兴办产业、村企共建等方式，脱贫致富；六是以奖代补，激励脱贫。通过以奖代补、国家税收优惠政策、贷款贴息等方式支持搬迁户自主创业。

三、扶贫搬迁热中的冷思考

易地扶贫搬迁作为精准扶贫的重点工作之一，当下正在各地如火如荼地展开，2016年，各地较好地完成了“十三五”规划任务，搬得出，也落得下。但是，我们仍然需要保留一些易地扶贫搬迁热中的冷思考。

易地扶贫搬迁将人搬离“一方水土不能养一方人”的地方，带来两方面的好处：一是原有生态环境得到改善；二是移民获得新的环境和生机，有助于有效脱贫。从对生态移民工程评估的结果来看，生态移民的正效应突出，体现生态移民基本目标的实现。移民搬迁也带来了移民生活机会甚至精神状况的改善——对宁夏的研究发现，在控制年龄、性别、民族、受教育程度和婚姻状况后，生态移民自杀意念发生率低于原居地居民。学者还发现，由于恶劣的生态环境，最早人们主动离家，迁徙到其他地方去，从而生活在一个新的、有利于的生态环境中。但是没有政府的指引，这些主动移民很容易变成难民或者与目的地区居民形成冲突。所以在一个全球的层面上，很多政府都引导这种移民工程。

但是王晓毅教授的批评是：“易地扶贫搬迁的主要问题在于承袭了非自愿移民的安置方式来安置自愿移民。”扶贫搬迁应该是一种典型的自愿移民，移民应该具有较大的选择权和流动性，但是现在的集中、非自愿搬迁安置方式，恰恰忽视了这一点。过往的扶贫移民搬迁研究发现：(1) 更有搬迁意愿，也更能适应移民生活的，是富人而不是穷人，但现在恰恰是“搬穷不搬富”。(2) 因为搬迁的额外费用，也因为农业及非农资源并没有显著增加，以及原有生活、生产方式的甚至社会资本的丧失，“越搬越穷”现象出现。(3) 移民村替代问题：以往集中安置的移民村，人口替代达到 50% 甚至 80%，一方面贫困户因为各种原因离开移民安置点，而另外一些人则通过购买移民的房屋及耕地，成为移民村新的住户。(4) 移民村的整齐划一，提供了组织和安全感，但是不能满足多样化需求，甚至受到原住民的排斥；“搬穷不搬富”的情况下，移民村更容易成为贫困集聚。因此他提出的建议是：(1) 谨慎评估扶贫搬迁的需求；(2) 强调就地扶贫，回到扶贫而不是搬迁的本义上；(3) 减少集中安置和游离于地方社会之外的移民村的建设，充分利用城镇化的契机，帮助贫困人口实现非农就业。

当下正在轰轰烈烈开展的易地扶贫搬迁工作中，这些问题与建议，值得重视与思考。

（本文修订于 2017 年 3 月 17 日）

易地移民扶贫社区的特征

陈美球*

与自我逐渐成长形成的一般社区不同，易地移民扶贫社区是在政府统一安排下快速形成的社区，村民向市民的转变骤然，有其自身的特定特征。科学认识易地移民扶贫社区特征，是优化社区管理、促进移民扎根社区的基础。通过对江西省修水县良瑞移民社区和石城县长乐移民新村的深入剖析，发现易地移民扶贫社区具有以下四个明显特征。

1. 市民、农民的双重属性明显，普遍存在对政府高度依赖的心态

扶贫移民进入社区后，一般只办理居住证，表现出农村与城镇户籍的双重性。一方面，农村承包山林田地还保留，村级组织也暂时保留存在，村级集体成员权不变，原有的农村各类惠农补贴等政策同样沿用；另一方面，生活又是完全按照城镇居民方式进行，也可享受城镇居民的各种政策待遇。这对社区管理人员提出了更高的要求，既要懂得农村的相关事务管理政策，又要熟悉城镇居民管理政策。另外，由于移民扶贫是政府组织的整体搬迁，导致移民对政府高度依赖，一切问题都指望政府解决，大事小事都找组织。不论是农村的承包山林遭遇偷盗者砍伐，还是找不到工作、邻里间的纠纷，他们都找社区管理者解决。

2. 个人素质参差不齐、弱势群体多，社区管理难度大

由于移民来自不同的深山区、地灾区，不仅风俗习惯不同，方言也相差较大，不同村庄的村民相互沟通不够顺畅，容易产生误解与矛盾，彼此之间存在排斥心态，一时难以合群，邻里关系难以相处。而且，在整村移

---

* 陈美球、曹国庆、刘静，江西农业大学农村土地资源利用与保护研究中心教授。

民中，村民之间个人素质参差不齐，且贫困人口占据一定比例，因大部分中青年长年在外打工，社区留守人口多是老人、妇女与小孩，弱势群体又比较多，受教育程度普遍偏低，有些老人甚至是一生中第一次走出大山，他们对城镇生活环境和现代生活方式适应能力不强，比如不少健身器材不会科学使用，损坏频度很高；个别不识字的老人面对没有明显差别的楼房，常常找不到自己的家；一些居民从来不看通知，也不主动去了解社区管理的相关制度，但一有困难就找社区。生活风俗习惯一时难以转变是最为突出的问题，原来农村居住的是独家独户，现在住入公寓，生活空间太小了不习惯；随意丢垃圾，甚至直接从高楼往下丢；在绿化树间拉绳晾晒衣物；在绿化区随意种菜或随意开荒种菜，这些现象都不同程度存在。婚丧习俗也难以接受城镇的方式，“在这里死不起人！”调研中就有移民向我们表达出这样的抱怨，亲人走了就要做法事，在农村有祠堂，有族亲们的帮忙，而现在租用一个场地就要 2 000 元/天，还因对邻居的生活产生重大影响而遇到各方的反对。社区管理制度的执行也有一定的难度，如物业费交纳，尽管良瑞小区按 0.28 元/平方米的最低标准收取（不足部分由小区仅有的物业租赁收入弥补），但物业费仍然难以收缴。

3. 难以实现充分就业，生计问题更加突显

在社区问卷调查中，当问及“移民后，你最担心的是什么?”，在“A. 经济收入没保障，B. 生活不习惯，C. 亲戚熟人少了，D. 农村传统风俗丢了，E. 社会治安环境没乡村好，F. 与其他村的移民难以相处”6个选项中，选择最担心“经济收入没保障”的比例要明显高于其他选项，这说明移民对生计问题尤为关注。调研中发现，一方面，生活成本明显增加，原来在农村，粮食、蔬菜、柴火都能自家解决，生活成本很低，基本生计不成问题，而搬入社区后，什么都要花钱，连上个厕所都要花上几分钱（抽水马桶的水费）。另一方面，就业难以充分实现，原来在农村，60岁、70 岁的村民，还是干农活的主要劳动力，种地、砍树，样样都行，而在城镇没有哪个用工单位会聘用 60 岁以上劳力，最尴尬的还是 50 ~ 60 岁的“老人”，在农村他们都是壮劳力，多是家庭经济来源的顶梁柱，但由于缺乏非农技能，他们到了城镇很难找到工作，有一种强烈的“有劲无处使”的无奈感。当然，由于外出打工是现阶段农村家庭收入最主要的来源，移民后，就业信息更加畅通、出行条件更加便利、就业服务更加周到，家庭收入更加多元化，家庭总体收入还是增加明显。不论是修水县良瑞移民社区，还是石城县长乐移民新村，抽样调查结果表明，移民后家庭总收入普遍增长 50% ~80%，而家庭支出增长 20% ~30%，家庭总收入增长速度要远高于支出增长。

4. 传统精神寄托失落，对新的社区治理权威需求尤为迫切

村民整体搬入移民社区后，就意味着原有村庄社会共同体的解散和传统精神寄托的失落，社会秩序与安全的内涵发生了改变，行为约束环境也相应发生了变化：由传统乡村熟人社会走向了半熟人社会，使违反道德、礼仪和传统乡规民约所产生的羞耻感的惩罚力下降，道德权威和家族领袖、宗族长老不再成为能有效维持秩序与安全的力量。当社区各项组织还没有完全建立或尚未得到大家的认可时，人们一时找不到可以依赖的组织或代言人，很容易出现“真空期”，缺乏精神寄托行为就容易冲动，而且来自同一村庄的村民很容易形成各自的利益“小团伙”，从而对社区的社会和谐产生危害。这一切都对移民社区治理权威结构的尽快形成提出新的迫切需求。

（本文修订于 2017 年 3 月 17 日）

土地整治助推扶贫开发的思考

陈美球*

土地整治作为改善土地生产条件和生态环境、优化土地利用结构的工程技术措施，在提升土地要素对扶贫开发的支撑能力上具有义不容辞的责任。当前，我国扶贫开发已进入啃硬骨头、攻坚拔寨的冲刺期，也正值各地“十三五”土地整治规划编制时期，正确认识土地整治对扶贫开发的推动作用，科学制定助推措施，对于实现我国脱贫攻坚战略目标，具有积极的现实意义。

一、土地整治对扶贫开发助推作用不容忽视

通过实施土地平整、灌排水、田间道路、农田防护与生态环境保持等工程，以及对农村地区散乱、废弃、闲置和低效利用的建设用地进行调整改造等土地整治措施，能有效地改善贫困地区的生产生活条件和生态环境，进而促进农民增收以及农村的发展，土地整治已经成为扶贫开发中一个不容忽视的重要平台。

（一）以村庄整治促移民扶贫

即借助城乡建设用地增减挂钩试点项目（简称“增减挂”）获取的新增建设用地指标与经济收益，结合移民项目资金，通过对中心村的整治，在完善生活基础设施的同时，扩展村庄建设用地的承载容量，并吸纳周边“一方水土难以养活人”的深山移民、库区移民和地灾移民，进而实现移

* 陈美球，江西农业大学农村土地资源利用与保护研究中心教授。

民扶贫。如黎川县利用“增减挂”项目，重点抓好龙安镇龙安村、宏村镇丁路村、社苹乡社苹村、中田乡河东村、日峰镇燎源村等5个移民示范村建设，按照新农村建设标准，对移民村组实行村庄整治，结合移民农业实用技术培训，完成了1 000人深山移民的扶贫。同样，融老区、山区、库区为一体的武宁县，以村庄整治为抓手，已建成移民示范村104个，1 826户的8 399名移民过上了“走平坦路、喝干净水、上卫生厕、住整洁房、用洁净能、居生态村”的生活。处于山区的宜黄县江背村，移民整体搬迁扶贫成功，土地整治也发挥了不可替代的作用，江背村整合各部门的扶持项目20多个，资金达1 300余万元，通过县财政局专户统一收支，封闭运行，捆绑使用，编制区域村庄规划，实施了村庄整体整治和主导产业培育，共平整了宅基地12 850平方米，完成了4个自然村82户和地质灾害点30户的整体搬迁，通过移民扶贫，摘掉了江背村的穷帽并初步实现了农村城镇化。

（二）以农田整治促产业扶贫和就业扶贫

即通过平整田块、完善农田基础设施，改善生产条件、提高土地产能，促进农民增收，从而实现产业扶贫和就业扶贫。如因“晴三天干旱、雨三天成塘”而得名的赣县旱塘村，通过对1 260多亩耕地的农田整治，建成了“田成方、渠（沟）成网、道路（机耕道）通四方”的现代标准化良田，新增耕地208.2亩，达到治水、清淤、洁净和造地的多重目标，并结合产业培育与土地流转，形成以“公司+基地+贫困户+农户”“抱团”发展的乡村旅游产业，打造了旱塘乡村旅游“样板”。在实现产业扶贫的同时，还通过安置贫困户劳动力36名种植太空莲310多亩和5名保洁员，实现了就业扶贫。兴国县埠头乡，通过土地整理，建设了800亩高标准的蔬菜基地（定点供应学校营养餐），借助这个蔬菜基地平台，贫困户一是通过将经营权流转给基地，直接参照耕地每亩每年600斤稻谷的标准，以国家当年粮食收购保护价折算成现金作为流转租金；二是到基地务工，男劳动力80元/天、女劳动力50元/天，身体有残疾的贫困户也可以从事蔬菜挑选、包装等较轻松的工作；三是流转反包保底自主经营，鼓励有技术、有胆识的贫困户承包部分大棚，基地给予蔬菜种植技术培训，统一种植品种、统一技术指导、统一生产流程、统一行业标准、统一品牌商标、统一销售渠道，基地给予每月 1 500 元的保底工资并提供除劳动力以外的一切设施、设备、种苗、农药、化肥等生产资料和农产品销售，确定亩产基数，超过部分基地作价收购。

（三）以综合整治促整村脱贫

即以村域为单位，把农田整治、村庄整治、生态环境整治等内容融为一体，通过生产条件、生活环境和生态环境的改善，实现整村的脱贫致富，修水县黄溪村就是个成功典型。黄溪村把国家农业综合开发、“增减挂”试点、低产田改良、小农水、蚕桑蔬菜发展等项目近 1 000 万元资金整合在一起，开展“田、沟、路、林、渠、村”综合整治。一是以“确权确股不确地”（确权不确地、分红按人头、补贴归原户、组级管理、村级整包），实现了承包地经营权流转，引进了江西欣宁蚕种科技有限公司、康绿蔬菜公司、江西南洋茶叶有限公司等企业，大力发展蚕桑、蔬菜、绿化苗木、茶叶四大支柱产业，目前黄溪村的蚕种产量占全省 60% 以上。为了降低贫困户的养蚕风险，不仅提供免费的技术指导服务，还针对低龄蚕技术条件要求高、易死亡的特点，推行了“集中养殖低龄蚕，分户养殖高龄蚕”的模式。二是利用“增减挂”试点项目争取到的 136.77 亩农村建设用地指标，建设新型农村社区，结合迁村并点，实现了移民扶贫和人口聚集：全村自然村庄由原来的 32 个迅速减少至 11 个，新型农村社区已成为村民聚集的理想居住地，目前已吸纳来自周边深山、库区扶贫移民 100 余户，本村分散村民 400 余户。黄溪村在短短几年时间由“散、穷、乱”的“上访村”建设成为“和谐秀美新农村”，并评为第五批“全国民主法制示范村”，实现了整村脱贫致富，土地整治功不可没。

二、制约土地整治助扶贫开发的主要表现

（一）与扶贫任务结合不够紧密，土地整治扶贫的针对性不强

土地整治对扶贫开发的促进作用是全方位的，不论什么内容的土地整治，都能发挥出对扶贫的助推作用。然而，各地在编制土地整治规划和设

计土地整治项目时，往往只立足于对土地整治的技术规范要求，对当地的扶贫需求考虑不多，特别是不能充分地分析当地扶贫开发对土地要素改善的需求，不能实现土地整治与扶贫开发的无缝对接，导致土地整治扶贫的针对性不强，制约了土地整治对扶贫开发助推功能的发挥。主要表现在从土地整治项目的选址、立项、设计，到实施，缺乏对项目区及其周边地区贫困农户脱贫需求的统筹考虑，未能把扶贫任务融入土地整治之中。

（二）部门土地整治缺乏统筹，尚未形成对扶贫开发的推动合力

扶贫开发是一个系统工程，需要把产业培育、居住环境的改善、相对稳定的就业安排、生态环境的治理等内容统筹考虑，不同部门组织开展的土地整治工作在改善土地生产、生活条件和生态建设方面都有其独特之处，部门之间的有效协同能发挥出“1 +1 >2”的扶贫功能。兴国县埠头乡、宜黄县江背村和修水县黄溪村的脱贫致富，就是多部门统筹协调的成果。然而，在加大支农惠农力度的宏观背景下，与土地整治工作内容相关的部门众多，但大多却“各投其资，各负其责，各司其职，各记其功”的各自为战，不能真正做到“多个渠道进水，一个龙头出水”，“水池”的调控作用难以发挥，项目之间缺乏有效统筹，重复或遗漏建设的现象时有发生，严重影响了土地整治扶贫的合力形成。

（三）土地利用制度创新相对滞后，难以形成土地整治对扶贫开发的长效机制

土地整治扶贫不仅需要提供对脱贫致富的土地生产与环境，还需要相应的土地利用制度创新，从而维持土地整治扶贫的长效功能。修水县黄溪村创新“确权确股不确地”的经营权流转模式和中心村宅基地利用机制，才构建了该村土地整治扶贫的长效机制。然而现行的土地整治更多关注的是土地工程措施，注重眼前效果和外观形式，强调沟渠、道路等基础硬件设施建设，且多不考虑生态因素而采取简单的水泥硬化工程，表面形象好看但不生态，也很少考虑如何通过改进管理制度、完善保障措施等软件建设来促进土地整治扶贫长效机制的形成，特别是当前突出的农田基础设施日常维护问题没有引起足够的重视，一些通过土地整治完善的农田基础设施，由于缺乏必要的维护，日益荒芜而逐渐失去应有的功效。

三、提升土地整治助推扶贫开发能力的对策建议

（一）准确诊断扶贫开发对土地整治的需要，推行土地整治精准扶贫

共同富裕是建设中国特色社会主义的重要内容之一，就贫困地区而言，扶贫开发应是土地整治的一项重要目标。要明确扶贫优先的土地整治项目安排原则，可设立扶贫开发土地整治专项，推行土地整治精准扶贫。一是精准识别，明确土地整治扶贫目标，以贫困县为单位，开展制约脱贫致富的土地条件分析诊断，找准关键的"瓶颈"所在，从而明确当地脱贫致富的土地整治需求，并详细罗列贫困村庄的具体土地整治需求；二是精准分类，明确土地整治扶贫的主要任务，各贫困县根据土地整治扶贫需求，依扶贫内容进行科学分类，提出相应的土地整治扶贫项目类型，如土地整治产业扶贫、土地整治就业扶贫、土地整治移民扶贫、土地整治综合扶贫等，并明确各类土地整治扶贫项目的主要任务，增强土地整治扶贫的针对性；三是精准落实项目，充分考虑贫困地区的土地整治扶贫需求，认真组织实施各类土地整治扶贫项目，扎实推进土地整治扶贫工作，确实发挥土地整治项目对脱贫致富的支撑作用。

（二）创新土地整治扶贫机制，切实提升对脱贫致富的助推能力

社会生产离不开土地、资金、劳动力、技术等要素的共同作用，同样在扶贫开发中，也离不开土地要素与其他生产要素的优化组合，土地整治扶贫必须与新农村建设、产业培育、现代农业经营形式创新、土地流转等有机结合在一起，才能充分发挥其脱贫致富能力。一是提倡区域综合整治，开展"田、沟、路、林、渠、村、镇"为一体的农村综合整治，统筹各项用地布局，优化土地利用空间格局；二是促进土地整治工程和农村经营权流转创新相结合，特别是以土地整治中农田基础设施建设为契机，实现承包地经营权的流转，促进农业现代化。还应积极探索农村集体建设用地制度改革，在严格"一户一宅"管理的基础上，创新农村宅基地跨集体经济组织使用制度，探索农村宅基地有偿退出机制，为移民扶贫或迁村并点创造用地条件。

（三）改革土地整治运行机制，形成土地整治扶贫合力

要创新土地整治机制，聚合各部门的项目资金，形成土地整治扶贫合力。一是要严格土地整治规划实施，各部门在安排与土地整治相关的项目时，应严格依据土地整治规划进行项目选址和建设，避免各部门自行选址建设现象，维持土地整治规划的权威性和严肃性，即使因规划与实际需求不符，也应依规进行规划修改或调整，真正做到一张图上谋发展，共同推进，集中助力扶贫开发；二是要创新土地整治协同机制，提升区域整体效果，应按照“政府主导、国土搭台、部门联动、公众参与”的要求，遵循“资金性质不变、管理渠道不变、归口申报、各司其职、各计其功”的原则，构建“多个渠道进水，一个龙头出水”的资金使用机制，创新土地整治协同机制，加强涉及土地整治工作的各个部门之间的联系，聚合项目资金，形成土地整治扶贫合力。

（四）加强公众参与过程性管理，提升土地整治扶贫实效

脱贫致富的内生动力来自于贫困人口自身，应健全土地整治扶贫公众参与机制，把相关主体的积极性充分调动起来，群策群力，朝着扶贫开发的目标共同努力。一是广泛宣传开展土地整治相关政策及其主要内容，发挥贫困户及村集体经济组织的主人翁地位与作用；二是加强相关制度建设，强化公众参与的规范化，应针对土地整治不同环节的工作重点，提出相应参与主要内容、方式方法，以及需要达到的预期成果；三是推行土地整治规划设计方案的现场评审，加强耕地开垦适宜性论证，只有亲临现场，才能判断土地整治规划设计是否合理。同时，建立适应于当地的土地开垦适宜性评价指标体系，增强适宜性论证专业人员的责任感和使命感，能真正坚持生态保护优先的原则，杜绝破坏生态环境的土地整治行为。

（五）重视土地整治项目的后期管护，延伸土地整治的脱贫致富支撑能力

土地整治扶贫，是给贫困地区的“渔”，而不是“鱼”。应加强土地整治项目后期管护以防止“返贫”。一是将后期管护列入土地整治规划设计方案之中，把耕地地力培育、农田基础设施日常管护措施作为土地整治

规划设计的必要内容进行规划，并安排相应的资金预算保障；二是切实落实耕作主体，制定相应的监督管理机制，督促耕地地力培育措施的贯彻落实，定期对耕地地力的恢复效果进行检测，对耕地地力培育效果不好的措施应及时进行调整，并将新增耕地纳入国家的系列惠农政策之中，从而提高新增耕地耕种主体的积极性，使新增耕地在利用中得到保护；三是创新农田基础设施日常管护机制，结合农田基础设施的配置建设，积极探索家庭承包责任制下农田基础设施的维护机制，切实发挥农田基础设施的作用，可考虑通过加强村集体经济组织，让集体组织承担日常维护与管理的工作，也可考虑利用中介服务组织来承担农田基础设施的日常维护与管理，但必须有相应的资金保障来维持中介组织的运行。

（本文修订于 2017 年 3 月 17 日）

多策并举做好当前督查县乡两级精准扶贫工作

林　洁*

随着2015年党中央、国务院《关于打赢脱贫攻坚战的决定》的发布，预示着一场脱贫攻坚战在全国拉开帷幕，各省积极应战。2017年作为脱贫攻坚的关键期，地方各级政府都在紧紧围绕精准扶贫进一步做实做牢各个环节的工作。县乡两级作为精准扶贫各项政策、措施在基层落实和实施的关键，是此次脱贫攻坚战的主力军，为此，多策并举加强对其的督查，是未来一段时间打赢脱贫攻坚战的有力保障。

一、全面提高督查认识

当前督查县乡精准扶贫工作中部分地区仍存在认识上的片面性，其主要表现在重形式、轻实效，重结果、轻改进，重查处问题、轻硬性指导。为此需从多方面提高督查认识。

一是坚持问题导向，加强硬指导功能。查出问题不是目的，解决问题才是关键。督查工作的实效要体现在问题的督导整改中。通过督查，深入了解扶贫政策在落实过程中存在的矛盾和问题，并有针对性地提出有效的改进思路和改进措施，保障上级各项决策在县乡的有力有序有效落实。

二是坚持“督”和“研”相结合。在督查县乡两级精准扶贫工作中要重点围绕县乡两级政府和贫困户关心关注的热点难点问题，重点工程项

* 林洁，中共山西省委党校理论研究中心研究员。

目推进的梗阻点，深入细致了解情况，找准症结，同当地政府和群众一同想办法。需上级政府和相关部门政策支持的可撰写书面材料及时向上反映情况。

三是在督查中要善于发现典型、推送典型，充分发挥先进典型的带动引领作用。督查中发现问题固然重要，但发现闪光点树立典型更能鼓舞干劲，推动精准扶贫工作的有效开展。在抓好典型、总结经验和营造良好氛围的过程中尤其需要树立正确的观念。首先，不求大只求有成效。不要轻视在精准扶贫中涌现出的小点子，只要能让农民脱贫就可作为典型相互交流。其次，不求全只求有创意。不要忽视基层干部和群众的智慧，只要敢于尝试并让农民增收就可作为典型相互学习。再次，不求高只求因地制宜。不要一谈典型就觉得高不可攀，其实只要能利用当地优势扎实肯干就可作为典型加大宣传。

二、深入规范督查工作

当前在一些地方对精准扶贫工作的督查还是主要以专项督查和综合督查为主，次数少、集中程度大、交叉重叠多和随意性强。这些影响了督查工作有效发挥促落实的作用，为此需采取多种措施规范督查工作。

一是按照脱贫规划设计县乡督查计划。一年可考虑安排 4 次督查，1 季度 1 次；大的督查 2 次，设在年中和年终，中的 2 次，此外每月还可安排小督查。另外，还可根据需要增加专项督查和临时督查。

二是构建对督查工作的长效检查机制。一方面可按照组织层级，每次督查县乡精准扶贫工作结束后撰写汇报材料接受上级检查；另一方面可成立检查小组，由省脱贫攻坚领导小组领导，小组下设专业技术督查和行政管理督查，各小组人员不定期地加入到对县乡精准扶贫工作的督查组中，亲临现场检查督查工作的落实情况。

三是对督查工作细化量化。督查时不但要设计好严谨、规范的督查程序，还要对县乡两级精准脱贫计算同比、环比增长速度，进行横向、纵向比较，对工作的进展情况做到心中有数。

四是在开展督查工作时宜采用跨市县异地督查的方式。只有当督查组成员与督查地无直接利害关系时才能使其放下思想包袱，进而坚持原则，秉公办事。

三、精心配强督查队伍

当前对县乡两级精准扶贫工作的督查任务繁重，但部分地区仍存在督查力量单薄，高标准的工作要求与较弱的督查能力不相匹配的状况，这些直接影响了精准扶贫督查工作的深入有效开展。所以必须将督查水平高、工作作风硬、协调能力强、综合素质高的人员充实到督查队伍中。

一是积极寻找具有督查潜质的人员。理想的督查人员需具备以下四点：一要快。工作雷厉风行、说干就干。二要严。严格要求自己，严守政治、组织和工作纪律。三要准。督查过程中能抓住督查重点和要害，察实情、说实话。四要硬。要敢督敢查敢碰硬，对待工作一督到底，务求落实。

二是配好督查小组成员。专业技术督查组组长由具有财会、工程、金融等多种专业从业资格 10 年以上的人员担任，其他成员从业资格也应在 5 年以上；行政管理督查组组长由曾在县乡任职五年以上的正处、正科干部担任。据了解，目前县正处级干部 55 岁退居二线，乡镇正科级干部 50 岁左右退居二线，这些干部基层经验丰富又有一定的能力和水平，是督查组组长的最佳人选。此外，在其他人员构成中督查县级的人员为曾任职县委书记和县长的占比不低于 40%，其中曾任职五年以上县委书记和县长的占比不低于 20%；督查乡镇的人员为曾任职乡镇党委书记和乡镇长的占比不低于 50%，其中曾任职五年以上乡镇党委书记和乡镇长的占比不低于 30%。

三是健全督查人员激励机制。对于会督查、督查成效明显的人员要给予一定的物质奖励，提干晋级应优先考虑；表现优秀、业绩突出的可就地提拔，同时兼任现职，但其 2020 年底前主要精力仍需放在精准扶贫工作的督查上。

四是构建相对稳定的督查班子。督查人员一旦选定，不要频繁更换，更不要临时抽调，在磨合中相互配合，在工作中积累经验。

四、认真做实督查内容

现在一些地方为确保圆满完成精准扶贫中的各项任务，辅之以各种形式，例如明确脱贫时间表、绘制脱贫路线图、写扶贫日记、挂图作战，要求扶贫干部与贫困户同吃、同住、同劳动等等，这些本是辅助形式却成为督查县乡精准扶贫工作的主要内容清单，如长期按此督查，结果将会变成掌握表面情况越来越多，了解深层情况越来越少，相当一部分督查工作将变成“花拳绣腿”走过场，真正需要认真督查的内容却少有涉及。所以，在精准扶贫督查中要将工作做实、做牢，应将重点放在真督查上。

一是督查脱贫措施的有效性。各种措施好不好最终要靠成效和口碑来检验，因此在督查时既要看项目进展时间表，也要听群众对实施情况的评价，更要会算贫困户增收账。

二是督查脱贫结果的真假性。有些县乡热衷搞数字脱贫、概念脱贫，督查人员要有火眼金睛查出真相。例如针对贫困户的退出要精准，贫困户只有在观念转变、能力提升、收入稳定等方面取得实效才算真脱贫。

三是督查脱贫政策落实过程中出现的倾向性和苗头性。精准扶贫各项决策落实的过程是一个动态过程，有时可能会出现错误倾向和苗头，这就要求督查人员在督查过程中发现问题并及时向上级汇报，以防止事态的蔓延和扩散。

五、全力用好督查手段

随着精准扶贫工作的深入，仅仅依靠专项督查、实地督查、综合督查和单独督查等几种形式并不能满足对该项工作的高要求，需不断丰富督查手段，且需各种督查手段间的相互配合。为此，需做好“四个结合”。

一是单独督查与联合督查相结合。在对精准扶贫开展重点问题、重点工作和重点项目的督查时，扶贫办、政府办、各个对口厅局和相关部门之间应事先沟通和协调好，内容相近的可采取联合行动，使督查工作更加合理、科学和高效。

二是书面督查与实地督查相结合。督查规范化大大增加了实地督查的频率和范围，但日常督查还主要依靠书面督查的配合，为此书面督查的形式需进一步丰富，例如借力有线数据、无线网络等先进媒介采用电话督查、微信视频督查等方式加强与县乡的联系，及时了解当地精准扶贫工作开展的最新情况。

三是暗访与明查相结合。听取汇报、召开座谈会和翻看报送材料了解情况固然必要，但随机抽取贫困户，到家中与群众面对面了解情况，掌握第一手资料更为重要。

四是“向前看”和“回头看”相结合。对某些重点扶贫项目、扶贫资金使用情况等重大问题的督查不能仅限于期初、期中和期末，需采取“回头看”才能发现落实过程中出现的深层问题；对关系到精准扶贫要害之处需反复督查，如此才能避免在各项政策实施过程中敷衍塞责、欺上瞒下、弄虚作假行为的发生。

（本文修订于 2017 年 6 月 23 日）

切实发挥好农村低保对脱贫的兜底作用

王美艳*

一、发挥好农村低保对脱贫的兜底作用至关重要

《中共中央、国务院关于打赢脱贫攻坚战的决定》中提出，“确保到2020年农村贫困人口实现脱贫，是全面建成小康社会最艰巨的任务”。目前农村7 000多万贫困人口中，有5 000万人左右可以通过产业扶持、转移就业、易地搬迁、教育支持、医疗救助等措施实现脱贫，其余完全或部分丧失劳动能力的贫困人口实行社保政策兜底脱贫。

中国农村最低生活保障制度（以下简称“农村低保”）自建立以来，处于稳步发展过程中。低保标准和补助水平持续提高，低保瞄准效率不断改善，对农村脱贫起到了一定作用。但是，农村低保制度还存在低保标准的确定和调整方法不够科学、补助水平和瞄准效率仍然较低、低保资金投入过低等诸多问题。不断完善农村低保制度的政策设计，加大低保资金投入，发挥好农村低保对脱贫的兜底作用至关重要。

二、农村低保制度存在的问题和面临的挑战

（一）低保标准较低，增长速度缓慢，地区差异较大，低保标准受地方经济发展水平和财政能力制约

根据《关于在全国建立农村最低生活保障制度的通知》，农村低保标

---

* 王美艳，中国社会科学院人口与劳动经济研究所研究员。

准由县级以上地方人民政府按照能够维持当地农村居民全年基本生活所必需的吃饭、穿衣、用水、用电等费用确定，随着当地生活必需品价格变化和人民生活水平提高适时进行调整。显然，这些只是原则性的规定，并未明确阐述低保标准的具体确定和调整办法，这可能导致地方政府在确定和调整低保标准时具有较大的随意性。

目前农村低保标准较低，地区差异较大。2015 年各省农村平均低保标准仅为 265 元，农村居民月人均消费为 769 元，低保标准仅占农村居民人均消费的 34%，低保标准甚至难以满足农村居民的基本消费需求。2007 ~2015 年期间，农村平均低保标准年均名义增长仅为 24 元。2015 年农村低保标准河南省最低（186 元），上海市最高（790 元），后者为前者的四倍多。农村低保标准与人均地区生产总值（GDP）和人均地方公共财政支出之间，皆呈现明显的正相关关系。经济发展水平和财政能力越高的省区，低保标准越高；反之亦然。低保标准受地方经济发展水平和财政能力制约。

（二）补助水平较低，增长速度缓慢

农村低保补助水平较低，增长速度缓慢。2015 年，农村低保人均月补助水平仅为 147 元。2007 ~2015 年期间，人均月补助水平年均名义增长仅为 14 元。补助水平高低是社会救助项目的一个基本问题。各国社会救助项目的补助水平存在较大差异，确定方法各不相同。社会救助项目究竟应多慷慨，迄今为止尚没有明确的答案。国际经验表明，预算约束经常导致社会救助项目的覆盖率与补助水平之间难以取舍。设定较低的补助水平可能有助于提高覆盖率，但对救助领取者的意义不大；设定较高的补助水平尽管对救助领取者的意义较大，但可能产生“不工作”的激励，还会带来沉重的财政负担，而且不利于覆盖率的提高。

（三）准确的农户收入信息难以获取，使得低保资格认定困难，低保瞄准效率不高

从农村低保的资格认定和瞄准看，根据《关于在全国建立农村最低生活保障制度的通知》，申请低保的对象必须具有本辖区内农村户口，而且家庭人均纯收入低于当地低保标准，除此之外，家庭的财产状况、劳动

力状况和实际生活水平也要接受民政部门的核查。单从字面上看，农村低保的资格认定规则和瞄准程序非常清晰，但实际上，低保的资格认定和瞄准并不容易。

首先，准确的农户收入信息难以获取，判断申请者的家庭人均月收入是否低于当地低保标准非常困难。近年来农户的收入来源日益呈现多元化的特点，工资性收入、经营收入、财产收入和转移收入都是农户收入的组成部分。以工资性收入为例，目前该项收入大约占农户家庭收入的40%。工资性收入既可能来自农户中外出打工的家庭成员，也可能来自在本地从事非农就业的家庭成员，获取农户的全面完整的工资性收入信息非常困难。

其次，判断低保资格需考虑除收入之外诸如家庭财产、劳动力和生活水平等多种因素，这给了基层较大的决策空间。低保领取的实际状况是，一些从收入上满足领取低保条件的家庭，实际上被排除在低保之外；相当一部分领取低保的家庭的人均收入，反而高于低保标准。多项研究均表明，农村低保的瞄准效率不高，瞄准错误的比例超过10%。

最后，由于财政能力的限制，农村低保资金不足以为所有具有低保领取资格的家庭发放低保金，导致低保的名额有限，可能存在“指标”问题。也就是说，一些家庭虽被认定为具有领取低保的资格，但因为“指标”问题的存在，这些家庭可能实际上被排除在低保救助之外。这也导致了低保瞄准效率的降低。

（四）农村低保资金投入过低，中国社会救助支出占国内生产总值（GDP）比例远低于发达国家

根据《关于在全国建立农村最低生活保障制度的通知》，农村低保资金筹集应该以地方为主，省级人民政府要加大投入，中央财政对财政困难地区给予适当补助。2007年，中央财政首次下拨30亿元补助资金，用于资助财政困难地区。此前，农村低保资金一直由省级政府和地方政府负担，中央财政未支出。

农村低保资金投入水平过低。2015年各级财政支出农村低保资金931.5亿元，仅占GDP的0.14%，包括农村低保在内的全部社会救助支出占GDP比例为1.7%左右。社会救助支出占GDP比例在不同国家之间

存在较大差异。一项研究表明，发展中国家社会救助支出占 GDP 的比例大致在 1% ~2% 之间或以下，发达国家的这一比例大致在 2% ~4% 之间。人均收入水平越高的国家，社会救助支出越多。

各国确定社会救助支出的方法多种多样。有的国家基于历史和制度上的相似性，选择与邻国大致相同的社会救助支出；有的国家考察一些与自身经济发展水平和人口特征相似国家的社会救助支出状况，将其作为借鉴和参考。究竟社会救助支出占 GDP 多大比例合适，迄今没有确切的答案。然而，中国社会救助支出占 GDP 的比例与发达国家相去甚远却是不争的事实。

（五）农村低保治理与行政管理不力

对于一项社会救助制度而言，如果治理与行政管理工作不力，不仅可能无法实现救助制度的预定目标，而且可能成为社会矛盾产生的源泉。农村低保制度的诸多决策在乡镇人民政府做出，这为地方政府留下了较大的主观判断空间。与此同时，县级民政部门配置在农村低保制度的人力资源不够充足，其核查申请者家庭状况、监管低保支出状况、解决不公平、协调与其他社会救助项目的关系等方面的能力有限。此外，低保制度缺乏有效的监督与监管机制，以及健全的监测与绩效评估体系。

三、主要政策建议

首先，进一步完善低保标准的确定和调整办法。低保标准的确定和调整方法应该进一步完善。建议根据当地基本生活费用水平确定低保标准，同时，以当地基本生活费用的提高幅度和物价提高幅度为依据，按照一个清晰的原则，透明地调整低保标准。另外，可以考虑采用与农村贫困线一致的低保标准。

其次，增加低保资金投入，加大省级政府的再分配力度和中央财政转移力度。充足而及时的资金投入是确保低保制度充足的核心。尽管没有黄金法则用于确定怎样的低保支出水平是合适的，但农村低保补助水平低和存在“指标”问题的状况表明，目前中国农村低保支出水平太低。省级政府的再分配力度和中央财政转移力度应该进一步加大，尤其是要加大对财政困难地区的补助力度。

第三，改进政策设计，提高瞄准效率。鉴于低保资格认定困难和瞄准效率不高等问题，采用根据家庭收入、资产、家庭成员受教育水平和就业状况，以及社区参与相结合的方式，确定家庭是否具有领取低保的资格，是一种适宜的方法。例如，可以考虑采用准家计调查方法识别家庭贫困状况。准家计调查方法有助于减少基层主观判断，使低保制度更加透明和公正，特别是有助于解决长期贫困。

第四，将低保资格认定与财政能力分开。在财政困难的情况下，具有领取低保资格的家庭可以轮流领取低保；一旦财政能力允许，所有具有领取低保资格的家庭，均领取低保金。从低保金支付的政策设计而言，农村低保为“补差”或分档发放。实际上，由于准确的家庭收入信息很难得到，“补差”设计是一种不可能执行或很难执行恰当的制度，分档发放方式可能更具有现实性和可操作性。

第五，完善治理与行政管理框架，加强基本制度与人力资源建设。为了提高低保制度的治理、监测与评估水平，应该将基层工作人员配置到位，确保从事低保工作的人力充足，加强对基层的监督，保证申诉渠道畅通。此外，要大力加强基本制度与人力资源建设。另外，应实行系统化与一体化的低保信息管理，与其他部门（例如税收部门）共享信息，提高公共资源的使用效率。

（本文摘编自2017年6月完成的国家自然科学基金委管理科学部应急管理项目《中国扶贫开发的战略和政策研究》）

社会资本、资源俘获与农村扶贫

——基于中国综合社会调查的经验分析

周玉龙[*]

一、引言

自 1986 年以来，我国政府主导的有计划、有组织和大规模扶贫开发已经进行了 30 年，取得了显著成效，但政策瞄准不精细导致扶贫资源漏出的问题一直存在，这背后很重要的原因在于微观的扶贫资源分配精准度不够（汪三贵等，2007）。我国的扶贫开发政策是一种自上而下、基于地区的非中性发展政策，政策资源在基层分配时自然会流向获取资源能力最强的对象。自然资本、实物资本、人力资本和社会资本都有助于利用外在资源从而提高个体收入（周晔馨和叶静怡，2014），但与前三者不同的是，社会资本难以衡量，从而无法通过目前的贫困识别机制等手段控制其对扶贫精准性的作用。如果社会资本对扶贫开发资源的分配有不可忽视的影响，那么厘清这种影响及其作用机制便显得格外重要（李玉恒等，2016），是实现“精准扶贫”的必要条件。

社会资本概念关注个体与个体间的关系、个体行为的“嵌入性”、个体对社会资源的拥有和动员能力以及个体在社会网络中的位置等方面（周晔馨和叶静怡，2014）。社会资本有助于形成非正式制度，有效地弥补市场缺陷（Bowles 和 Gintis，2002），还可以帮助个体获得更有利的资源配置（Bian，

* 周玉龙，南开大学经济与社会发展研究院讲师。

1997；刘少杰，2004；罗党论和唐清泉，2009），从而有助于提高个体福利水平。

图 1 是分别基于 CGSS2006 样本中贫困人口样本做的社会资本和人均家庭收入的散点图以及线性拟合曲线，很明显，社会资本与人均收入表现出了明显的正相关关系。

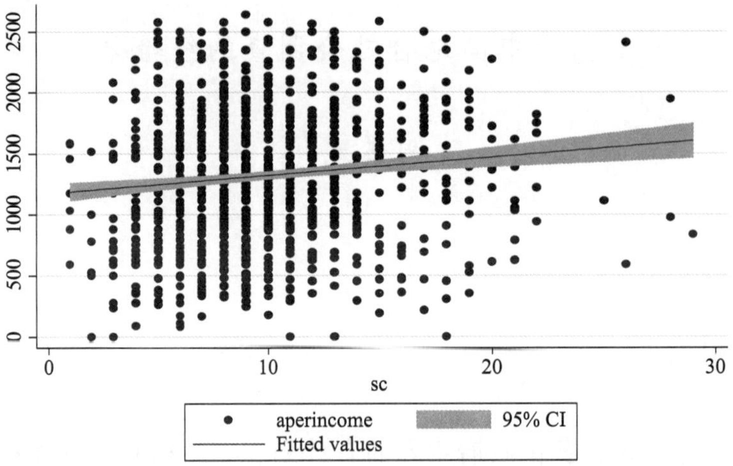

图 1　社会资本—调整后人均家庭收入关系图

具体来看，Grootaert（1999，2001）以及 Woolcock 和 Narayan（2000）等人认为社会资本对贫困地区的保障性作用可以作为社会保障和信用体系缺失的补充，Chantarat 和 Barrett（2012）的研究表明社会资本可以帮助穷人参与金融市场，因此更有利于穷人的发展，张爽等（2007）对中国农村的贫困问题的研究也发现，社会资本作为一种非市场化力量对于减少贫困发生概率的作用会随市场化进程而减弱，亦即制度的完善对社会资本的作用存在一定的挤出效应。但社会资本资源俘获效应的直接研究并不充分，尤其是针对我国农村贫困地区。囿于数据局限等原因，张爽等（2007）以及周晔馨（2012）等人都只是从总体上笼统地估计了我国农村地区的社会资本回报率，他们发现相较于家庭社会资本，社区层面的社会资本的减贫效果更明显，且家庭社会资本的资源分配效应会随着市场化逐渐减弱，但在我国农村扶贫开发的语境下，相关资源并非通过市场化的手段分配，因此已有的研究并不适用，更精细的社会资本资源俘获效应需要进一步得到研究。

要回答“社会资本是否有利于扶贫开发资源的俘获”这个问题，最直接的研究方法是检验社会资本多的个体是否得到了更多的扶贫资源。大量针对农村地区的研究关注了扶贫资源的“精英俘获”问题（Galasso et al.，2005；温铁军等，2009；邢成举和李小云，2013；刘西川等，2014；胡联等，2015；温涛等，2016），但其中“精英”的范畴较为多样化，涵盖了经济和权力等维度的定义，而且往往只针对了农村互助金等资金要素的分配，多数研究认为相对富裕或权力较大的个体能够获取更多贷款和财政扶贫资源，但对社会资本和综合扶贫开发资源维度的关注较少。

为了弥补以上的研究空白，本文基于中国综合社会调查（Chinese General Social Survey，CGSS）2006 年的农村样本，结合我国扶贫开发政策瞄准国贫县这一独特特征，将国贫县的农村人口作为扶贫开发资源分配的处理组，非国贫县样本作为对照组，在控制了社会资本通过制度完善渠道的作用后，检验家庭层面的社会资本对扶贫资源的俘获效应，同时，基于扶贫资源分配的过程特点，本文将社会资本区分为政府相关和非政府相关以及本地与非本地层面，并进一步检验了社会资本资源俘获效应的异质性。文章的研究结果表明，社会资本可以通过资源俘获渠道有效帮助贫困农民增收和摆脱贫困，同时社会资本丰富的个体对扶贫开发资源的俘获能力也更强，且相较于非政府相关以及非本地社会资本，政府相关和本地社会资本的资源俘获效应更强。利用不同回归形式、样本以及变量的结果与以上结论一致，表明了文章结论的稳健性。

二、文献综述与理论假说

社会资本的积累能够帮助低收入的贫困人口摆脱绝对贫困，但有可能加剧相对贫困（Grootaert，1999，2001；Cleaver，2005；赵剑治和陆铭，2010；姚毅和王朝明，2010；周晔馨，2012），其主要通过形成非正式制度方面和资源配置两种渠道发挥作用（Bowles 和 Gintis ，2002；张爽等，2007；李玉恒等，2016），本文分别将其称为制度完善效应和资源俘获效应。

制度完善效应是指社会资本可以在制度缺失时形成非正式制度发挥保障作用，Putnam et al.（1993）提出，“社会资本是能够通过协调的行动来提高经济效率的网络、信任和规范"，指出了社会资本具有"协调行动"的功能，这与制度的功能是一致的（陆铭和李爽，2008）。已有文献对社会资本的制度完善效应进行了相对充分的研究，证明了社会资本在劳动力和金融市场的制度替代性作用（Knight 和 Yueh，2002；Minshi 和 Rosenweig，2009；Chantarat 和 Barrett，2012；边燕杰等，2012；郭云南和姚洋，2013），但随着市场化程度的不断完善，这种制度完善效应可能会逐渐减弱（张爽等，2007；周晔馨和叶静怡，2014）。

资源俘获效应是指社会资本有利于个体获得更多资源，从而提高自身福利水平（Grootaert，1999；Knight 和 Yueh，2002），这种作用并不直接受制度完善与否的影响。尤其是存在资源约束的情况下，社会资本多的个体往往可以通过声誉机制，获得被"举荐"的机会（Kugler，2003），强化行为主体获得资源的能力，从而从有限的资源中获得相对多的份额。而关于社会资本的资源俘获效应，已有研究鲜有直接涉猎，这构成了本文的主要研究问题。

具体到本文的我国农村扶贫开发背景，政府主导的项目制、参与式扶贫和强调扶贫到村到户的精准扶贫是政策的重要特点，正是这些特点为社会资本在资源分配中发挥作用提供了必要条件，并可能导致扶贫开发资源的"精英俘获"。扶贫开发的资金和项目主要来源于中央和省一级政府部门，这些政策资源需要逐级下拨直到村庄或者农户。同时，大量扶贫开发资源在落地时采取了项目制的形式，并鼓励本村村民进行"参与式扶贫"，由地方确定发展符合自身的扶贫开发项目，这打破了原有单位制的科层体制束缚，但其又面临着一个更大的问题，就是国家规定的"一事一议""专款专项"原则无法解决扶贫开发本身的地方性问题（渠敬东，2012）。这种矛盾导致项目实施必须要本地化以保证其与当地实际情况的对接。而直到今天，尤其在贫困地区，经济地位的弱势会严重影响政治话语权，使得农村治理权利更容易集中于特殊阶层，破坏参与式扶贫中的赋权机制，因此这些资源的分配到村一级时往往需要依赖精英治理。这进一步导致当前已得到学界共识的农村治理内卷化特征（周长春等，2016）。

进入新世纪以来，国家扶贫开发政策落地主要采取两种形式，一是直接分配到户的相关转移支付和政策倾斜，二是以村为单位的整村推进项目，其共同点是都要求广泛征求村民，尤其是贫困人口意见，因此社会资

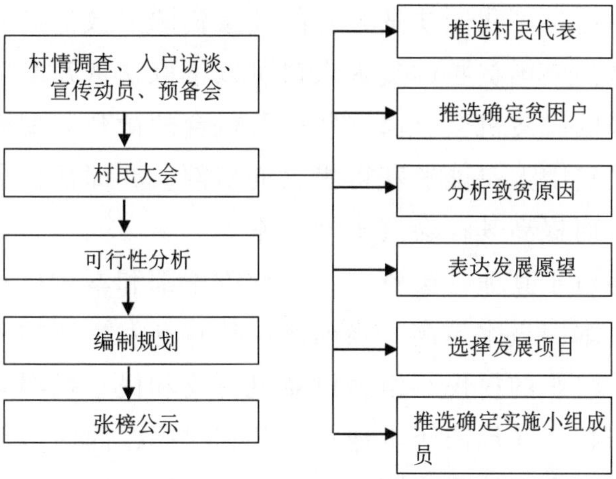

图 2 整村推进规划流程图

资料来源：国务院扶贫办。

本可能会以不同的形式产生影响。具体来看，前者的落地主要基于识别贫困户的建档立卡过程，贫困户识别的村民参与性强，决策过程也相对透明。这个过程往往包括农户申请和村民民主表决的过程，在收入水平皆符合贫困标准的前提下，社会资本多的个体能获得更多选票，从而有更高的资源俘获能力。如图 2 所示，后者要求贫困村制定参与式村级扶贫开发规划，并以此为基础广泛征求村民意见，最终确定村级扶贫项目的内容。但在实际操作中，很多时候扶贫开发项目沦为了地方官员捞取政治资本的工具，导致项目短期化，无法让真正的贫困人群受益。一些研究认为其中的原因是决策者对规模偏好的追求以及村干部作为“谋利型政权经营者”意志的体现（马良灿，2013），但应该看到，社会资本可能在其中发挥作用。一方面，尽管大量贫困人口不能直接参与规划制定和项目选择，但在其意见征求过程中，社会资本多的个体可以动员更多人做出有利于自身的决策；另一方面，社会资本有助于个体获得更充分的信息，在扶贫项目信息主要通过村干部与村民以及村民之间谈话等非正式渠道进行的情况下（邢成举和李小云，2013），信息更充分的个体可以在促使整村选择最有利于自身利益的过程中具有先动优势。

可见，在我国基层扶贫开发资源分配的微观机制中，社会资本能够产生重要作用。在此基础上，我们提出了本文的研究假说。

假说一：相对于非国贫县，在其他因素一定的情况下，国贫县个体的社会资本回报率更高。我国扶贫开发的政策资源多数都投向了国贫县，因此相对于非国贫县，国贫县的贫困人口可以争取扶贫开发项目收益和直接转移支付等额外的脱贫机会，而这些扶贫机会的微观分配机制使得社会资本越高的国贫县贫困人口能够获得更大的份额，亦即社会资本的资源俘获效应被加强，进而提高其社会资本回报率。

假说二：相对于其他社会资本，与地方干部和本村村民关系越紧密的贫困人口社会资本回报率越高。当前基层扶贫开发资源的分配决策主体主要为村委会及其组织的村民小组通过意见征集和民主投票等方式进行，而这些过程的参与权往往局限于本地村干部和村民，因此与地方干部以及本村村民关系的亲疏在个体争取资源的过程中作用理应更显著。

三、结论与政策启示

本文首先分析了扶贫开发资源在国贫县农村的微观分配机制，并提出了社会资本，尤其是政府相关和本地化的社会资本有利于俘获扶贫开发资源从而帮助贫困人口增收脱贫的假说，接着利用 CGSS2006 的农村样本，消除区域物价差异和家庭规模经济影响准确地估计了贫困情况，并基于国贫县和非国贫县在是否享受扶贫开发政策资源的差异，消除内生性并控制社会资本的制度保障效应后，检验了社会资本的资源俘获效应及其作用机制。文章的研究结论十分稳健而且支持所提出的假说。本文的发现填补了我国扶贫开发背景下社会资本资源俘获效应的研究空白，为扶贫开发资源分配缺乏精准性的问题提供了一个解释，同时具有重要的政策启示。

一方面，文章发现社会资本有助于俘获扶贫开发资源，使得国贫县社会资本更高的贫困人口更容易提高收入而摆脱贫困。在我国目前的扶贫开发体制下，相关政策资源在基层需要通过村民自治的方式分配，这个过程中社会资本会发挥重要作用，如果政策希望瞄准贫困人口并不具有相应的社会资本，那么根据假说一，即使在乡村民主中不存在任何腐败，他们也无法得到相应的政策支持从而借助外力摆脱贫困陷阱。而由于社会资本的排他性质（Cleaver，2005），现实中的贫困人口往往恰巧是社会资本最匮乏的人群，这样从体制上解释了精准扶贫实现的困难性。因此，这要求对目前基层扶贫开发资源的分配体制进行改革，在确定发展项目和识别贫困户时不仅要考虑易于度量的实物资本和人力资本等要素，更要将贫困人口普遍缺乏的社会资本纳入其中。同时，将提高贫困人口社会资本水平作为改善贫困人口自生脱贫能力的重要举措，加强贫困人口与其他群体的互帮互助和信息沟通，构建更具包容性的社会资本网络。

另一方面，扶贫开发资源的分配机制，与政府干部和本地村民的关系密切程度有助于扶贫开发资源的俘获。这意味着本地化的政治性社会资本会显著影响基层资源分配，背后的作用机制可能是这类社会资本对个体扶贫开发资源信息获得的改善，但也可能是农村治理内卷化导致权力精英俘获的结果。这要求基层扶贫机构提高相关信息的传达效率，保证其能及时、平等地传达到所有政策对象；更重要的是，高一级的扶贫开发机构需要加强所辖地区贫困人口的信息收集，并对基层资源的分配进行有效监督，降低扶贫开发资源为接近权力的非贫困人群俘获的可能性，消除村民为获取扶贫资源向政府寻租从而滋生腐败的空间。

（本文原载于《经济学动态》2017 年第 4 期）

警惕基层干部“坐等扶贫”

于代松*

根据经济运行规律客观、理性分析可知，任何国家、地区在经济社会发展的各个阶段，总会有一定比例的人群因为主观（意愿、能力、努力等）、客观（环境、机会、要素等）的众多因素必然落入绝对贫困或相对贫困，所以一定比例的相对贫困人口乃是市场经济运行的自然、正常伴生现象。既不能因为有贫困人口就简单否定社会、经济发展的整体趋势，并为此形成过度的焦虑、紧张，也不能寄希望于某一个阶段对贫困人口针对性的政策、措施、手段、投入而绝对的完成任务似的把贫困人口“齐步走”地带出贫困让其致富。对于贫困来说，现实的选择只能是通过优化经济社会环境、归还权利与责任、提供更多公平机会来让多数人有机会自主致富，再靠完善社会保障、公共福利来保证经济社会发展中掉队的线下贫困人口维持基本生存。

而当下自上而下主要由各级政府推动的精准扶贫，希求在强大外力的着力下全面消灭（致富转化）贫困，被各级、各地、各部门政府迅速演化为必须在一段时间分阶段完成的重大政治任务。许多地区在战略、规划、政策、计划、组织、人事、资金等一系列工作安排、推进中无条件地为追求期间的扶贫成绩而分解任务、指标、数据，专人、专职部门负责、督促，还有一些地方政府、相关部门专门为一段时间全面完成扶贫任务而制定严格的时间表、路线图，甚至还有地区不管主、客观条件把扶贫任务提高到首要政治任务地位必须优先完成，不计成本，打乱原有规划、计划、组织程序、工作规程，过度致力于扶贫政绩、成果。如上这些正在全

---

* 于代松，西华大学区域社会经济研究所教授。

面、大规模发生的关于精准扶贫的现象，极易演化为单方面靠外力、靠政府、靠外生输入力量、靠财政资金、靠组织手段推动的运动式扶贫。这种由政府自上而下推进的外力扶贫，对于那些处于贫困状态的地区、人口而言，很容易“默契配合”产生出“他们必须帮我们脱贫完成任务、取得政绩”的待扶优越感，形成大面积的坐等扶贫现象。其实笔者工作中接触到的许多西部相对落后地区早已对这轮精准扶贫产生巨大的优惠、扶持、投资期盼并准备了一系列的规划、计划、项目等待“被纳入精准对象”，这些地区庞大的贫困人口已认定众多的照顾、关爱、金钱会掉入家门。

这种“坐等扶贫”现象越演越烈，主要体现在如下几个方面：

1. 基层政府等待扶贫项目、资金。这轮自上而下全方位推进的精准扶贫，让许多基层政府，特别是贫困地区基层政府摸清了上面在扶贫工作上的政绩、任务诉求，同时逐渐形成“主政区域的贫困也是一种特别优势、特种资源”的不可明说观念。这些基层政府不断地推出围绕辖区贫困、贫困人口的系列精准扶贫方面的规划、计划、项目、工程，不断向各方面（特别是上级政府）呈现、呈报、争取五花八门的精准扶贫优惠政策、资金项目，这是一种典型的借精准扶贫大政主动争取“坐等扶贫”馅饼砸中自己的畸形执政理念。

2. 扶贫主管部门等待政策、资金、项目。政治上高度关注、政府全面推动的精准扶贫，无疑让扶贫主管部门备受关注、地位提升、资源膨胀、权力强化，当然其责任也更加沉重。但长期习惯于分钱、分物、分项目，难以在发展产业、培育企业、提升人口素质有所作为的惯性化扶贫工作，很可能酝酿为新一轮的“等政策、要资金、发项目、出成绩”，站在培育产业、企业以促进贫困地区可持续发展的角度来看，这些扶贫主管部门的作为很难不说是一种变相的“坐等扶贫、完成任务”。

3. 贫困人口等待、享受被精准扶贫。由于自上而下各级政府，特别是主要领导（甚至一把手）的主抓，加之时段性（一般 3 至 5 年）成果、政绩的要求，精准扶贫在成为贫困地区各级政府巨大压力的同时，也不知不觉间被贫困的老百姓看出“门道”，把精准扶贫当作自己坐地获益机会加以利用。许多落后地区的贫困人口对这次的精准扶贫寄予厚望，他们甚至认准政府（官员）需要他们来完成扶贫任务，他们也会聪明地默契配合着被精准、被扶贫，当然必须收获他们应得的各种好处、利益，至于是否真的进步、发展、致富则另当别论，“精你的准、扶你的贫，拿我的钱”已成为许多贫困人口心照不宣的真实心理。

4. 部分参与机构（企业）等待扶贫商机。有一部分企业、机构，看准各级政府的精准扶贫工作需要他们参与，项目的落实运行、资金的划转使用、工程的具体建设、成果的呈现评估都离不开这些机构、企业。他们也认准这是一次巨大的商机，开始配合基层政府、主管部门，动员贫困家庭、人口，以多种面上合规的市场化手法“创造性”地开发出系列措施、手段，迎合完成政府要的精准扶贫政绩、满足贫困人口要的真金白银好处，致力于取得阶段性的精准扶贫全面成绩，但贫困地区的发展、贫困人口的真实主动脱贫致富却很难靠这些企业、机构时段性、投机性的运作而实现。

为此，特对当下的精准扶贫工作提出如下建议：

1. 让贫困人口先站立、再扶持。扶贫的前提是被扶对象有能力，且愿意站立、行走，没能力站立的扶持属于救助或救济，有能力却不愿站立的怎么扶也难以真正脱贫。所以精准扶贫中精准的重要含义应该包括“有主动站立、努力致富意愿的贫困人口”，而不能为完成上级任务、违反基本经济规律、主要靠外力（给钱、给物、投项目、派扶贫干部）去追求所谓的扶贫、脱贫工作成绩。

2. 避免扶贫政绩化、任务化、运动化。扶贫是对一个特殊的贫困群体提供帮助，让其站立、成长、致富、发展，涉及复杂的经济、社会、心理、行为诸多因素，绝不可能靠外力工程化推进完成，何况一部分贫困人口的存在本身就是正常的经济发展产物。所以那种“自上而下发文件、下任务、派干部、出规划、放时间表、作验收的扶贫很难不演变成运动、政绩，那种自下而上报计划、报路线图、要项目、请资金、出成果、作汇报”的扶贫很难不成为“坐等扶贫、完成任务、捞取政绩”，因此精准扶贫工作一定要防止任务化、政绩化、运动化。

3. 避免宣传误导。社会各界、特别是媒体在报道、宣传精准扶贫工作时，切忌误导贫困地区、贫困人口，不能过多宣传“扶贫的决心、投入，脱贫数量（比重）、时间，主要领导对扶贫的重视等”，避免让群众产生“这次政府肯定帮我们脱贫、我们肯定会得到许多利益、贫困成了香饽饽”的错误意识以至于坐等扶贫。而应更多的在强调政府对贫困群体关心的同时，宣传“脱贫靠自己、政府有帮助”的内生性精准扶贫思路，唤起贫困人口的努力、发展、致富意愿。

4. 加强扶贫的针对性。扶贫即是经济工作，也是社会服务，更是人群行为，不能简单化、政治化、工程化，需要有一系列各方面的针对性配套、组合措施。通过完善、提升扶贫政策来改善、优化贫困人口的生存、发展、致富环境，通过更有实际效用的教育来提高贫困人口及其后代的知识、文化素质和生存、致富能力，通过实用的重大扶贫项目来改善贫困地区基础设施以提供必需的发展、致富硬件条件，通过真实、有效、针对性强的资金投放来创设脱贫、致富机会，通过独特的扶贫干部安排来唤起、助推、保持贫困人口的脱贫意愿、致富努力。

（本文修订于 2017 年 6 月 23 日）

公共交通促进精准扶贫有效落实的对策

刘红春*

《“十三五”交通扶贫规划》提出要更加聚焦“托底性”任务，着力解决好剩余建制村的通畅问题，更加聚焦安全保障和运输服务改善。国务院总理李克强提出：要部署开展交通基础设施扶贫，到2020年要在贫困地区建成广覆盖、深通达、提品质的交通网络，并及时实施百万公里农村公路建设工程。但要加强公共交通建设，加快发展线上线下融合、覆盖全程、综合配套、安全高效、便捷实惠的现代贫困地区商品流通和服务网络，发挥其精准扶贫的建设性作用，必须有效解决目前贫困地区公共交通面临的运输模式调整、运营网络优化、通行成本降低与营运安全升级等突出问题，形成以分类统筹为基础、以布局优化为指引、以合理收费为推力和以安全通行为保障的精准扶贫公共交通支持体系。

一、公共交通建设对精准扶贫目标实现的影响

第一，贫困地区公共交通发展严重不均衡，严重影响了贫困地区脱贫致富能力提升。目前，全国贫困地区的公共交通发展水平总体上60年仍没有根本改变，绝大多数城乡间依旧是以私营化的长中短途客运车模式运营。而且，各地的收费标准也不同，极少数交通费全程每次1元/人，多数地方是4元/公里或2元/公里。这种不科学的运营模式与收费标准影响了贫困地区，特别是留守儿童与老人集中村寨的“出行难”“上学难”“看病难”“运货难”等问题的根本缓解，不利于贫困地区的农民进城开

* 刘红春，云南大学法学院讲师。

阔视野、增长见识，阻滞了他们的生活方式、思想观念等城市融入及城镇化进程中的市民化转变，最终导致贫困地区脱贫致富能力的整体性提升成效不显著。

第二，高运营成本阻碍了城乡要素的平等交换，限制了市场发挥精准扶贫的积极作用。现在贫困地区营运的公交车规费在6 000～10 000元之间，特别线路费，买断经营权平均在20万～40万元；客运站强制收取进站费、年检费、保险费等费用。各种因素的叠加抬高了农村公共交通的运营成本，增加了农民的出行负担（平均在6～20元/人次），特别是16 610万多名外出农民工与10 284万多名本地农民工。可见，贫困地区公共交通不仅是贫困人口现代化、便利地享受教育、医疗等公共资源的“阻碍器”，也是市场力量发挥精准扶贫积极作用的“限制器”。

第三，交通网络布局的科学性与合理性不足，妨碍了贫困地区公共服务均等化。交通网络布局不仅在顶层设计中没有把贫困地区公共交通发展纳入农业现代化、城镇化、电子商务与国家扶贫攻坚的具体规划中，而且在基础建设中也没有形成“路、站、运”一体化格局。特别是在“站”与“运”方面，县域之间、县乡（镇）之间、乡（镇）村之间、村村之间都是在没有综合考虑时间、费用、客流及未来趋势等“路、站、运”一体化发展格局的关键要素情形下，做出的规划与安排，这种不科学与不合理的布局，妨碍了城乡公共服务均等化。

第四，公共交通安全措施不配套，影响了贫困地区的持续健康发展。贫困地区公路的主体多为三级以下公路，主要遍布在村庄与学校的附近，基本都是“窄、陡、弯”，且大多没有交通标志、防护墙、防护墩等配套安全设施，更没有被列入养护范畴。交警及有关监管部门对这些安全措施及交通运营的安全监管，除了对重点乡村进行突击整治外，根本没有涉及其他边远乡村，这种工作缺失状态助推了违法超载、黑车运营的常态化，带来巨大的运营安全隐患，增加了财政对特大运营事故的额外支出概率，严重影响了贫困地区的持续健康发展。

二、公共交通促进精准扶贫有效落实的对策

第一，以均衡的发展水平保护贫困地区平等参与现代化，有效提升脱

贫致富能力。加快落实惠民政策，将贫困地区公共交通补贴补助统一纳入各级财政，坚持以人口数量及流动量、地理区位、公路等级、发展水平等来分类统筹城乡公共交通，在票价、税费、补贴、线路费用、时间等方面均衡发展水平。对西部地区、“老少边穷”地区以及西藏、新疆等集中连片特困地区，实行财政支持的长途、中途客运车低价运营模式。对城市50公里以内地域，鼓励城市公交向其延伸覆盖或是以公里数为前提合理收费的企业公交，并支持有条件的地区打破区域行政分割，进一步推进贫困地区中短途客运公交化改造。以便于贫困地区群体养老、医疗、出行和提高整体素质，更好适应与参与现代化和电子商务发展进程，特别是便于贫困地区孩子安全上学与享受中心学校的优势教育资源。

第二，降低公共交通运营成本，发挥市场对精准扶贫的建设性作用。降低交通成本，有力推动富裕地区与贫困地区要素的平等交换，让贫困地区公共交通成为农业发展、农民增收、新型城镇化建设、电子商务、精准扶贫的“助推器”。要坚决取消规费等不合理费用，铲除“小金库”，把贫困地区公共交通与校车合二为一统一纳入城乡发展规划中，将驾驶员纳入城市公交管理、培训与促进就业系统。同时，继续增加燃油补贴等财政支持，推动农村、农民的销售、交易、消费等平等交换城乡要素，积极发挥市场对精准扶贫的建设性作用。

第三，科学合理布局公共交通网络，促进贫困地区公共服务均等化推广。把贫困地区公共交通发展纳入农业现代化、城镇化、电子商务与国家扶贫攻坚的具体规划中，并坚持因地制宜，稳步推进“路、站、运”一体化的客运与货运，优化协调发展，发挥一体化网络的综合效益，着力打造高效通行、服务均等的贫困地区公共交通网络。既要加快农村客运站、行政村招呼站、自然村候车亭的建设步伐，也要贯彻落实推荐车型制度，由政府组织和发展一批在乡村、村村之间营运的乘载7人以内的小型客车或符合农村群众乘坐和适当带物的车辆，服务于村民短距离出行、赶集等。形成以城带乡、干支互补、以热补冷、客物结合的衔接机制，减少违法运营现象，让他们充分享受教育、医疗等公共服务，预防贫困地区空心化的加剧。

第四，以全面配套的安全设施与措施建设，保障贫困地区的持续健康发展。对贫困地区道路和电子商务硬件设施进行全面配套、强化安全措施、纳入养护范围，确实减少事故发生频率与财政不必要支出，以保障城乡持续健康发展。切实落实警示标识、防护设施等安全措施及设备与道路等基础设施同步规划、设计、建设、使用，同时在国家财政的支持下，要求运营车辆安装具有行驶记录功能的卫星定位装置。建立健全具体安全措施，规范危险品查堵、车辆例检、出站检查程序和措施，加强特定时期、区域、路段与关键环节的安监工作，完善对发生重特大道路运输事故驾驶员的责任倒查与黑名单制度。实施安全生产管理规范和评估管理办法，并将评估考核结果与线路招投标、质量信誉档案、资质等级评定等相结合。

（本文修订于 2017 年 6 月 23 日）

国际组织扶贫实践

孙久文*

随着世界经济与全球化的不断发展，贫困问题越来越受到国际社会的广泛关注。贫困不仅严重阻碍了许多国家的社会经济发展，也是当前许多地区冲突、恐怖主义蔓延和环境恶化等问题的源头，其所直接或间接引起的传染病问题、难民问题甚至种族歧视问题等，无一不是对国际社会提出的严峻挑战。随着各国间经济、环境、信息等联系越发紧密，在贫困面前，任何国家都无法独善其身。

贫困是诸多国际问题的根源，也是当前全球治理的重要课题之一。作为国际关系的重要行为体，多种国际组织和非营利组织已针对贫困问题，在全球各领域开展扶贫援助和开发工作。国际组织和非营利组织普遍采取与主权国家和政府之间建立联系和合作关系的形式，通过援助当地政府组织或非政府组织、在援助国下设分支机构等方式，与相关国家共同应对贫困问题。目前，多种国际组织通过各种正式或非正式的制度安排，采取合理行动，共同构建了覆盖全球的多层次和多维度的联系网络。不同的国际组织和非营利组织，其目标和行动皆各有侧重，但总体而言都为解决贫困问题提供了思路和方案，其国际化视角和多元化经验，值得我们分析和学习。

一、世界银行

世界银行（World Bank）的前身是成立于1945年的国际复兴开发银

* 孙久文，中国人民大学区域与城市经济研究所所长。

行（International Bank for Reconstruction and Development，IBRD），1947 年成为联合国的专门机构。世界银行成立时致力于欧洲国家战后的重建工作，随着后期不断地发展演变，其职责也由欧洲战后重建拓展至全球贫困治理。自第五任行长罗伯特·麦克纳马拉（Robert. S. McNamara）1968 年就任以来，世界银行的主要目标由支持重建转向消除贫困，援助重点由发达国家向发展中国家转移。1995 年詹姆斯·沃尔芬森（James Wolfensohn）出任世界银行行长后，不断强调消除贫困是世界银行肩负的最重要的使命，世界银行自身也做出一系列重大改革，在反腐败、债务减免、环境保护和性别平等等重要领域进行了开拓性的工作。根据联合国的千年发展目标，世界银行将“消除贫困和饥饿”列在其发展路线图的第一位，也体现出世界银行对于减贫事业的重视。

世界银行是世界上为发展中国家提供资金的最大组织之一，它通过向发展中国家提供长期贷款和技术协助，来帮助这些国家实现其反贫困政策。世界银行所提供的低息贷款、无息贷款和赠款，多用于支持对教育、卫生、公共管理、基础设施建设、金融和私营部门发展、农业及环境和自然资源管理等诸多领域的投资。自 2007 年起，世界银行的年度贷款承诺额就保持在 200 亿美元以上，其中 2010 年更是达到峰值 594.3 亿美元，2016 年的年度贷款承诺额也高达 468 亿美元。除了财政帮助外，世界银行还在所有的经济发展方面，为各发展中国家提供智力支持，主要是帮助发展中国家制定经济结构调整和部门结构调整的行动计划、为发展中国家提供切实有效的政策咨询和研究服务，并提供配套的技术帮助，同时帮助发展中国家培训相关领域人才。此外，世界银行的减贫工作，不仅包括对贫困国家的资助，也包括对每个国家收入底层人民的直接援助。例如目前，世界银行开始逐渐重视支持地区性小型企业的发展，并将私营部门发展设定为一个重要战略列入发展路线图中，不断推动发展中国家的私营化发展。

世界银行通过对全球分地区的研究，根据不同地区治理贫困问题的特殊性，有针对性地制定符合各地区实际情况的发展战略。世界银行的相关数据表明，其在世界各国设立了 120 多个代表处，这有利于更好地了解借款国的经济社会发展情况，从而更好地与其开展合作，共同推进减贫事业。在非洲地区，世界银行的工作重点在于扶持农业发展、抗击疾病、支持当地教育以及完善基础设施和应对气候变化等领域；在东亚和太平洋地区，世界银行的工作侧重于为借款国家提供政策建议；在拉丁美洲地区，世界银行为借款国提供研究和知识服务，并促进借款国与发达国家的经济合作；在欧洲和中亚等较为发达的地区，世界银行的战略为稳定金融部门、紧急援助、促进就业和发展社会部门等。

但是，世界银行既是国际组织，同时也是金融机构，本质上来说是一家特殊的银行。它的所有股东都是国家，均提供了大量的资本，一些较为富裕的国家还为世界银行提供了大量的捐赠。虽然世界银行并不单纯追求经济利益，但也绝非慈善机构，其作为银行的特点决定了必须考虑成本—收益情况。对于世界银行自身来说，选择还债可能较高的国家更符合其作为金融机构对资产收益的追求，但按全球贫困治理的实际情况来看，需求贷款和援助的贫困国家，往往是还债可能性较低的国家。虽然世界银行已对近 30 个国家提供了约 540 亿美元的债务减免，但总体而言，世界银行的机构性质和其职能在一定程度上存在悖论。此外，目前美国在世界银行中所占股权达 15.85%，只要行动一致即可否决其任何决定，所以世界银行在很大程度上受制于美国等大国政府，其中立性、公平性等也均因此受到严重影响。

2015 年 10 月，世界银行宣布，按照购买力平价汇率计算，将国际贫困线标准从此前的每人每天生活支出 1.25 美元，上调至 1.9 美元。这次上调主要是为了反映 2005 年以来出现的全球性价格上涨——世界银行依照当时世界最贫穷国家的平均通胀水平，提高了名义贫困线，而实际贫困线则基本保持不变，因而贫困人口数量并未因贫困线的提高而增加。事实上，在新标准下，2012 至 2015 年间，全球贫困人口总数由 9.02 亿人下降至 7.02 亿人，贫困人口占总人口的比重由 12.8% 下降至 9.6%。就此调整，国务院扶贫办国际合作和社会扶贫司司长李春光在回答记者提问时表示，世界银行的贫困标准对我国的扶贫工作有一定的参考意义，但是其主要用于国别比较，而非各国扶贫工作的具体依据。国务院扶贫开发领导小组办公室主任刘永富也表示，2014 年中国的贫困线为 2 800 元人民币，按照购买力平价分析，大约为 2.2 美元，略高于世界银行 1.9 美元的标准；另外，中国每年都会根据物价指数、生活指数等，对贫困线加以动态调整，理论上来说中国的贫困线每年都会有所上涨。因此世界银行新划定的贫困线标准，对我国的扶贫开发和减贫事业并没有特别大的影响，对中国对世界的减贫贡献的评价也不会有实质性的影响。中国更注重的应当是自身国情，加大教育、医疗、基础设施、社会福利等方面的投入，锁定目前的7 000万贫困人口，分类施策来帮助他们解决贫困问题。

二、联合国计划开发署

联合国作为当今国际社会中最重要的国际组织，其对全球发展和消除贫困方面负有重要责任。在联合国内部，包括世界银行在内的诸多机构，均涉及贫困治理问题，如联合国专门机构中的联合国粮食及农业组织（Food and Agriculture Organization of the United Nations，FAO）、国际农业发展基金会（International Fund for Agricultural Development，IFAD）等，以及联合国成员机构中的联合国儿童基金会（United Nations International Children’s Emergency Fund，UNICEF）、联合国人口基金（United Nations Population Fund，UNFPA）、世界粮食计划署（World Food Programme，WFP）等等。

联合国开发计划署（The United Nations Development Programme，UNDP）成立于1965年，其前身为1949年设立的“技术援助扩大方案”和1959年设立的“特别基金”，其中前者的最初使命就是为发展中国家提供技术和资金援助。目前，联合国开发计划署是联合国提供发展援助基金最多的机构，也是世界上最大的负责进行技术援助的多边机构。

20世纪90年代，联合国开发计划署提出，从以往的技术援助为主逐渐转变为以“人的可持续发展”为目标，借鉴全球经验，因地制宜，将消除贫困、增加就业、妇女参与发展和环境保护等作为工作重点，致力于推动人类的可持续发展，协助各国提高适应能力，帮助人们创造更美好的生活。目前，联合国开发计划署的宗旨为帮助发展中国家加速经济和社会发展，向他们提供系统的、持续不断的援助，特别是为最不发达国家进行帮助。为实现联合国千年发展目标，促进全球发展，联合国开发计划署重点关注减贫、对抗艾滋、善治、能源与环境、社会发展和危机预防与恢复等工作，并将保护人权、能力建设和女性赋权融入所有项目之中。

联合国计划开发署通常采用与国家政府组织合作的形式，采取自上而下的模式，通过发挥国家和地方的作用来改善贫困地区社会经济状况，提高当地居民收入，缓解和解决贫困问题。联合国开发计划署在很多国家都派有驻地代表，深入参与实地调研，帮助当地政府设计出符合该地区的发展战略。例如联合国计划开发署的“城市伙伴减贫项目”，与孟加拉政府合作，为当地贫民提供资源、知识和生存技能，来提高他们的收入，动员并构建社区发展委员会。此外，促进中小企业发展及其在各个产业链的融合是政府创造就业工作中至关重要的一环，联合国开发计划署率先建立了开发署—私人企业发展论坛，以促进包容性市场的发展。

联合国开发计划署的在华使命始于 1979 年 9 月，其与中国政府签署了《中国政府—联合国开发计划署标准基本援助协议》。到现在为止，联合国开发计划署已调动超过 10 亿美元，用于支持中国贫困地区的社会经济发展。迄今为止，联合国开发计划署在华项目共完成 900 多个，涉及领域包括农业、工业、能源、公共卫生、基础设施建设、减贫和经济重建等众多方面。1982 年以来，联合国开发计划署与中国国际经济技术交流中心展开了密切的合作，成功实施了五期“国别方案”和“合作框架”，支持中国制定应对发展挑战的战略决策，并同时为中国开展南南合作和参与全球发展提供协助。随着中国改革开放的不断深化，联合国开发计划署驻华代表处的工作重点也随之不断进行调整，目前在中国的重点工作领域为：减少贫困、平等和良治、能源与环境以及危机的预防与恢复。同时，联合国开发计划署不断推进中国与其他发展中国家的南南合作，其与中国政府共同发起建立了中国国际扶贫中心，旨在促进全球范围内分享减贫经验，并为促进中国和其他发展中国家之间建立发展伙伴关系提供国际平台。作为中国“十三五”规划的一部分，联合国开发计划署帮助中国政府消除不平等，重构国内经济以实现包容、稳定的发展，减少经济快速发展对环境的影响，并帮助中国政府在国际舞台上扮演更重要的角色。

相较于世界银行，联合国计划开发署的中立性更强。联合国计划开发署遵循联合国的“一国一票制”（one country, one vote），更易得到发展中国家的信任；从领导者任命到资金来源，都没有受制于某个或某些大国，决策时可以充分考虑到全球贫困治理问题本身的需求。与此同时，联合国开发计划署本身与各发展中国家保持着较好的合作关系，相较于世界银行，这是联合国开发计划署的一个突出特点和优势。总体来说，联合国开发计划署在全球贫困治理领域面临的批评声音较世界银行或者国际货币基金组织而言要少很多，但也存在自身的不足。首先是资金方面的限制。受限于联合国开发计划署本身性质和原则，美国等大国对其增加援助额方面的积极性不高，甚至有拖欠和减少援助的倾向；而联合国计划开发署获得资金的渠道单一，全部来自联合国成员国和其他多边组织等不同合作伙伴的自愿捐助，这造成了近些年联合国开发计划署的财力并未有明显的增长或改善、部分项目所获资金还有所下降的现象。此外，作为联合国的贫困治理机构，联合国开发计划署也存在重视形象工程而实施力度不够的情况，且在效率方面存在一定问题。联合国开发计划署对项目管理和控制有一套及其复杂和严格的程序体系，尤其是在获取资金的时候。由于联合国开发计划署与联合国的整套机制相匹配，除非联合国有实质性改革，否则联合国开发计划署本身很难对程序进行改善。

三、国际行动援助

国际行动援助（Action Aid International）是一个以消除全球贫困为宗旨的公益性国际联盟组织，1972 年成立于英国，以赞助发展中国家的儿童接受基础教育的方式筹款。随后，其儿童项目迅速扩展到扶贫和社区发展等多个方面，该机构也逐渐成为英国最大的海外工作的非政府组织之一，工作遍及非洲、亚洲、拉丁美洲和加勒比海地区的 40 多个国家和地区。2004 年，国际行动援助的总部迁到了南非的约翰内斯堡，主要用以协调和提升行动援助的各分支机构在全球倡导的活动。

自成立至今 40 多年间，国际行动援助在全球 40 多个国家开展援助，通过与 2 000 多家当地扶贫机构和民间组织的密切合作，直接拨款或间接援助了上千万最贫穷的人口和弱势群体，改善了他们生存和发展的状况。在国际行动援助未来五年的战略规划中，其将主要从事与反贫困相关的社区综合发展和政策研究和倡导工作，以妇女权益保护、教育、公共卫生和艾滋病、粮食权、人类安全和治理等为主体工作领域，不断促进贫困地区经济与社会发展，通过增加当地居民收入、提高教育水平等途径，缓解贫困状况。

国际行动援助于 1998 年与中国科技部签订合作备忘录，次年开始在中国开展工作。随着在中国工作的深入，2001 年成立的国际行动援助中国办公室，成为全球国际行动援助联盟中的一员。目前国际行动援助在中国开展工作的区域包括河北、甘肃、贵州、云南及四川等省份，关注的工作领域有善治、粮食安全、社会性别平等、基础教育、信息权及基层健康服务。目前国际行动援助共计投入 4 000 万元人民币，约有 17 万中国妇女、儿童和贫困农民直接或间接从中受益。其中，在教育领域，国际行动援助的工作重点在于青壮年，尤其是边远地区的农民，少数民族和妇女三类特殊人群的扫盲工作——目前全球几乎很少有政府或援助组织在此方面进行投入，大多数国家往往只关注义务教育。2007 年 7 月 26 日，国际行动援助中国办公室与略阳县人民政府正式签订协议，决定把略阳县列入国际行动援助贫困社区综合发展示范区，自 2007 年 8 月至 2013 年 8 月在略阳县实施贫困社区综合发展项目，项目总投资约 600 万元人民币，全部为无偿资金，项日范围涉及略阳县徐家坪、郭镇、金家河等 3 个贫困乡镇、38 个贫困村。

在中国，行动援助充分意识到青年在社会中的巨大潜力，并开展了一项“青年发展”项目，旨在为有志从事发展工作的青年群体提供一个深入了解社会问题、培养社会责任感的机会，同时为青年就社会发展和自身能力提高提供了一个交流的平台。这一项目培养了一批中国本土的农村发展青年骨干，在农村发展实践中实现国际发展理论的本土化，并推动了农村社区的和谐可持续发展。培养青年骨干是我国在精准扶贫中应当重视的一个领域，在这一方面，国际行动援助无疑为我们提供了一个良好的示范。

四、救助儿童会

救助儿童会（Save the Children）是一个非政府、非政治、非宗教和非营利的发展机构，是一个为儿童权利而奋斗的国际民间慈善组织，致力于为受到贫困、疾病、不公和暴力威胁的儿童寻求持久的解决方案。1919 年成立的英国救助儿童会是国际救助儿童会联盟的第一个成员，旨在援助第一次世界大战中战区和灾区受难儿童。经济大萧条时期，救助儿童会在美国的一些贫困地区和农村，开展了一系列对抗饥饿、保障教育的项目，并逐渐将救助范围由美国扩展至欧洲、亚洲等地。近些年，救助儿童会还在中东、南欧等地，为受战争影响而流离失所的儿童提供援助。目前全世界共有28个国家建立了救助儿童会，并在125个国家开展工作。救助儿童会的工作范围广泛，主要工作领域为儿童教育、儿童保护和儿童健康。救助儿童会是世界上最大的由女性创立的发展组织，每年的运作资金近13亿美元，用于与地方政府和公民社会合作，帮助最边远、最贫困的社区解决儿童权利问题，并为中央政府提供决策支持。

贫穷破坏了适合儿童生长的环境，许多虐待和剥削儿童的行为都与贫穷直接相关，贫穷带来的健康不佳、营养不良等问题严重影响了儿童生活。与儿童贫困密切相关的另一个概念是贫困的代际传递，即贫困以及导致贫困的相关条件和因素，在家庭内部由父母传递给子女，使子女在成年后重复父母的境遇。在贫困家庭成长的儿童，其所受教育水平可能较低，即使接受教育，提早辍学的可能性也非常高。受教育水平较低的儿童往往选择重复父母的工作，无法改善自身贫困状况；即使能够找到其他工作，因受教育水平限制，其收入也往往处于贫困线以下。正如联合国儿童基金会所述，没有一个国家，能够在没有对其人民的健康、营养和基本教育做出重大而持续投资下获得大幅度的减贫，而这也是其倡导“打破代际贫困圈的各项政策需要在具有巨大发展潜力的儿童早期实施才最为有效”“扶贫始于儿童”的原因。

早在20世纪初期，救助儿童会就开始向中国提供物质和资金援助；80年代起，救助儿童会开始在云南、安徽以及西藏等省开展社会发展和教育项目。作为为数不多的在中国开展工作的国际儿童组织之一，救助儿童会以直接干预、培训、调研和倡导宣传等方式帮助处于边缘的儿童和青少年，如设立儿童日间关怀中心、托儿所、残障儿童中心、流浪儿童和孤儿收容所，以及帮助单亲家长等。救助儿童会认为，政府是实现儿童权利的最根本保障，因此在贫困儿童的扶持方面，救助儿童会与中国政府开展了广泛的合作。在我国，集中连片特困地区，儿童数目约为4 000万，其健康、教育水平明显低于全国水平。目前，救助儿童会与民政部成立了两个合作办公室，并在与民政部签订合作备忘录的框架下，在中国的多个省区推广了社区儿童福利项目。中国政府也在救助儿童会的政策建议下，不断制定和完善相关政策法规、管理措施和办法，逐步完善儿童福利机构、儿童救助保护机构及管理体系等，如2014年11月的国务院常务会议通过了《国家贫困地区儿童发展规划》，为了贫困地区下一代成长，培养贫困地区的儿童，从根本上扶贫。救助儿童会与中国政府的工作重点主要放在了确保儿童能获得相对高质量的教育、保护儿童远离伤害以及改善儿童和妇女的健康状况等领域，并针对特殊儿童群体，如城市流动人口中的儿童、受灾地区儿童等，展开特殊的援助行动。

五、福特基金会

美国著名汽车制造商亨利·福特（Henry Ford）和他的儿子埃德所·福特（Edsel Ford）于1936年创建了福特基金会（Ford Foundation），它是世界上最大的私人慈善机构之一，也是世界上最大的私人资金会，“接受、管理并提供用于科学、教育和慈善目的的基金”（toreseive and administer funds for scientific, educational, and charitable purposes）。福特基金会创建的宗旨是通过资助各种教育和研究活动，用出资创办研究机构、颁发奖学金、向国外派遣专家、捐款、捐赠图书仪器等方式，向国内外有关组织、研究单位提供资助，以影响美国社会生活、文化教育事业和政府的内外政策，从而提高人类的福利。很长一段时间内，基金会提供的资助和捐赠大都局限于密歇根州内的各类慈善和教育机构。直到1950年，由于获得来自福特家族的大量遗产和捐赠，以及福特公司决定将自己的股票公开上市，而福特基金会又持有大量A股，基金会才有了稳固且不断增长的资产来源，并在纽约设立了全球总部，由一个独立的理事会管理基金会的各项事务，逐渐形成一个全国性的慈善组织，且不再与福特汽车公司有任何关联。

福特基金会自成立以来，已经向包括美国在内的近100个多家的7 000多个各类机构和组织提供并担保了大约48亿美元的各种经费。在美国国内，福特基金会主要向各类学校、教育组织、私人研究机构和志愿者组织提供资助。福特基金会的净金融资产目前约为98亿美元，每年的投资分红和利息收入约为6.5亿美元。基金会收入均被用于拨款，大约60%的拨款在美国国内，40%用于海外项目，不过，美国国内的一些拨款也是支持海外活动的。福特基金会提供的资助经费中，约有75%都流向了教育领域。自 20 世纪 60 年代早期开始，福特基金会开始关注教育机会的平等性问题，并逐步向更多的黑人学生和少数民族学生提供接受高等教育方面的资助。

在国内事务领域，福特基金会通过社区行动、提供住房、职业培训及其他一系列方案，来帮助黑人、少数民族和其他低收入群体，尤其关注种族歧视中的受害者。同时，福特基金会也支持那些致力于改善工人生活质量、提高政府效率、改良法院等法律强制机构办事行为的计划。在美国，把治理城乡贫困问题作为其常年的优先项目之一的基金会并不太多，而福特基金会就是少数之一。福特基金会最早于 20 世纪 50 年代提出“社区发展”和“灰色区域”项目，大力开发关于青少年犯罪、老年和城市贫民窟问题的研究工作，并协助市政府研究和实施城市改造计划。福特基金会的“挑战贫困”计划不断研究、跟踪变化中的贫困性质，并随着需要的变化而转移重点。80 年代初开始，福特基金会的工作由美国城市发展到农村，并将工作划分为生活、就业创收和农业改进和水土治理等部分。

在国际事务领域，福特基金会以增进国际间的理解为宗旨，向广大发展中国家提供资助，以帮助他们建立适合经济社会长期发展所需的机构和制度。同时，基金会也积极支持那些有关发展中国家所面临的问题的各类可言计划和研究项目，包括涉及发展中国家的粮食供应、农村发展、家庭计划、经济研究及科学发展等的项目。不过，相较其他的国际基金会而言，福特基金会的国际工作政治性较强，主要是在海外直接或间接推进美国的利益。

福特基金会最早介入中国的项目是 1949 年调查从大陆流到香港的大批知识分子“难民”情况，并协助对他们的安置。基金会与中国的关系可分为两个部分：前期以资助美国及世界其他地区对中国的研究和了解为主，后期即中国改革开放之后，则直接与中国建立联系，资助有关项目和机构。1959 年到 1970 年，福特基金会对中国研究的资助达 2 300 万美元；自 1988 年 1 月在中国建立办事处起至 2001 年 9 月，福特基金会在中国资助总额为 1. 28 亿美元，项目包括城市扶贫、农村扶贫、人权与社会公正、治理和公共政策、教育与文化、国际事务、项目支持等。1988 年，通过与国务院的特别协议，福特基金会成为首家在北京设立办事处的国际非政府组织，合作方是中国社会科学院。从那时起，福特基金会主要资助以下四个领域：司法体系改革、生殖健康、环境和发展、经济改革及其社会影响，分别由四位专家型的项目官员管理。经济改革及其社会影响项目后来转移到治理和公共政策，2002 年新添加了教育和文化项目。此外，福特基金会还在支持国际关系、公民社会、经济学和发展金融学等领域的项目。它把社会性别平等、对公民社会的支持以及关注贫困和弱势群体视为贯穿它的所有工作的一个共同主题。福特基金会对政府机构和非政府组织均予以支持，资助了大量的社会政策研究、能力建设和试验项目。15 年来，福特基金会的项目成为最大的此类在华项目，使之项目虽然不多，但是影响却很大，例如：加强了经济学的教学和研究能力、国际关系、法学、社会性别研究和发展研究；支持了社会、农业和环境政策及司法改革等领域的多个研究中心、思想库和非政府组织；在自然资源管理和扶贫工作中引入了参与式的方法（尤其是在西南地区）；支持了一组探索性的维护公共利益的法律中心；激发了围绕着城乡流动的相关问题的研究和政策讨论；与政府部门合作，发展高质量的家庭计划和生殖健康服务；支持了多个从事生殖健康权利的组织，以及对艾滋病挑战作为恰当回应的机构。

如果说每一个国际组织，其主要行动方向和目标都各有侧重点的话，那么福特基金会的侧重点无疑在于教育领域。联合国教科文组织研究表明，不同层次受教育者提高劳动生产率的水平不同：本科水平约为 300%，初高中水平约为 108%，而小学水平则仅约为 43%。此外，人均受教育年限与人均 GDP 的相关系数高达 0.562，可以想见，教育在促进扶贫、防止返贫方面，能起到极大的作用。目前我国致力于精准扶贫，而扶贫必扶智，让贫困地区的孩子接受良好教育，是扶贫开发的重要任务，也是阻断贫困代际传递的重要途径。教育扶贫，可以让贫困地区的人民掌握知识、改变命运，可以说是最有效、最直接的精准扶贫。此外，福特基金会对于贫困人口的技能培训，也值得我们借鉴和学习。

（本文摘编自 2017 年 6 月完成的国家自然科学基金委管理科学部应急管理项目《中国扶贫开发的战略和政策研究》）

第四篇

精准扶贫地方实践案例研究

“小康不小康，关键看老乡”，扶贫不是形象工程，不是“涂脂抹粉”，政策设计再合理，也要经过实践的检验才知道是否合适。扶贫开发贵在精准，重在精准。各地在扶持对象、项目安排、资金使用、措施到户、因村派人、脱贫成效上的精准，是扶贫能否奏效的成败之举。想办法、出实招才能见真效。坚持因人因地施策，因贫困原因施策，因贫困类型施策，区别不同情况，做到对症下药、精准滴灌、靶向治疗，才能够真脱贫，不返贫。我们对全国各地扶贫做法的总结，正是精准扶贫、精准脱贫的真意之所在。本篇是精准扶贫在地方实施的成效与经验。

吕梁山连片特困地区扶贫脱贫的困难与建议

中共山西省委党校、山西行政学院课题组

吕梁山连片特困地区横跨山西、陕西两省，包括20个国家级贫困县。近期，为了了解吕梁山连片特困地区脱贫攻坚面临的困难，课题组选择片区的临县、兴县、岚县、隰县和永和县等地，多次深入农村、基层政府和有关部门，进行实地调查和走访，向贫困农户发放问卷390份，收回有效问卷316份。调研发现，近年来吕梁山连片特困地区扶贫成效显著，脱贫步伐加快，但扶贫脱贫形势严峻，任务艰巨，困难重重。

一、吕梁山连片特困地区扶贫脱贫的主要困难

(一) 农民脱贫劲头不足，进取意识缺乏

调研发现，当前，部分农民认为扶贫就是“送钱”，一些农村“争贫困”现象突出，一定程度上反映出农民存在着严重的依赖思想和错误思维，折射出农村思想文化贫困的状况。在回答“您认为脱贫主要依靠什么”时，选择“靠政府”、“靠亲戚朋友帮忙”处于第一、二位，分别占34.5%、31.0%，而选择“靠自己的聪明才智”的仅占9.5%。部分农民风险意识不足，求稳心理过强。访谈中，有的农民说“赚得起赔不起”，表示“总不能拿着辛苦钱往外扔”，所以，有时遇上好项目老是观望等待。部分贫困户主动脱贫的劲头不足。在问到“您是否经常思考或向别人咨询脱贫问题”时，86.1%的被调查者回答“没有”，回答“偶尔”或

“经常”的仅占11.7%。一些贫困户“人穷志短”，长远谋划的思想缺乏。在问到“假如您有一笔钱，准备如何支配”时，49.1%的被调查者选择“改善居住条件”，处于第一位，选择“学习技能、提升脱贫能力”的最少，只占10.1%。

（二）农业生产条件差、规模小、链条短

吕梁山区沟壑纵横，山多川少，土地贫瘠，植被稀少，水土流失严重，风沙灾害频繁。春季多风少雨，冬季寒冷干旱，水资源严重缺乏，降水利用率低，无效降水占全年降水的15%～20%，有“连年春旱”、“十年九旱”之说，容易给农业生产造成严重制约和不利影响。吕梁山连片特困地区大都是农业县，第一产业在地区经济发展中比重相对较大，而第一产业又以传统农业为主，农业又以种植业为主，种植业以种粮为主。农户的种植规模普遍比较小，大多为原始农产品或者初级加工品的生产，没有形成深加工和储藏、运输、销售链条。在课题组调研过程中，当问到“您的农副产品是否经过加工进入市场”时，94.3%的被调查者选择“不加工”，只有5.7%选择“粗加工”，没有一个选择“深加工”。这种状况说明片区普遍存在农业生产链条短的问题，导致农产品增值难、农民收入低，不利于脱贫致富。

（三）农村基础设施和公共服务相对落后

吕梁山区地形复杂，基础设施建设成本高，导致长期以来片区道路等级低、路况差、通行能力弱，物资交流和商品输出困难。同时，片区农田水利及防洪设施年久失修，抗灾能力弱，不能满足农业生产需要，大部分农民靠天吃饭。当课题组问到“现有水利设施能否满足您的农业生产需要”时，高达92.1%的被调查者选择“不能”，仅有7.9%选择“能”，说明农村公共水利设施建设相对不足。片区农村通讯等设施落后，信息流通不畅，难以及时获取外部市场需求信息。当问到“您家是否装有固定电话、互联网”时，调查结果显示，被调查者中装有固定电话的占51.6%，装有互联网的仅占6.6%。在问到“您村是否有健身设施、书报室等常规公共文化娱乐设施”时，被调查者中选择“没有”和“不太清楚”两项合计高达75.9%。访谈中发现，农民普遍赞成“要致富、先修

路”的理念，迫切希望政府能尽快改善道路、通讯、文化等基础设施。

二、吕梁山连片特困地区扶贫脱贫的对策建议

（一）开展“塑精神、促脱贫”思想文化扶贫专项行动，激发干部群众脱贫内生动力

贫困的本质是头脑的贫困，贫困的根源是思想和思路的贫困。“物质扶贫一时，思想扶贫一世”。彻底解决农民的脱贫、返贫问题，使其真正“站起来”、“走得远”，根本的办法是在精神上打气加油，唤起“精气神”，破除“等靠要”，让农民首先从思想上“富起来”、思路上“活起来”。

从现实来看，一些地区、部门对思想文化扶贫的重要性认识不是很到位，资金投入不足，有时也容易只停留在口号层面。为此，建议实施思想文化扶贫专项行动，改善和提高贫困人口的精神状态和脱贫斗志。

1. 加强组织领导，制定思想文化扶贫规划

可以依托扶贫办成立“思想文化扶贫领导小组”，借助当前“美丽宜居乡村”建设契机，制定思想文化扶贫工作的总体战略、指导原则，进行资源组织、政策协调。各级政府、各职能部门要对思想文化扶贫进行明确的职责界定，按照思想文化扶贫与经济扶贫相结合的原则，建立和完善思想文化扶贫实施方案，打造思想文化扶贫的“一村一品”、工程。

2. 配备专职干部，推动思想文化扶贫落实

可以选拔一批既懂思想文化工作又熟悉扶贫工作的专业人才，到贫困村开展扶贫工作。也可以对已在农村进行扶贫的干部，开展思想文化扶贫方面的专业培训，使其更好适应农民精神脱贫、稳定脱贫的需要。

3. 强化宣传教育，提高思想文化扶贫认识

一方面，在所有的贫困村、扶贫干部中加强“习近平总书记精准扶贫思想”教育活动，使精准扶贫的“重在精神”“贵在精准”等核心要义深入百姓、干部心中。另一方面，要尽快完成贫困村互联网村村通、户户通工程，建成思想文化扶贫的“互联网舞台”。依托互联网等现代化手段，提高贫困农户对思想文化扶贫的认识，使其接纳并主动参与到思想文化扶贫实践，从思想观念上增强脱贫的自觉意识和主动性。要树立思想文

化脱贫致富的典型代表，影响和带动贫困农户脱贫。

4. 加大投入力度，保障思想文化扶贫实施

政府要加大对思想文化扶贫资金的投入。可以在现有的扶贫资金之外设立思想文化扶贫专项资金，用于思想文化扶贫的具体过程和项目。对于社会非营利性组织参与思想文化扶贫要给予财政补贴，要为各类培训机构和贫困农户进行思想文化教育培训提供经费和补贴。

5. 进行监督指导，确保思想文化扶贫质量

可以设立思想文化扶贫督查指导机构，由政府官员和各类专家组成，主要负责对思想文化扶贫整体战略以及思想文化扶贫实施办法的有效性、科学性的审核评估；负责对思想文化扶贫具体措施落实情况的检查监督；负责对思想文化扶贫工作的技术指导和业务咨询。

（二）建设“吕梁山功能农业示范区”，走功能农业脱贫之路

1. 实施中低产耕地还草的功能农业工程

课题组在片区调研时发现，许多贫困村存在大量中低产耕地闲置、撂荒的现象。如临县前后山村撂荒 500 亩，占全村耕地总面积的 50%；陈家圪垛村撂荒 200 亩，占全村耕地总面积的 9%。耕地长期闲置、撂荒容易造成板结、沙化。2017 年中央一号文件明确提出，要大力培育现代饲草料产业，扩大饲料作物种植面积，发展草食畜牧业。国内外的实践证明，从单位面积产值来看，草地畜牧业高出种植业 1～8 倍。草业及其下游的草饲畜牧业和畜产品加工业投资少、见效快、回收期短，自我发展能力强，能迅速取得良好的效益，有利于农民尽快脱贫致富。因此，建议在片区实施中低产耕地还草的功能农业工程，由政府免费提供优质草种，鼓励农民在片区的中低产耕地种植优质牧草。牧草有重要的生物固氮与植被保护作用，牧草养殖又能实现有机肥还田，这样不仅达到有机肥、土壤肥力和产出的良性循环，又可减少化学物品施用造成的污染，降低农业生产费用的投入，扭转贫困地区“增产不增收”的农业困境。

2. 大力发展食品农业和能源农业

要紧紧围绕农业供给侧结构性改革这条主线，依托核桃、红枣、杂粮、马铃薯、畜牧产品等片区优势农产品，开发建设食品农业、能源农

业。利用小杂粮高钙、低糖、高纤维、低脂肪等特点，红枣、核桃的“保健功能”，开发药食同源产品。依托农业龙头企业利用“农地还草”工程，大力发展能源动物饲养业，从饲养的羊、猪、牛等动物提取脂肪加工油脂，用畜禽粪便发酵沼气，用羊、猪、牛等动物提供肉食品，以此提高农业功能化水平和市场竞争力。

3. 扶持功能农业龙头企业

“产业跑得快，要靠龙头带”。片区各级政府要创造条件，吸引民间资本进入功能农业领域，并建立农业龙头企业；要鼓励农业事业单位开办功能农业龙头企业。政府对功能农业龙头企业应在税收减免、市场融资、劳动力培训、用地用水用电等方面给予更多的支持。政府财政资金要向功能农业龙头企业倾斜，并且逐年增加。相关技术、科研部门要加大对农业龙头企业的服务和支持。如果片区企业来自农产品生产、加工的产值达到一定比例，可以将其视为农业企业，享受相应的优惠政策。对于农业龙头企业从事养殖以及农产品加工取得的收入，建议减免企业所得税。政府可以采取贴息方式帮助资信好的农业龙头企业从金融机构贷款，用于收购农户农产品及从事相应的生产经营。建议利用财政资金设立功能农业产业化基金，用于龙头企业对关联农户的技术培训补助、新产品的开发或引进。鼓励专业技术人员到贫困地区的功能农业龙头企业兼职。

4. 开展功能农业生态价值的评估、补偿和考核

吕梁山连片特困地区的发展和农民的脱贫离不开生态的改善和生态农业的发展。在促进功能农业发展过程中，应充分考虑片区农业生态服务价值的评估和考核。应对农业的生态供给价值、生态调节价值、生态文化价值进行量化，并以此为依据运用财政资金对农作物生产者进行补贴，实现农业外部价值的内部化，调动生态农业从业者的生产积极性。在政府年度目标考核体系中，应建立一套与地区生产总值相对应、能反映生态改善状况的考核体系。

（三）在基础设施建设领域引进开发性金融和民间力量，探索市场化、证券化的建设方式

1. 充分发挥开发性金融在片区基础设施建设中的作用

《中共中央、国务院关于打赢脱贫攻坚战的决定》明确要求国开行成

立“扶贫金融事业部”，发挥开发性金融优势和作用，加大对脱贫攻坚的支持力度。目前片区地方政府与国开行已合作建立了众多融资平台，开展了多个合作项目。为了加快片区基础设施建设速度，可以进一步发挥国开行在“金融扶贫行动”中的作用，运用开发性金融“政府项目遴选、开发金融孵化、市场出口选择”的运营模式，由地方政府与国开行签订金融合作协议，将政府信用和组织协调的优势与开发性金融的融资优势结合起来。在具体实践中，可以把片区农村的路网、电网、通讯网以及农田水利等基础设施项目作为合作重点，构建片区基础设施建设融资平台，大力加强片区基础设施建设。

2. 采取多种形式将民间资金引导到片区农村基础设施建设和治理中

探索通过政府和社会资本合作（PPP）模式，鼓励引导民间投资，加强片区农村基础设施建设。一是发行债券的形式。所发债券由政府担保偿还、民间资本购买，筹集到的资金投入农村基础设施建设。二是农民自愿出资、出工或与财政资金合作的形式。采取这种形式可以引导农民参与小水池、小水渠、小水窖、小泵站等小型基础设施建设。三是财政资金引导的形式。用少量财政资金建立投资基金，以投资基金作为“药引子”，吸引、带动社会资金投入农村基础设施建设。此外，还可采取政府直接补贴、以奖代补、价格补贴、所得税免除、保证最低经营收入等方式引导社会资本进入片区农村基础设施建设和治理中。

3. 对经营性农村基础设施进行市场化和证券化

为了进一步加强片区农村基础设施建设，可以将部分经营性农村基础设施建设推向市场，进行有偿建设和使用，根据市场规则运营收回成本并获得收益。同时，可以探索将农村基础设施先资产化，再进一步证券化并转化为金融资本，推进农村基础设施在资本市场上交易，从中取得资金和收益，将收益再次投入到农村基础设施建设中。

（本文修订于 2017 年 7 月 7 日）

金融支持“精准扶贫”的一个成功范例

——景宁畲族自治县的“政银保”扶贫贷款

应宜逊*

一、成功的金融支持“精准扶贫”需要做到三条

金融要不要支持“精准扶贫”？当然要。金融能不能支持“精准扶贫”？当然也能够。但是，金融支持“精准扶贫”是个“精细活”，是需要条件的，起码要做到三条，才能够茁壮成长。

1. 只能是“政策性金融”

扶贫对象是弱势群体中的弱者，对金融资金的还本付息能力甚低，而且，“精准扶贫”贷款与农信社的“农户小额信用贷款”相比，贷款客户档次更低、贷款额度更小，政策性也更强，必须有一定的优惠政策与财政资金投入，纯粹的商业性金融是难以胜任的。

2. 要选准扶持对象，确保“精准”

“精准”，有两重含义。一是要使政策性金融资金真正进入扶贫对象，不被非贫困户挤占。二是扶贫的对象也不能是全部贫困户，只能是其中具有“造血”能力的那一部分。确保“精准”，是实现良好扶贫效果的必要基础。为此，需要制定完善的规则，并确保规则能够严肃有效地执行。这就需要有关部门具有良好的业务素质与认真、负责、实干的工作精神。

* 应宜逊，浙江金融职业学院教授、浙江地方金融发展研究中心副主任。

3. 要能够取得良好的扶贫效果

这就是说，不仅要能够促进贫困户的脱贫，而且要使得财政资金的使用更为“节约”，同量财政资金能够帮助更多的贫困户脱贫。能否取得良好的扶贫效果，除了要确保“精准”外，还取决于方案的设计是否切合实际、执行是否严格。

二、一个优秀范例：景宁县的“政银保”扶贫贷款

景宁位于浙西南山区，人口 17.2 万人，经济欠发达，是浙江省六个重点欠发达县之一。2010 年，全县家庭人均收入 4 000 元以下的低收入农户有 6 463 户 18 195 人，占全县总人口的 10.58%。

县农办调查，在 6 463 户低收入农户中，有 56.6% 需要通过社会救济实现脱贫，而另外 43.4% 则具有“造血”能力，可以通过产业扶持实现增收致富。这 43.4%，就是金融支持“精准扶贫”的对象。

进一步调查发现，有相当多的低收入农户有强烈的创业致富意识和愿望，也有田有山，还有相关部门的技术支持，但缺少创业启动资金，而且还缺少取得贷款的有效抵押物。

针对上述情况，景宁县谋求保险公司的帮助，对贷款进行保险。在浙江省保监局的支持下，取得了人保财险总公司的项目试点批准。进而，县政府与人保财险公司、涉农金融机构（农信联社、邮储银行）三方共同出台了《景宁畲族自治县低收入农户致富奔小康小额贷款项目保证保险合作协议》，推出了全省首创的“政银保”扶持低收入农户发展贷款模式。2011 年 7 月下旬，首先在大际乡和鸬鹚乡开展试点。在两乡试点经验的基础上，县政府成立由人民银行、农办、致富办、财政局、农业局、农信联社、邮储银行、人保公司组成的工作小组，深入各乡镇进行宣传发动，开展现场指导和集中办理，全面推进该项扶贫贷款。

1. 具体做法

贷款对象：家庭人均收入不足 4 000 元的低收入农户，必须具有完全民事行为能力，有致富意愿并选择了适合的发展项目，遵纪守法，诚实守信，无不良信用记录。

贷款用途：限于发展种养业、农产品加工和营销、来料加工业、农家

乐休闲旅游业、电子商务等项目。

贷款额度：不超过 5 万元。

贷款期限：1 ~3 年。

申请流程：农户申请→村（股份）经济合作社、乡镇签署意见→县农办资格审查→金融机构办理（包括保险公司办理担保手续）。

风险控制：由保险公司为贷款提供保证保险，并由村（股份）经济合作社提供“信用保证”。“信用保证”指，若低收入农户出现不良贷款，要取消其“信用户”资格及其享受该项政策的资格；连带取消该村的信用村评定资格及该村其他低收入农户享受该项政策的资格。一旦贷款损失，由放款银行与保险公司“三七开”。

贷款费率：贷款实行基准利率，保险费年利率为 2%。

费用支付：贷款利息与保费均由县政府承担。贷款银行不向贷款对象收取利息，直接向财政申请，经县财政、县农办、县人民银行审核后，据实结算拨付。保险公司也一样。并且，为调动两家承办银行机构的积极性，县财政按照贷款新增农户数，给予承办银行机构每户 200 元的补贴奖励，同时还将风险补偿基金存放于承办银行机构中。

2. 效果与发展

实践表明，这种政府、银行机构、保险公司三方合作的“政银保”机制，是切合实际的，形成了多方共赢的格局，从而是有生命力的。首先，为真正有创业资金需求的低收入农户降低了贷款门槛，促进了一大批低收入农户走上创业致富奔小康之路。到开办两年后的 2013 年 6 月底止，已经向全县 1 732 户低收入农户发放贷款 5 000 多万元，笔均近 3 万元；扶持 1 070 户低收入农户发展各种种植业 11 120 亩，家畜（禽）养殖 3.3 万头（只、羽），食用菌 460 万袋；扶持 57 户低收入农户发展农家乐、运输、小商品经销、加工等各种致富项目。其次，大大提高了省扶持资金的使用效益。在上述 5 000 余万元贷款中，政府两年仅支出贷款贴息 260 万元和保险费用 100 万元，平均一年不到 200 万元，不良贷款仅发生过两笔，合计 5 万元左右。

在 2011 ~2013 年成绩的基础上，“政银保”扶贫贷款加大了发展力度，制定了 2014 年 1 月 ~2016 年 12 月的“第二轮”实施方案。与 2011 年的“第一轮”方案相比，“第二轮”方案在多个方面有所发展。一是扩大了贷款对象范围。低收入农户的标准由家庭人均收入不足4 000元提高到5 500元，进而，户数达到16 362户47 740人，占全县总人口的27.55%。二是提高了贷款额度，由不超过5万元提高到不超过10万元。三是开发了新“产品”，即增加了“低收入农户家庭大学生创业贷款”（额度不超过5万元）和“股份合作制改革到位的村级经济合作社产业发展项目贷款”（额度不超过100万元）。四是贷款利率允许适当上浮，最高不得超过20%。五是针对贷款对象扩大后的实际情况，担保方式也“发展”了，除了由保险公司保证保险外，增加了林权、农房、土地承包经营权抵押和放款银行认可的其他担保方式。六是增加了财政资金安排。计划三年中合计安排财政资金投入3 300万元，平均每年1 000万元左右，远远多于“第一轮”。

2015年末，该项贷款为2 304笔，笔均5.25万元。到2015年末止，累计为5 263户低收入农户发放扶贫贷款2.4亿元。2016年4月末，该项贷款为2 726笔，笔均升到5.48万元。

统计数据表明，在2011年“政银保”扶贫贷款出台后，景宁县农村居民的人均收入增速大大快于全省农村居民人均收入增长及景宁县城镇居民人均收入增长。2010~2015年，景宁县农村居民人均收入从相当于全省平均值的54.87%上升到64.67%，平均每年上升1.96个百分点；景宁县城镇居民人均收入与农村居民人均收入之比从2.89倍下降为2.07倍，平均每年降0.16倍。这就从又一个侧面印证了其扶贫效果。

三、相关建议

景宁县的“政银保”扶贫贷款设计精巧、效果良好，有良好的借鉴意义，尤其是对于低收入农户、贫困农户数量较多的地区。如何借鉴？应当注意抓住实质、精髓，同时结合本地实际设计实施方案，避免照搬照抄。

1. 地方政府要有认真、实干精神，并且着重做好两件事

金融支持“精准扶贫”是个“辛苦活”、“精细活”，要做好这件事，地方政府要能够从实际出发干实事，能吃苦，敢创新，竭诚为“三农”、为低收入贫困农户服务。在此基础上，着重做好两件事。一是牵头搭建金融“精准扶贫”平台。由于这项工作的复杂性，不是给点政策、贴息就能够让金融机构去做的；也不是哪一个部门能够独立去完成的。必须要地方政府出面牵头，协调多个方面，才能够完成。二是出钱。包括用于“四两拨千斤”的资金和搭建“平台”的费用。这是必需的，而且也不会有大困难。因为目前有“转移支付”，贫困地区的财政支出并不低。如景宁县，2014 年人均财政支出为 1.19 万元，而浙江省平均值只有 0.94 万元。

2. 开展深入的调查研究

弄清情况，是精确设计金融“精准扶贫”方案的必要基础。要摸透辖区内的低收入贫困户状况，越清楚越好。低收入贫困户的总数有多少？其中有多少尚有“造血”能力？又有多少已经具有创业致富意识和愿望？他们面临的主要困难是什么？可以通过什么途径帮助他们解决困难？为什么还有相当部分的有“造血”能力的尚没有创业致富意识和愿望？怎样使这部分贫困户也产生创业致富意识和愿望？等等。

3. 要有较完备的风险控制机制

这是实现“精准扶贫”贷款“可持续”的必要条件。在金融支持“精准扶贫”中，金融风险主要源自“生产风险”“市场风险”“道德风险”及其他难以预测的意外风险（如人祸、天灾等）。如何防范这些风险，在方案设计中都要有所考虑。在景宁县的方案中，之所以规定要村（股份）经济合作社为低收入农户提供信用保证，并且责任那么“重”，就是因为村（股份）经济合作社最了解低收入农户的“生产风险”“市场风险”“道德风险”情况，并且具有防范手段。贷款的损失由放款银行与保险公司“三七开”，是因为银行对风险敏感，让它承担部分责任，既利于风险控制，也有助于让保险公司放心。

4. 要注意调动放款银行的积极性

要看到，放款银行是自负盈亏的经济主体，“精准扶贫”贷款是放款银行额度最小、借款客户风险承受能力最差的一类贷款。因此，应当充分理解放款银行的难处，除了要努力帮助其防范风险外，还应当从精神与物质上给于适当激励。对待保险公司也应当如此。顺便要指出，引入保险公司参与，恐怕并不是每个地方都能够做到的。在没有保险公司参与时，可以考虑，或者引入当地的担保公司，或者向放款银行追加一笔风险基金，等等。

5. 推进要稳妥、扎实

推进中，不宜强调速度、操之过急。因为让低收入贫困户适应由外部“输血”到自己“造血”的转变，需要时间，让放贷款银行适应这种小额贷款，也需要时间。操之过急，反而可能欲速则不达。

（本文修订于 2017 年 7 月 7 日）

西北地区A市精准扶贫创新模式调查

许建明*

西北地区的A市地处秦巴山区，总面积2.79万平方公里，总人口285.76万人（2015年），其中农业人口246万人。A市境内山大沟深，自然条件严酷，发展基础薄弱，是西北地区贫困面最大、贫困人口最多、贫困程度最深的地级市。

2011年A市全部县区整体纳入《中国农村扶贫开发纲要（2011～2020年）》的14个集中连片特困区之一的秦巴山集中连片特殊困难地区。按照当时确定的2 300元的扶贫标准，A市有贫困人口130万人，占该省837万贫困人口的16%，占全国1.28亿贫困人口的1%，贫困发生率53%，居该省第一。

A市在开展精准扶贫的过程中，在多个层面上以金融创新，促进扶贫，因地制宜选择产业，大力发展农村地区基础设施，提高贫困户这类边缘劳动力的劳动参与率。

一、以金融创新促进精准扶贫

A市采取多种形式，不同层面上，以金融创新来促进产业精准扶贫与农村地区基础设施建设。A市充分发挥金融的跨时期平滑资源、资金的配置功能，以最优化配置资源。

1. 利用财政资金与政策性银行贷款的杠杆作用

在宏观上，A市利用财政资金的杠杆作用，撬动金融资金支持。即以

* 许建明，清华大学中国农村研究院教授。

中央给予A市的常年涉农基金来贴现使用。全市涉农贷款400亿元，同比增长27.3%。其中，累计发放精准扶贫专项贷款59.3亿元，累计发放双联惠农贷款、妇女小贷担保贷款、草食畜牧业和设施蔬菜产业贴息贷款、中药材产业贴息贷款等各项惠农贷款35.4亿元，争取国家开发银行贫困村社基础设施项目建设贷款60亿元。

A市贷款授信100亿元，采用“市级统贷+县区偿还”的形式，贷款期限15年，3年后还息，分3年贷出。基准利率为4.3%。主要用于全市1 365个建档立卡贫困村的基础设施建设（每个贫困村500万元），包括农村道路、安全饮水、危旧房改造等，以解决贫困村全面实现脱贫目标在基础设施建设方面的资金短缺问题。截至2016年8月，A市八县一区的贫困村基础设施建设项目贷款实现落地，最终由国家开发银行承诺中长期贷款共计59.75亿元。

2. 利用农户之间的社会资本设立扶贫互助资金协会

首先，在市级层面成立互助金管理中心，没有具体贷款功能，只是监管村级互助资金运行安全；同时成立资金池管理公司，资金池资金来源是，扶贫办的40万元作为酵母基金，吸纳会员的资金，会员入股最少100元。贫困户参加、非贫困户自愿参加。

其次，在村级层面上，成立扶贫互助资金协会。运行方式是，每户会员可贷款5 000~10 000元，实行三户联保或者五户联保。利率为3.6%，利息收入是这样分配的：30%存入本金，20%用于风险准备金和公益事业，50%用于监事会和理事会的误工费用。这是金融机构利用乡村传统的社会资本来解决贷款的道德风险问题，最了解贫困户状况的是与贫困户朝夕相处、知根知底的熟人，担保与帮扶贷款都是基于这一信任关系。

在一个试点村，创新“互助资金担保+农村产权反担保+银行”。截至2016年8月，该村扶贫互助资金协会按照1:10的放大比例向信用社担保，发放担保贷款63户315万元，互助协会按五户联保方式发放借款15户7.5万元（已收回到期借款5.5万元、资金占用费0.69万元）。截至2016年8月，第一批四个试点村的357万元贷款已全部发放到农户。

此外，每个贫困户有5万元的贷款额度，由省财政贴息、农业银行发放、3年后归还。采取两种方式进行贷款：个人贷和帮扶贷。其中，个人贷：每年先还息后省财政补贴利息。帮扶贷：大户、合作社或企业帮扶，每年给贫困户 3 000 元的分红。

3. 释放农村产权的金融功能，建立农村产权确权抵押交易服务平台

为了缓解贫困户抵押物不足的问题，A 市进行金融创新：以农村产权为媒介，减少了银行的放贷风险，盘活了农村存量资产。截至 2016 年 5 月底，全市累计发放农村产权抵押贷款 49. 38 亿元，其中，林权 28. 03 亿元，农村承包土地经营权 5. 28 亿元，农民住房财产权 16. 07 亿元。A 市农村产权确权抵押交易服务平台上线运行，农村产权确权、评估、抵押登记、交易、风险补偿等各项配套政策逐步完善。

4. 各种专项贷款

截至 2016 年 8 月，A 市已发放精准扶贫专项贷款 60 亿元，支持了 12. 5 万户建档立卡贫困户，户均贷款近 5 万元用于产业发展和自主创业。并且，全面落实双联惠农贷款、妇女小贷担保贷款、草食畜牧业和设施蔬菜产业贴息贷款、中药材产业贴息贷款、易地扶贫搬迁农户贷款等各项惠农信贷政策，累计发放贷款 35. 82 亿元。全市共落实各项惠农信贷政策达 100 亿元。

二、发展产业，提高劳动参与率

扶贫的关键点是提高劳动参与率。劳动力的供给方面就是激发贫困户的劳动参与意识、增加他们的技能之类的人力资本（增加培训）、减少他们劳动参与的难度（比如移民）、扩大他们就业信息的获得与就业市场的进入。在劳动力的需求方面：一是在贫困户作为雇工时，增加对贫困户的劳动需求（比如对雇佣企业的扶贫信贷）；二是在贫困户独立经营时，贫困户的产品市场销路问题的解决（如大户的订单或外包、农村电子商务，以及乡村旅游的服务经营）。

依据 A 市地理位置处于干旱区与亚热带气候地区之间的交界地带，境内高山、河谷、丘陵、盆地交错，气候垂直分布，地域差异明显的特点，因地制宜，发展核桃、花椒、油橄榄、中药材、苹果种植。A 市在建档立卡的贫困村中，探索、推广“支部 + 贫困户”“合作社 + 贫困户”“企业 + 贫困户”和“产业大户 + 贫困户”等脱贫带动新模式，建立扶贫脱贫新机制。

第一种是“支部控股 + 群众参股 + 贫困户持股”脱贫模式。把政府无偿投入或双联单位无偿投入的资金作为村党支部控股的资本金，吸引群众参股，动员贫困户以精准扶贫贷款入股，或由村党支部拿出一部分原始股分配给贫困户持股，共同创办股份制公司，大力发展乡村旅游和特色种养业，年底给群众分红。

第二种是“企业 + 贫困户”脱贫模式。通过引进或动员社会企业，立足当地特色资源，组建特色种植、养殖、加工或销售企业，吸收贫困户以劳动力、土地或贷款等入股，或与贫困户签订生产订单，企业负责收购和销售产品，年终进行分红。

第三种是“合作社（协会） + 贫困户”脱贫模式。由村党支部或能人大户领办农民合作社（协会），吸收贫困户入社，大力发展种植、养殖等产业及电子商务，统一标准、统一生产、统一加工、统一销售，年底按章程进行分红，做大特色产业，增加贫困群众收入。

第四种是“小康互助组”脱贫模式。通过能人大户帮助贫困户增收致富的发展模式，产业大户与贫困户之间签订协议，由大户为贫困户担保借贷、扶贫小额贷款等惠农金融资金，共同发展食用菌、育苗、核桃、养殖等特色产业，能人大户指导贫困户生产，并负责产品销售。双方采取自愿合作的形式组建互助组，同经营、共发展，利润按照双方投资比例分配，进而带动贫困户增收。农村合作组织、龙头企业、致富能人提供技术、组织与营销优势，贫困户提供其所固有的土地与劳动力，以及与他们贫困户身份相伴随的惠农贷款和政策。

截至 2016 年 8 月，A 市全市 1365 个建档立卡的贫困村中，有 958 个村确定实施了脱贫带动新模式，带动贫困户 2.95 万户。

三、政策完善建议

A 市在解决脱贫方面有效发挥了市场和政府的作用，充分利用财政资金的杠杆作用，合理配置资源，在金融扶贫、电商扶贫、旅游产业扶贫等方面取得了很大成效。A 市在扶贫事业上的整体性、多方位攻坚战的模式，是中国扶贫事业一个精彩的案例，对其他地区的扶贫、脱贫事业有一定的示范作用。

1. 扶贫最重要的是提高劳动参与率

我们以影响收入的要素——劳动、土地、资本与技术——来分析。如果那些贫困户具有一般人所具有的资本、人力资本与技术，那么他们就已经不是贫困户了。考虑到中国农民的土地少或土壤贫瘠，所以他们难以依靠出租土地获得收入而脱贫。所以，我们要以提高贫困户的劳动参与率为中心来扶贫。

劳动参与率不足的贫困户是属于边缘劳动力。如果我们把贫困户的贫困看作是一种均衡状态，那么，这种贫困（劳动参与率不足）状态就是在其自身约束和环境约束下的内生结果。所以，扶贫就需要理清和解除这些约束。

2. 中央对于地方债务风险的监控

A 市利用财政资金的杠杆作用，撬动金融资金支持。即以中央给予 A 市的常年涉农基金来贴现使用。但这可能会造成事实上的地方政府、基层政府的预算软约束，中央的财政预算成为地方政府的事实背书人。既然中央政府已经成了金融契约中的事实背书人，根据责任与权力的对等原则，那么，需要顶层设计中，中央对于地方债务风险进行合适的监控。这是克服地方政府的预算软约束。而且，全国性的地方债务可能带来通货膨胀，将使精准扶贫的实际效果打折扣。这种全局性的逻辑结果，也是中央应当考量的。

3. 四种脱贫带动的微观模式的改进

（1）纠正“支部控股 + 群众参股 + 贫困户持股”脱贫模式，在法治的轨道上，扶贫脱贫，谋求发展。这一模式的问题在于，支部只是政治身份实体，支部不是合法的经济实体，这样做的结果是，扶贫贷款的财产责任将无从落实。资金的效果是以一段时间之后的持续收入流来判断。扶贫贷款将产生短期的投资效果，这是基层干部的政绩；而偿还资金本息所需要的收入流则是一年两年之后才能实现，即对于自己不用负责任的资产，其政绩收益归自己，而资产的中长期责任未必由自己来承担。这样，就会产生低效率运用扶贫贷款的冲动。这种运用资金的低效率将在一段时间后呈现出来，特别是银行 3 年期的贷款回收时。这样，贫困户 3 年之后将会因为没有后续的银行贷款而失去劳动参与的机会，这样的扶贫效果可能难以持续。

而且，作为政治实体的党支部不可混同于政府，政府的财产责任有它的税收权力与能力作为担保，但党支部并没有这个权力。因此，这个模式未必是适合于市场经济的。我们在做制度设计时，需要有法治的思维。计划经济转向市场经济，即基本社会关系从身份到契约的转变。

（2）理解和大力推广“企业+贫困户”脱贫模式。企业愿意帮扶贫困户的一个重要原因是贫困户身上有以财政贴息的、额度为5万元的、期限为3年的“精准扶贫”贷款委托给企业使用。其实，贫困户之所以贫困，重要的原因是他没有运用资本和风险识别、控制的能力。进入“企业+贫困户”脱贫模式的贫困户并没有基本的面对市场、选择产业的发展能力——如果具备这些能力的话，那么贫困户也不容易成为“贫困户”，实现对他们的扶贫，一个重要的途径是“企业+贫困户”，即将这些贫困户“捆绑”在企业身上，让企业给这些贫困户就业机会与分红。因为分红是依据企业的利润来划分的，而利润是企业收益与经营费用之差，那么，企业可能选择通过虚假账户的手段降低账户上的收益数据、提高账户上的费用数据。鉴于企业的这种机会主义行为，现实操作中，地方政府一般规定，企业每年以固定利率（通常是6%左右）来给贫困户分红。这样，与其说贫困户是入股作为股东存在，还不如说他是作为3年期限的债权人存在。因此，设计这个模式的本意是以5万元的“精准扶贫”贷款作为企业雇佣贫困户的初始黏合剂。通过这3年的就业参与，让他们获得劳动与收入所带来的、之前没有意识到的幸福感，进而培养他们的劳动参与习惯。通过他们3年的就业参与，让他们获得企业的认可，得到工作机会。地方政府需要对这个模式中的企业是否具有自生能力进行审查，该企业是否符合自身和当地的资源禀赋优势？因为不符合比较优势的企业生产效率低、盈利能力差，只能依赖于政府补贴、税收优惠和银行贷款来维持生存，容易成为僵尸企业。只有具备自生能力的企业，才能衍生出比较长久的劳动力需求，贫困户的劳动参与概率才能提高。

（3）谨慎对待“合作社（协会）+贫困户”脱贫模式。这一模式，除了上述的“企业+贫困户”脱贫模式中贫困户3年期限的债权人悖论，还有法律上的难题，一是现实中绝大部分的合作社都是空壳的，没有任何运营；二是即使是真的合作社，也只有很少的固定资产。那么，当进入这个模式的贫困户“精准扶贫”贷款遇到亏损时，将是难以抵偿的。

（4）实事求是对待“小康互助组”脱贫模式，勿要贪大，追求无效率的规模。我们调研中发现“小康互助组”的人数比较少，其实这是符合经济规律的。因为只有人数不多，才能做到责任比较容易落实到位。但我们也发现有一些地方干部有追求人数规模的冲动，这一思维值得警惕。而且，要使“能人大户+贫困户”脱贫模式有效率，需要保证能人大户与贫困户有平等的退出权。如果没有退出权，那么，这个模式可能会使得能人大户被贫困户的包袱盘剥，进而使得能人大户也退化为贫困户；或者能人大户盘剥贫困户，进而使得能人大户与贫困户的收益分配不平等。

（本文修订于2017年4月21日）

精准扶贫找穷因，绿色发展拔穷根

——竹溪县扶贫开发工作的经验模式

孟　伟*

党的十八届五中全会提出，“十三五”时期将是全面建成小康社会的决胜期，到2020年，我国现行标准下农村贫困人口实现脱贫，贫困县全部摘帽，解决区域性整体贫困。所谓“决胜”，既表明了任务的艰巨，更彰显了势必完成使命的决心。

全面脱贫已成为各地政府未来五年工作的“硬指标”，而中国目前依然面临着“多、广、深”的贫困形势。“多”，贫困人口数量多，国家统计局数据显示，目前全国农村尚有7 017万贫困人口，约占农村居民的7.2%；“广”，贫困区域分布广，全国不仅有14个连片特困地区，除京津沪3个直辖市外，其余28个省级行政区都存在相当数量的贫困群众；“深”，贫困程度深，全国还有20多万人用不上电，数千万农村家庭喝不上“干净水”，贫困人口中因疾病导致贫困的比重超过40%，需要搬迁的贫困人口近1 000万人。面对复杂而严峻的贫困形势，如何找准“穷因”，“靶向治疗”、“对症下药”，最终拔掉“穷根”，是各地政府亟须正视的问题。

地处秦巴山区的全国重点贫困县——湖北省竹溪县是上述全国形势的一个缩影，全县建档立卡的贫困人口达3.35万户、11.1万人，占总人口的近1/3。面对沉甸甸的民生账单，多年来，竹溪县牢牢守住绿色资源这一硬“家底”，坚持把绿色发展作为拔除穷根的根本出路，走出了一条具

---

* 孟伟，国务院发展研究中心东方文化与城市发展研究所研究助理。

有竹溪特色的精准扶贫道路。2013 年，十堰市委、市政府决定授予竹溪县"绿色崛起示范县"的称号。

一、竹溪县贫困原因明显，扶贫形势严峻

造成竹溪县发展落后、贫困人口众多的主要原因有交通不便和生态限制两个方面。

边远偏僻，交通闭塞。竹溪县地处秦巴山区，鄂、渝、陕三省交界处，是湖北省面向西北、出入西南的重要通道。竹溪县城距北京市约 1 600 公里，距省会武汉市 738 公里，距十堰市 232 公里，是到市区和省城距离最远、交通最不方便的一个县。竹溪县不通铁路，乘火车要到十堰市区或者陕西安康，车程 3 小时；到距离最近的襄阳机场，需行车近 4 小时（武当山机场投入使用后，会稍有改善）。闭塞的交通严重阻碍了竹溪与外界的人员往来和要素流通，制约着经济发展。

保护生态，限制开发。竹溪县是南水北调中线工程的重要水源区，担负着水源涵养、水量保障、水质保护等重任；竹溪县森林覆盖率达 76.8%，是秦巴生物多样性生态功能区，在全国主体功能区规划中属限制性开发区域，需长期保持和提高生态产品供给能力。巨大的生态保护潜在压力对竹溪县在产业发展上提出了严苛的要求，一切产业的引进、发展必须以绿色低碳为根本要义，而那些能带来可观财政收入的"三高"产业则无法落地。

此外，竹溪县作为农业大县可用耕地多为山地，不利开展农业机械化；山地特色农业与乡村旅游结合不紧密；山区农民受教育程度低、就业技能较差，仍然没有从根本上解决靠天吃饭的问题；以及部分农民居住在不宜生存发展的环境中和因病致贫等，都是导致竹溪县贫困问题突出的原因。

基于上述原因，竹溪县面临着严峻的扶贫形势，扶贫任务十分艰巨。从人均纯收入看，竹溪县 2014 年人均收入 6 818 元，是湖北省的 62.3%、全国的 63.2%，贫困户的人均纯收入只有 1 973 元；从贫困面来讲，2014 年全国贫困人口占总人口的 5.4%，湖北省贫困人口占总人口的 9%，而竹溪县建档立卡的贫困人口 11.1 万人、占全县 38 万总人口的 29%，占全

县31万农村人口的35%，远远高于全国、全省占比。

二、竹溪县扶贫目标明确、思路开阔

为贯彻落实中央《关于创新机制扎实推进农村扶贫开发工作的意见》、湖北省《关于全力推进精准扶贫精准脱贫的决定》，竹溪县委、县政府在2015年7月印发了《关于整县推进精准扶贫工作的决定》，打响精准扶贫攻坚战役，并制定出“1234567”推进路线：一年打牢基础（2015年摸清底数，制定规划，打牢基础）；两个同步推进（同步推进贫困村建设和所有建档立卡贫困户精准扶贫工作）；三年整体脱贫（2016～2018年摘掉贫困县帽子）；突出四大工程（安居、就业、产业、解困）；完善五个机制（创新、帮扶、考评、退出、奖惩）；严把六个精准（对象、项目、资金、措施、派人、成效）；夯实七大基础（道路畅通、饮水安全、电力保障、义务教育、卫生计生、文化建设、信息化服务）。

（一）明确扶贫开发工作目标

全面消除绝对贫困现象。竹溪县计划到2018年，完成全县11.1万贫困人口脱贫攻坚，提前实现贫困县“摘帽”。2019年、2020年巩固扶贫工作成果，对已脱贫人口中出现的返贫现象继续开展扶贫提升；同时，对已脱贫人口继续巩固提升，缩小收入差距，实现“同步脱贫，共奔小康”。

全面提升贫困人口素质。在准确识别生存性贫困和发展性贫困的基础上，竹溪县计划引导群众提高身体素质、文化素质、就业能力，打开孩子们通过学习成长、青壮年通过多渠道就业改变命运的通道，扶业与扶智并重，坚决阻止贫困现象代际传递。

显著提高扶贫开发治理能力。“十三五”期间，竹溪县力争在侧重扶贫开发治理效果的同时，加强扶贫开发治理能力建设，使救困帮扶能力、资金支持能力、金融服务能力、社会参与能力及产业扶贫能力都有显著提升。

（二）拓宽扶贫开发工作思路

大力推进精准扶贫，健全扶贫对象识别和瞄准机制。扶贫开发工作的效果和效率均取决于精准，应切实做到扶贫对象精准、项目安排精准、资金使用精准、措施到户精准、因村派人精准、脱贫成效精准。竹溪县把精准扶贫作为扶贫开发的重要思路，就是要找准扶贫工作的“发力点”，变“大水漫灌”为“精确滴灌”，实施“靶向治疗”。

加强基础设施建设，夯实脱贫致富基础。基础设施落后是限制贫困地区发展的掣肘。竹溪县把大力改变生活基本条件作为推动贫困地区经济社会发展的一个着力点，纳入全县发展战略，重点通过实施交通路网、水利、电力等基础设施建设，改善贫困地区道路、用水、用电等生产生活条件。

树立全民创新创业理念，提高群众发展能力。扶贫的最终目标不是脱贫，而是促进贫困人口的发展，提高他们的增收能力。竹溪县变“输血式”扶贫为“造血式”扶贫，由政府“配餐”向群众“点菜”转变。实施“‘双创’（创业创新）+‘双返’（返乡大学生、返乡农民工）”工程，让群众在家门口创业致富。

三、竹溪县整县推进精准扶贫的典型做法

针对自身条件和特点，竹溪县在整县推进精准扶贫过程中提出了“六个一批”，即：产业增收脱贫一批、安居工程解决一批、就业创业带动一批、助学扶智扶持一批、医疗救助帮助一批、政策兜底保障一批。并在实施过程中，形成了一套体系完整的精准扶贫工作办法。

（一）以改善条件为目标，实施基础设施建设扶贫

为改善贫困地区道路、用水、用电条件，竹溪县重点实施了基础设施提升工程。

一是道路畅通工程。实施通村道路硬化工程，确保 2017 年实现全县行政村通沥青（水泥）路。实施贫困村“三路”建设工程，将具有较好发展基础和条件，具备较大集聚发展潜力的贫困村村组道路、入户路、生产路纳入通村道路给予补助。实施“村村通客车”工程，确保 2018 年前实现全县所有行政村通客车。

二是水利设施工程。2018 年前，全面解决贫困村饮水困难和饮水安全，优先支持贫困村完善小型水利设施建设。

三是电力保障工程。加大农村电网升级改造力度，全面提高农村供电质量，保障农村用电安全。2016 年前，解决贫困村和建档立卡贫困户生活用电问题；2017 年前，解决贫困村生产用电问题。

四是信息通信工程。2018 年全面实现广播电视“户户通”、移动信号村村通、行政村和自然村互联网覆盖率达到 100%，以及行政村及中小学、教学点接通符合国家标准的互联网。建立贫困村信息平台，推行网格化管理，实现扶贫开发与贫困村信息化工作、社会管理、人口计生、社会保障等有效结合。

（二）以推动农民增收为目标，全力推进产业扶贫

竹溪县按照“绿色崛起示范县”的总体要求，通过建强农村基层组织、建好农村新经济组织，带动引领各乡镇利用“茶叶之乡”“魔芋之乡”“黄连之乡”“生漆之乡”的资源优势，大力发展特色产业，兴建起了茶叶、魔芋等绿色基地近百万亩，发展家庭农场、专业合作社 170 余家。全县共培植了 17 家全国和省市农业产业化龙头企业，8 万劳动力在产业链上实现就业。通过龙头企业带、能人大户带的“双带”方式，建立完善了“公司 + 基地 + 合作社 + 金融机构 + 保险公司 + 贫困农户”的“六位一体”的扶贫开发模式，使企业与贫困农户建立起利益联结机制。

（三）以提高开发扶贫力度为目标，创新实施金融扶贫

2014 年以来，竹溪县积极探索金融扶贫创新工作，初步建立了“政策引导、银行参与、农户贷款、政府贴息”的金融扶贫新机制，政府统筹安排 2 000 万元、担保公司融资 1 亿元作为扶贫贷款风险基金，安排 1 500 万元作为扶贫贷款贴息资金；银行分别按贫困农户 1∶5、企业 1∶10 的放大倍数发放扶贫贷款；对共同认定的不良扶贫贷款，政府风险基金、银行各承担 50%；对贫困户、产业大户、合作社、龙头企业等主体的扶贫贷款进行差异化贴息。截至 2015 年 7 月底，已累计发放扶贫贷款 2.3 亿元，惠及贫困户 1 602 户，合作社、家庭农场、产业大户 111 家，龙头企业 6 家，有效解决了银行“不敢贷”和农民“贷不到”“贷不起”“还不了”的问题。

专栏：竹溪县金融扶贫标准

1. 贫困户扶贫贷款额度每户不超过10万元人民币，扶贫贴息年限为3年，第一年全额贴息，第二年贴息90%，第三年贴息80%。

2. 产业大户、家庭农场、农业合作社，扶贫贷款额度不超过50万元人民币，扶贫贴息年限为2年，每年贴息50%。带动贫困户占比达到50%或年带动贫困户脱贫达到10户以上，给予全额贴息。

3. 农产品加工企业，扶贫贷款额度不超过500万元人民币，扶贫贴息年限为1年，贴息50%。

4. 扶贫贴息时限为当年1月1日至12月31日，按年度结算，贷款期限不足一年的以实际贷款期限为准，超过规定扶持年限的不予贴息。农户和相关经济组织不得在县内多个部门多头申报套取贴息资金。

（四）以增强贫困户自主发展能力为目标，全力推进智力扶贫

“口袋富”更要“脑袋富”。在金融扶贫、产业扶贫的同时，竹溪县外修生态、内修人文，深入开展文明新村、文明农户创建工作，对贫困户一手扶业、一手扶智，实现经济脱贫和精神脱贫同步。通过大力发展教育，改善贫困地区义务教育办学条件，提高义务教育水平，资助高中、中职、高职、大学生上学，解决18岁以下贫困人口脱贫问题，斩断贫困的代际传递。以促进农村贫困家庭劳动力转移就业为重点，整合各种技能培训资源，大力开展贫困劳动力技能培训，促进转移就业稳定增收。开展种植、养殖技术培训，帮助贫困户通过提高农业技术增产增收。

（五）以保护生态为目标，大力实施搬迁扶贫

按照应搬尽搬、应补尽补、应贴尽贴的原则，竹溪县将生产生活条件极其恶劣、一方水土难以养育一方人的地区贫困人口，整体搬迁到沿河、沿路等宜居地区，实施集中安置。改善了贫困人口生活环境的同时，也保护了脆弱的生态环境。

（六）以实现社会公平为目标，全力推进兜底扶贫

竹溪县对无业可扶、无力脱贫的“两无人口”，将其纳入“低保”

“五保”救助范围，实现动态条件下应保尽保，通过政府社保政策兜底，实现困难群众脱贫。

四、扶贫开发工作未来发展趋势及对竹溪县的启示

随着我国“十三五”的日益临近，国家层面的战略举措不断出台，随之而来的将是经济“新常态”下新的发展趋势，如更广泛区域间的合作、现代农业的转型升级、乡村旅游的综合带动以及“互联网+”引发的创新驱动等。这些新趋势无疑将对扶贫开发工作带来触动和启发。竹溪县应充分认清扶贫开发工作未来发展趋势，适时转变工作方法和思路，为顺利完成扶贫任务、全面建成小康社会增添新动力。

（一）对接国家战略融入发展大局，以区域合作带动扶贫开发

“十八大”以来，国家先后开展实施京津冀协同发展战略、长江经济带战略以及“一带一路”战略，旨在打破原有行政区划，加强跨区域间合作，实现“区位再造”。“众人拾柴火焰高”，经济发展如此，扶贫开发亦是如此。竹溪县应与周边县市开展更广泛的合作，以区域合作带动扶贫开发。

一是依托西安，可融入丝绸之路经济带。竹溪县距西安市仅300公里，随着竹溪到安康高速的贯通将进一步拉近与“丝绸之路经济带”起点的距离；二是紧靠重庆，可对接长江经济带。竹溪县南部的丰溪镇、桃源乡紧邻重庆市巫溪县，距离长江边的奉节县不到200公里。借助独特的地理优势，竹溪县可与周边的竹山县、房山县、平利县、镇平县、巫溪县和奉节县等加强联系，打造鄂渝陕省际商贸物流协作区。在此基础上，竹溪县应积极向国家、湖北省争取优惠政策，推动公路、铁路，甚至高铁、航空等项目在竹溪县布局，全面改善竹溪县闭塞的交通条件。

（二）做优做强特色农业及农产品加工业，以绿色产业支撑扶贫开发

产业发展是带动农民增收、脱贫致富的最有力支撑。未来，现代农业、农产品加工业和现代服务业将形成以现代农业为基本依托，通过农业内部产业整合、农业产业链延伸融合、农业与其他产业交叉融合、先进要

素技术对农业的渗透融合，形成一二三产业联动的“六次产业”格局。

竹溪县应在巩固茶叶、核桃、中草药、魔芋等农特产品优势的基础上，创新现代农业生产经营模式，鼓励农民兴办专业合作和股份合作等多元化、多类型合作社，提高农户集约经营水平。扶持农产品加工龙头企业发展壮大，发挥龙头企业带动作用。鼓励延伸特色农产品加工产业链，增加农产品附加值，积极推动茶叶、核桃、魔芋、中药材、贡米等特色农产品生产、流通、加工、储运、销售、服务等一体化环节的整合，提升农业的生态价值、休闲价值和文化价值。

（三）积极发展生态旅游业，以乡村旅游推动扶贫开发

2015 年 8 月，国家旅游局与国务院扶贫办在黄山召开的全国乡村旅游提升与旅游扶贫推进会议宣布，“十三五”期间，全国乡村旅游将带动全国 17%（约 1 200 万人）贫困人口脱贫。未来，乡村旅游精准扶贫将为扶贫开发工作带来新理念和新方式。

竹溪县应充分发挥贫困地区的生态优势，坚持“内修人文、外修生态”，按照“全域旅游、全域景区、全县一张图、一乡一幅画、处处是景观”的思路，实施“一乡一色、一村一品”乡村旅游发展战略，发挥乡村旅游综合带动效应。确定并支持一批旅游扶贫试点村，设立贫困户发展乡村旅游产业基金，鼓励旅游资源、扶贫资金入股参与旅游开发。实施“农家乐创业扶持项目”，开展乡村旅游创业培训，落实好国家对贫困户发展乡村旅游的税收优惠政策，确保贫困群众通过发展旅游扶贫获得稳定收益。

（四）探索发展互联网 + 扶贫、众筹扶贫等新型扶贫方式

“互联网 +”战略是我国“十三五”时期重要的战略举措之一，将为新旧发展动力转换提供支撑。“互联网 +”的广泛应用，也将为扶贫开发带来新思路。

竹溪县应主动搭乘“互联网 +”的“顺风车”，推进“互联网 + 扶贫”策略。加快农村电子商务发展，利用互联网、电商公司的信息平台，打造农村电商，并完善网购、缴费、电子结算和取送货等服务，打通电子商务“最后一公里”。依托促进农村创业就业项目，围绕电子商务实操、

网络市场营销、物流配送等，为贫困户提供电子商务培训。

探索实施众筹扶贫，利用互联网金融模式将竹溪的特色农产品进行推广，开发“金融支撑 + 特色产业 + 互联网模式”的组合，量身打造“竹溪茶叶”“竹溪魔芋”“竹溪核桃”等互联网众筹产品，为贫困地区利用市场资本力量“打开一扇窗”，解决贫困地区发展资金问题。

（本文修订于 2016 年 3 月 8 日）

遵义市易地扶贫搬迁的调查

罗星汉*

最近，遵义市委政研室成立专题调研组，就实施易地扶贫搬迁工作进行广泛深入的调查研究。现将调研情况报告如下。

一、基本情况及主要做法

近年来，遵义市在贯彻落实习近平总书记系列重要讲话精神，抢抓中央新一轮扶贫开发的历史机遇，全面落实省委十一届六次全会、全省扶贫开发大会重大决策部署方面反应迅速、积极主动、真抓实干，念好“聚、做、守、出、探”五字经，打好主动仗，取得了一定成绩。据统计，遵义市“十二五”时期累计完成工程总投资33.5亿元，实施生态移民安置点101个19 542户85 522人，建成移民住房16 258套，移民搬迁入住51 526人。今年以来，遵义市严格落实省里“多搬、快搬、搬好”的要求，决定提前3年完成“十三五”易地扶贫搬迁任务，即2016年实施搬迁17 583户72 339人；2017年实施搬迁27 798户114 629人。截至目前，遵义市已完成项目投资18亿元，住房建设7 588套，完成移民搬迁1 377户6 163人。

（一）在推动落实上聚合力

一是强化组织保障。成立易地扶贫搬迁工程建设指挥部，建立联席会议制度，实行领导挂帮制度，确保每个安置点有县级领导挂帮、每个迁出

* 罗星汉，新华社贵州分社通讯员。

村寨有镇（乡）领导挂帮、每个搬迁户有村（组）干部挂帮。二是强化责任落实。各县（市、区）均与市政府签订了“军令状”，实行挂图作战、倒排工期、挂牌督战、逐一销号的工作机制，分门别类建立部门、县（市、区）和乡镇责任清单，采取“旬调度、季点评、半年督查、年终考核”的方式推动各地落实责任。三是强化宣传发动。在制定易地扶贫搬迁工程实施规划的基础上，各级干部通过群众会、项目观摩会和农民夜校等载体，大力宣传实施易地扶贫搬迁工程的重要意义以及国家、省、市的政策措施，争取群众理解支持。

（二）在精准施策上做实功

一是精准搬迁对象。严格执行选定搬迁对象目标区域、公布搬迁条件、普查筛选搬迁对象、群众申请、入户核实、村民小组评议、村委复议公示、镇（乡）政府复核再公示、县级初审、市审批等工作步骤，结合精准扶贫建档立卡“回头看”情况，精准锁定搬迁对象。二是精准安置地点。在调查摸清可供安置区域人口、土地、道路、供水、电力、教育、卫生等资源现状的基础上，充分论证和评估后续产业发展潜力和群众就业机会，科学估算可供安置人口，确定安置地点。三是精准安置路径。按照移民经济状况、家庭组成结构等，推行群众自建、政府统规统建、土地置换房源等模式建设安置房。如绥阳县郑场镇就采取一户一宅自建的方式集中修建了具有浓郁地域风情和文化特色的移民新村。四是精准设施配套。及时配套建设安置点水、电、路、讯等基础设施，条件好的地方还配套了便民超市、服务中心和爱心小屋等。

（三）在安置方式上守底线

紧紧围绕能就业、能增收的底线要求，科学确定安置方式。一是依托就业机会实施园区安置。依托工业园区和农业园区稳定可靠的就业岗位确定安置点，引导园区企业与搬迁群众签订聘用合同，切实解决搬迁群众就业增收问题。如务川县依托大坪工业园区实施“千户易地移民大搬迁”，集中安置 1 027 户 4 518 人，就业率接近 70%。二是借助基础设施实施城镇安置。鼓励搬迁对象迁入集镇或县城规划区，共享城镇完善的医院、学校等基础设施，同时扶持有一技之长的农户自主创业，并给予一定的政策支持。三是围绕景区景点实施旅游服务安置。充分利用当地自然风光、风土人情、民族文化等资源，围绕景区景点设置安置点，促进安置工作与旅游工作融合发展，实现景区与群众共赢的目标。

（四）在资金筹措上出新招

一是整合项目“生资”。按照“统一规划、集中投入、渠道不乱、用途不变、各尽其责”的原则，通过整合支农资金和惠农项目完善安置点配套设施建设。二是平台公司融资。积极搭建易地扶贫搬迁融资平台，在承接和利用好上级专项资金的基础上，积极主动向银行贷款，为易地扶贫搬迁筹集更多资金。三是企业代建垫资。针对易地扶贫搬迁资金由省级分年度任务划拨的实际，对部分安置任务较大的村，在基层政府的主导下，采取竞争性谈判方式确定施工队伍，请施工队伍垫资修建，确保工程进度。

（五）在持续增收上探路子

一靠产业拉动。结合当地农业产业、旅游产业等发展规划，大力引进龙头企业、组建专业合作社，建立“公司＋合作社（基地）＋移民”的新型农业经营关系和利益联结机制。二靠培训推动。统筹“新型职业农民培训”“雨露计划”等项目资金和就业创业专项资金，加大对搬迁移民在农业技能、电子商务、养殖等方面的培训。三靠政策驱动。全面落实各项税收优惠政策、贷款贴息政策，积极支持并引导移民群众利用小额贷款、特惠贷等资金进行自主创业。四靠购买服务。结合政府需要购买的如环境卫生、园林绿化、后勤服务、社区服务、村（居）公益服务、医院护工等社会服务，优先安排“4050”人员和就业困难的搬迁户就业。

二、存在问题和困难

（一）宣传工作不够扎实，个别干部对政策把握不准

由于上级出台的有关易地扶贫搬迁的政策较多且变化较大，给基层干部在宣传政策上带来挑战，而实际工作中，由于业务培训少、自学意识

弱、思路不活、办法不多、担当不力和人员变化快等客观因素，个别干部在政策的理解、把握和执行上出现偏差，在给搬迁对象宣传政策时有讲不清政策、道不明道理、说服不了群众的现象。

（二）部门配合不够默契，搬迁工作时有阻力

一直以来，县级各部门实行的均为“条块式”管理模式，因此，各部门都有自己的行业法规和规章制度，在统筹推进搬迁工作过程中如果有某一个部门不配合或配合不好，都会给整个工程带来阻力。据反映，基层在办理建设用地使用证、建设工程规划许可证、开工许可证、电力配套和招投标工作等方面就遇到了一些阻力。

（三）资金划拨渠道不畅，影响工程建设进度

一是上级资金拨付与基层项目实施不同步。在“多搬快搬”的要求下，全市各地均按照五年任务一年或两年完成的要求推进工作，但省里在划拨资金时却未依照这个进度。二是资金拨付较慢。据基层反映，每拨一次专项资金需要一个月甚至更长的时间。三是资金使用困难。由于没有规范完整的项目报账程序规定，导致上级下拨的资金长时间滞留在银行而无法有效使用。如凤冈县反映，已划拨到该县的第一批易地扶贫搬迁资金共计 988 万元至今无法使用。

（四）就业机会较少，后续生活保障有难度

一是劳动力市场需求量不大。遵义处于西部欠发达地区，能够给搬迁对象提供的就业机会并不多，而且规模农业企业需要的都是一些季节性工人。二是搬迁对象综合素质不高。搬迁对象多数是年龄偏大、文化偏低、身体素质偏差、劳动技能偏少、思想观念偏旧的群体，企业用工的标准对这些人来说是一道难越的门槛。三是就业服务工作尚有欠缺。就目前各地的就业服务工作来看，就业培训机构较少，课目设置较为单一，师资力量较为薄弱，有的培训还不接地气。

（五）群众思想不够解放，顾虑较多影响搬迁

一是对政策不够了解。对政策知道不多，理解不透，对未来信心不

足。二是故土难离。中国人普遍存在故乡情结，特别是受生产生活习惯和文化风俗等影响，认为到陌生的地方不适应。三是生产生活成本变高。在新的居住地往往面临用水、买菜等多项支出，而这些在原居住地是不需要花钱的。四是即使搬迁也不愿意拆除老房子。有的是因为老房子较好舍不得拆，有的是为了堆放一些诸如锄头、铧口等必要的生产劳动工具，还有一部分是为了留好退路，在迁入地如果生活不下去了好返回。如湄潭县就出现了宁愿放弃1.5万元的奖励也不愿意拆除老房子的现象。

三、对策建议

（一）做好新形势下的宣传教育工作

一是强化农民思想教育。各级各部门应将农民思想教育工作提上议事日程，充分利用农村节庆日和各种载体，或举办积极向上的文体活动，或举办专题思想道德讲堂，用群众喜闻乐见的方式感化农民心灵，让农民通情达理，遵纪守法，常怀感恩之心。二是强化干部思想教育。教育引导干部职工爱民、亲民，增强其做群众工作的能力和做调查研究的能力，广泛收集民意，及时反映群众诉求，切实改变无事不理群众、有事才找群众、任务压头哄骗群众的做法。三是强化政策宣传。政策出台之前要有充分的调查研究，政策出台后要有必要的学习培训，宣传政策时要学会将深奥的书面语言“翻译”成群众能听懂的地方语言，确保群众能领悟、能支持。四是强化典型引领。要培育一批农民先进典型，充分发挥其示范带动作用，形成以典型为镜、向先进看齐、你追我赶的良好氛围。

（二）加强部门协调配合，推动工作有序开展

一是强化主体责任意识。县级政府要切实履行主体责任，负责易地扶贫搬迁工作的具体实施，做好项目申报、工程建设、竣工验收以及移民搬迁入住和就业致富等工作。二是研究出台支持政策。为了加强部门协调配合工作，《省人民政府关于深入推进新时期易地扶贫搬迁工作的意见》（黔府发〔2016〕22号）和《省人民政府办公厅关于印发贵州省2016年易地扶贫搬迁工程实施方案的通知》（黔府办发〔2016〕1号）两个文件

对相关部门应该做的工作进行了明确，建议省、市易地扶贫搬迁指挥部成员单位及时研究出台相应的可操作的支持政策，并将政策及相关要求及时传导下去，让县级业务部门有章可循，服从县级党委、政府统筹安排，合力推动易地扶贫搬迁工作。三是加大资源整合力度。积极主动争取各行各业支持，充分调动各部门特别是上划部门的工作积极性，按照“统筹安排、渠道不乱、用途不变、各记其功”的原则，最大限度地整合分散在各部门各行业的支农资金和惠农政策，集中捆绑用于易地扶贫搬迁工作。要用好用足国家各项税收优惠政策，多方面扶持安置小区和搬迁对象。

（三）加大资金筹集和调拨力度，切实减轻基层资金负担

一是建立健全高效灵活的资金调拨机制。具有资金筹集和调拨权力的部门应加大易地扶贫搬迁资金的筹措和调拨力度，按照“多搬快搬、及时拨付”的原则，建立高效灵活、奖勤罚懒的资金调拨机制。要根据基层项目实施进展实际情况，制定流程规范的资金拨付程序，解决好目前存在的资金拨付与项目实施不同步的问题，以减轻基层资金负担，调动基层积极性、主动性和创造性。二是强化资金监管。相关部门应按照《国家财政扶贫资金管理办法》，结合实际制定实施易地扶贫搬迁项目资金管理办法，确保资金从上到下全流程“专款专用、物理隔离、封闭运行”，要制定资金申报指南、分配程序和拨付办法，确保资金快拨快用。各地要主动对接，争取提前实施的易地扶贫搬迁工程项目获得省扶贫开发投资有限责任公司提前融资支持。

（四）多措并举解决就业问题，确保稳得住、能致富

一是强化劳动技能培训。要针对搬迁对象个人特长和兴趣爱好，结合搬迁对象就业方向和创业意愿，科学制定劳动技能培训计划，因地制宜选择授课老师，合理安排授课日程和授课地点。二是大力发展地方经济。要多引进一些劳动密集型企业，尤其要大力发展工业经济，引导企业优先安排易地扶贫搬迁群众就业。三是开发公益性岗位。要适时统计和掌握机关企事业单位对清洁工、水电工等工种的需求信息，加大城镇和社区环卫、绿化、安保、交通协管、公共设施管护等公益性岗位开发力度，为搬迁对象适时提供就业机会。四是开展劳务输出。加强与外地企业特别是对口帮

扶城市的劳务协作，有计划、有组织地输出劳动力到外地务工。五是鼓励就地就近创业。结合市场前景，给予必要的技术支持和政策支持，鼓励其就地就近创业。

（五）灵活运用安置方式，确保实现“应搬尽搬、能搬快搬”

根据黔府办发〔2016〕1 号文件规定，安置方式有城镇安置、产业园区安置、旅游服务区安置、新农村安置、插花安置和投亲靠友安置等六种方式，而前面四种方式比较适合采用集中安置。除此之外，建议各地充分用好插花安置和投亲靠友两种安置方式，因为这两种安置方式既能保证工作进度，又能顺从群众意愿，还可以盘活农村闲置资产。一要做好插花安置的前期调查统计工作。围绕平坝地区和生存条件较好的村落做好土地、空置房屋等资源的调查统计工作，采取流转承包土地和回购空置房屋的方式安置拟搬迁对象。二要做好投亲靠友的调查摸底工作。认真调查统计拟搬迁对象进城务工、投亲靠友的基本工作，鼓励和引导搬迁对象进城安家和投亲靠友，并确保其不回迁、不返贫。三要细化相关政策。目前的补助标准和奖励政策对于建设集中安置点来说便于操作，但是在实施插花安置和投亲靠友安置时就会遇到不好操作和不好确认等问题。因此，建议有关部门向省反映，尽快研究出台插花安置和投亲靠友安置的具体实施办法，便于基层实施。

（本文修订于 2017 年 4 月 21 日）

在村庄实践中反思“精准扶贫”政策

韩庆龄*

“精准扶贫”是我党在城镇化背景下的一项新型惠农政策，旨在通过对贫困户和贫困村精准识别、精准帮扶、精准管理和精准考核，引导各类扶贫资源优化配置，实现扶贫到村到户，逐步构建扶贫工作长效机制，为科学扶贫奠定坚实基础。按照中国扶贫标准，到2013年底中国还有8 249万农村贫困人口。在距2020年不到6年时间，要确保7 000多万人全部如期脱贫，意味着每年要减1 200万人，每个月要减贫100万人。可见，“精准扶贫”政策力图在短期内帮助贫困人口脱贫致富，通过精准识别、责任到人的具体方式，使贫困群众共享国家福利。目前，该政策已在全国实行，但由于国家政策与农村接轨过程中难以脱离“乡土逻辑”的影响，乡土社会的复杂性和多样性往往使政策实践面临诸多意外后果。因此，“精准扶贫”政策也需在村庄实践中探索具体经验，以更好地发挥政策制度的惠农效果。

一、“精准扶贫”在村庄中的实践

笔者在2015年12月23日～1月2日于湖北宜昌秭归县王村进行了为期10天的专题调研，重点关注村庄治理与扶贫建设。秭归县是三峡库区首县，也是国家级贫困县，是扶贫资源重点输入的地区。探讨该地精准扶贫政策的落实过程及其现实困境，有重要参考意义。笔者选取的具体调查地点王村则是秭归县的政策落实示范村，村庄治理架构完善，现有718

---

* 韩庆龄，南开大学社会学系教授。

户，2 017 人，村庄以种植橙子为主要生计，人均年收入在 6 000 元左右。

根据村庄地理区位，王村扶贫攻坚计划分为三大作战区，各战区有一名队长和副队长牵头，包括若干名责任人，责任人的主要任务是对帮扶对象提出合理化的建议，搞技术服务，减轻帮扶对象的体力劳动等。责任人多是从党员、村干部、产业大户、村落理事长、富裕户里面选取。第一战区有 27 名责任人，对应 20 户帮扶对象；第二战区 19 名责任人，25 户帮扶对象；第三战区 19 名责任人，36 户帮扶对象。王村将责任人和帮扶对象都进行了编号处理，几号责任人对应几号帮扶对象，在村庄的帮扶地图上一目了然。且王村计划从 2016 年到 2018 年将全部贫困人口分三批脱贫，逐批实现小康梦想。

现王村村书记负责的帮扶对象有 4 户，他们的情况如下：

向 YG：60 岁，他的房子是土木结构的，快要倒了，把房子改造了就脱贫了。他原有低保，后去掉了。他经济条件可以，嘴巴会说不会做。妻子有病，有一儿一女，儿子借了个房子结婚，现都在外打工，女儿招的上门女婿，向 YG 夫妻跟着女婿在宾馆里洗菜，他家里的田 4～5 亩租给别人种。这一户看房子是穷的，房子快垮了，现在过年也全家没回来，他喜欢喝酒，懒，现在起房子需要 20 万～30 万元，他自已建不起，他已经被纳入了扶贫计划。

卢 CL：40 岁，他腿不好，是个跛子，但自食其力的能力很强，自身很勤奋。妻子很矮，两人种了 4 亩田，不打工，年收入在 3 万元左右，有 1 个女儿，今年 20 多岁，在外打工。2014 年享受了危房改造的补助，8 000 元，起了 3 层 3 间预置结构的楼房，花了 20 多万元，家里沼气灶、厕所都搞得很好。他是吃三等低保。这一户本身好过，把他纳入扶贫计划，他心理平衡些，现在帮忙他，就是搞个形式，毕竟他是个跛子，党要重视弱势人。

王 EG：他是上门女婿，42 岁，得了癌症，生病已经两年了，到了晚期，长期住在县医院，一直化疗。他家房子建的很好，有个儿子还在读书，患病之前，家庭蛮好的。他有一个姐姐在新加坡，给他一些资助。

李 XB，30 多岁，已婚。2011 年夫妻打架，老婆被打走了。他家的房子是严重危房，最危险的。他家有 3 亩柑橘，他在家种种地，打打工，做装潢工作，他本人不正直，不务正业，爱玩。有 1 个女儿，在茅坪中学读书，成绩不错，老父亲还在世，眼睛不好，享受低保。主要帮扶他进行危房改造。

王村村书记表示，自己对上级部门的具体扶贫标准并不清楚，本村的标准是先看路通不通，二看住的房子怎么样，三看橙子树有多少。本着因户施策的方式，帮扶前拍一组照片，改中拍一组照片，改后拍一组照片，每组照片包括大门、客厅、床上、厨房、饮水处，5 张照片内容须都比较破旧，方能符合初选材料的要求。根据初选材料，经过村落理事会提名和充分讨论，再次入户调查，确定贫困人口的初步范围；由村民代表根据公布的调研材料进行选举，按照票数多少决定是否入选扶贫计划，最后公布正式名单。对于帮扶对象的具体帮扶措施，向书记表示自己尽力帮其争取国家补助，并自掏腰包为每户买一袋化肥，以资助其农业生产。

王村根据扶贫“五个一批”即发展生产脱贫、易地扶贫搬迁脱贫、生态补偿脱贫、发展教育脱贫、社会保障兜底的内容，结合本村村情，总结出大病救助、就学补助、危房改造的扶贫条目，并制定了详细的脱贫计划作战图。在具体实行中，通过拍照等方式呈现贫困程度，通过民主决定是否可以加入贫困计划。“帮扶者与被帮扶对象之间是基于同一小村落的地缘或亲缘关系，是党员、理事会成员、富户等村庄精英群体对村庄相对贫弱阶层的帮扶救助，体现出私人救助与国家救助相结合的特征。可见，精准扶贫在王村的实践中，通过经济帮扶、生计技能帮助的方式，即“点对点”的对接，力图帮助帮扶对象在短期内迅速脱贫。从贫困标准的确定到人员的最终确定，形式上都较好体现了公平公正的原则，但实施效果则需进一步检验。

根据向书记帮扶对象的经验材料，向 YG 与李 XB 都因家庭贫困存在建房困难，两人的客观条件均符合扶贫救助的标准，但是两人主观上都属于懒惰型，自身的懒惰是家庭致贫的重要因素，将该类群体纳入扶贫计划，无疑会加重普通老百姓“等靠要”的思想；卢 CL 是残疾人，家庭经济并不困难，他通过自食其力创造了幸福生活。从道义角度讲，卢作为弱势群体应享受救助，但实际生活中，卢并非属于贫困线以下的困难户。王 EG 属于因病致贫，原本的小康之家因为突来的癌症耗尽了财富，通过医保救助可以暂时缓解其治病难题，但难以迅速改善其家庭窘境。可见，通过一系列的“精准识别”筛选出来的贫困农户，内部存在千差万别的属性特征，且历经大病和突发事故的家庭，经济条件的最终改善需要内部成员通力合作和家庭自身的恢复过渡，都非仅靠外部资源的输入就能解决。综合来讲，扶贫资源是推动贫困家庭的生计与再生产的推力和引线，“精准扶贫”政策若脱离了村庄的具体情境，文本上的各项精准都会丧失效度，从中央政府到各级地方政府多级联动的扶贫攻坚战，很容易陷入轰轰烈烈的运动式治理，大量扶贫资源就难以发挥实效。由此，在村庄实践中反思精准扶贫政策，做到经验、现实与制度文本的往返，才能使政策紧贴地面而发挥惠农目的。

二、“精准扶贫”的名额分配存在两难困境

在乡村生活中，入选扶贫计划以家庭主要劳动力有无残疾、家庭成员有无大病、房屋是否严重危房、子女是否正在上学等主观的硬性评判标准为依据，这些标准可视、易识别，都是家喻户晓的基本家庭情况，乡邻之间可以形成有效监督，从该角度讲，“关系户”“人情户”少有出现的弹性空间。但是，王村经济水平相对均质化，极贫极弱和极富裕的阶层都占少数，村庄社会分化的界限在两极区域非常明显，“谁是村庄的穷人”是大家共同知晓的，村庄穷人的认定不存在争议，有村庄层面自生的共识。贫困帮扶计划若只保障极贫弱的少数阶层，自然不存在浮动的幅度和争议。但是，随着国家对乡村地区补助力度的加大，贫困帮扶的名额指标逐渐增多，很多地区入选贫困计划的标准滑到了次贫的相对贫困阶层，同时这一阶层的群体数量大，帮扶指标又难以完全覆盖，因分配问题引发的矛盾和竞争从而产生。

比如，在王村调研时，村书记表示，由于国家扶贫力度逐年加大，村庄内部对扶贫资源出现竞争态势。他举例讲，6 村落，向 SZ，房子已经起好，并享受了危房改造、改厕优惠，就是本人身体有病，就来坐到自家不走，晚上睡到沙发上，非要享受扶贫政策，村书记不答应就不走。后村里通过反复平衡，30 个村民代表投票，他得了 17 票，划线到 16 票，最终把他纳入了医疗救助计划中。在村书记看来，农村工作就是搞平衡，每个人都想纳入扶贫，国家的优惠政策有多大，基层干部就有多难。为了预防抢要扶贫资源的难题，许多村干部和小组长直接表示不愿意扶贫资源下乡，“精准扶

贫”的名额分配面临两难困境。由此，扶贫资源的分配如何有效落地，扶贫对象该如何精准甄别，扶贫资源如何最大效能的发挥对农村弱势群体的帮扶作用，都面临挑战。

三、“精准扶贫”的“脱贫”目标存在长期性

有学者指出，精准扶贫理念的提出，是解决以往扶贫工作中存在的非国家贫困县与集中连片区域贫困人口、贫困村识别不清的问题。村庄实践中，“精准扶贫”不仅要精准确定扶贫区域和扶贫对象，还应对具体的致贫因素进行精准识别，才能对症下药。从王村的经验来看，贫困有多种类型，生计型贫困：田亩面积少，且无开荒面积，种植的柑橘数量少；缺乏一技之长；就学型贫困，子女多且上学压力大；大病型贫困，突发大病带来的家庭瘫痪；残疾型贫困，因自身劳动力的缺乏导致的长期甚或是终生的生活不便，带来家庭劳动力的亏损和生计贫困；建房困难户，随着建房成本的增加，村里土木结构的老房子翻新或重建成本高，部分家庭难以承受。对于短期性、临时性和突发性的贫困类型来讲，直接的物质投入可以起到较好的效果，但是对于生计型贫困和残疾型贫困来讲，单纯的物质投入难以起到持续性的维系作用，难以依靠外力的即刻帮扶就可以迅速转型。同时，造成贫困的具体因素也是多样性的，或因个体资源禀赋的缺失导致难以获得家庭再生产和维系体面生活的社会资本，抑或因为地域内经济发展水平的整体落后而导致的地区贫困。

从总体上讲，无论是因个体因素还是社会因素造成的贫困人口，脱贫往往是一个长期持续的过程，个体生活资本的提升和整体社会经济环境的改善，都不是仅靠外来资源的物质帮扶就可以彻底转型的。注重技能提升，重视生产、就业和教育，从生存型救助转向发展型救助，应该注意到这一过程的长期性。在短期内脱贫，很容易导致形象工程，治标不治本。

四、“精准扶贫”的政策执行需依托村庄基层组织

王村的“精准扶贫”工作以村集体组织为依托，形成了明确的帮扶网络和帮带队伍，在按照上级扶贫规定帮助困难农户的同时，也结合当事

人的具体困境，做出灵活调整，将帮扶工作嵌入在日常生活之中，而非当作一项单纯的政治任务来机械执行。相比较王村的经验，笔者最近在山东省一乡镇调研时，精准扶贫工作由乡镇的工作人员根据先前成立的贫困档案卡，直接入村进行统计调查，旨在避免村干部因为自身关系网络的私谊性带来的包庇行为，从而保障扶贫对象的精准性。但是，乡镇工作人员表示，脱离村干部的引导，根据量化的数据和文本上的条条框框，扶贫对象根本不可能从村庄中甄别出来。因为入户走访时，面对外来的补助资源，在经济理性主导的村庄社会，农民基本是一种普遍渔利的态度，“国家的钱，不要是傻子”，几乎每户农户都说自家穷苦，即使开着小轿车、住着新房的农户都抱怨自家收入低于补助的标准线。因此，扶贫工作脱离农村基层组织实属寸步难行。

基层组织是国家与村民互动的连接桥梁，国家直接与分散的农户打交道，不仅交易成本高，且容易使群众进一步降低对基层组织的信任。国家作为乡村社会中抽象的宏观存在，村民赋予其天然的合法性，认为由中央发出的政策文件是最大的政治正确，村两委作为直接与农民接触的一级组织，是上级工作开展落实的终端承接单位，因农业税费时期收取税费的经历，村干部有“当官自来臭”的感悟。在此背景下，应加强农村基层组织建设，逐步消除村民对国家与村庄基层组织的认知落差，才能使村民自治有效运行。“精准扶贫”政策若脱离农村基层组织，脱离村庄两委的工作，就几乎脱离了村庄环境，悬浮于基层组织之上的政策执行，势必会导致乡土公平与正义的瓦解，更加不利于基层治理和政策落实。

五、“精准扶贫”的长远效果在于重构救助理念

笔者在农村调研时，发现许多有儿有女的年龄大的老人经常抱怨还没吃上低保，在农民的意识里年龄大、丧失了劳动能力，就应该享受国家的照顾，就应该成为扶贫的对象。另外，村庄中的贫困群体有很大部分是好吃懒惰的村民，该群体只看到自己贫困的现实，却忽略致贫的自身原因，也都争取扶贫资源的救助，正如笔者在陕西调研时，一村庄老书记所言“现在只要两手勤劳肯干活，没有贫困的，都是懒人分享了改革开放的成果”。由此，扶贫资源照顾的并非村民共同认可的弱势群体，没有享受照

顾的村民自然会产生心理剥夺的不公感受，村庄场域中滋生出“闹一闹，就能得到救助”，“吃上低保的，是有本事的人”的异化行为和扭曲观念。

“精准扶贫”虽区别于以往漫灌式的扶贫方式，但是村庄社会中的救助理念不进行变革，任何扶贫政策都难以发挥实质作用。加之在当前人口流动加速和村庄社会日益分化的背景下，传统乡村伦理和乡土价值生长的社会基础正在瓦解，异化的救助观念更是喧嚣直上，正在从救助性转向牟利性，因不能享受扶贫救助上访上诉的案例屡见不鲜。由此，重构村庄中的救助理念，对农民进行思想教育，树立正确的荣辱观念，树立村庄舆论的正确导向，才能在村庄内部形成自我监督和批判的能力，乡村社会才会有活力，扶贫政策才会有依托的基础，才会起到长远的效果。

综合来讲，“精准扶贫”政策作为改善民生的惠农举措，指标分配要注重公平性和灵活性，脱贫目标要有长期性和连续性，具体落实要依托村庄组织，长久之效在于重构救助理念。同时，“精准扶贫”在改善个体家庭条件、帮助村民脱贫致富的同时，也要在从村庄整体层面入手，改善村庄的基础设施和公共服务，实现扶贫资源的最优配置。

（本文修订于 2017 年 4 月 21 日）

精准扶贫政策的地方实践研究

——基于贫困县案例

顾梦琛*

“精准”已经成为当前扶贫开发工作的重中之重。精准扶贫政策具有较高的实践要求。本文通过灵丘县、巴里坤县两个贫困县的案例调研，深入了解精准扶贫政策在地方的实施效果。总结了精准扶贫进程中贫困县的基础条件、致贫原因、面临问题、关键举措、诉求建议等，希望为国家完善精准扶贫政策、健全扶贫开发机制提供科学的参考。

自我国实行开发式扶贫政策以来，曾先后实施《国家“八七”扶贫攻坚计划》（1994～2000）、《中国农村扶贫开发纲要（2001～2010 年）、（2010～2020 年）》等方案。我国即将进入 2020 年全面建成小康社会，贫困人口全部如期脱贫、贫困县全部摘帽的冲刺期。新时期的扶贫开发工作，不但要贯彻“十三五”规划要求的“全力实施脱贫攻坚”，还要应对经济增长自发的减贫效应递减、克服以往粗放式扶贫的低效。2013 年 11 月，习近平总书记在湖南湘西，首次强调精准扶贫的重要意义，提出“实事求是、因地制宜、分类指导、精准扶贫”。2015 年 6 月，习总书记在贵州重申：“扶贫开发贵在精准、重在精准、成败之举在于精准。”结合中央的“六个精准”、“四个施策”要求，“精准”已经成为当前阶段扶贫开发工作的共识。根据 2014 年国家统计局的统计监测公报数据，中国还有 7 017 万现行标准下的贫困人口，有 14 个集中连片特困地区和近 592 个贫困县。

---

* 顾梦琛，中国科协科学技术研究院助理研究员。

近年来，扶贫工作从国家、区域层面，不断深入到县、村、贫困户。随着精准扶贫工作不断推进，结合案例调研，深入了解精准扶贫政策的地方实践，具有重要意义。本研究所选择的调研地点——灵丘县、巴里坤哈萨克自治县（以下简称“巴里坤县”）属于国家级贫困县，因其特殊的历史地理原因，新中国成立后，一直是需要国家重点扶持的贫困地区。近年来，灵丘县、巴里坤县的扶贫工作不断推进，对其扶贫开发规律、扶贫工作经验进行系统总结和科学提升，对于积累典型贫困县工作经验、健全扶贫开发机制具有重要意义。本研究希望通过实地调研，真实、客观地掌握贫困县扶贫开发的基础条件、面临问题、关键举措、诉求建议等，并对其扶贫开发规律、扶贫工作经验进行系统总结和提升，以期为国家完善精准扶贫政策、健全扶贫开发机制提供科学的参考。

一、精准扶贫实践的案例现状

（一）发展条件

1. 贫困县往往长期以来受不利的自然、经济、社会条件的制约，在客观发展条件上存在共性

贫困县往往长期面临着显而易见的恶劣的自然条件、薄弱的经济条件和不利的社会条件，这些条件在客观上造成了贫困县的贫困面貌。例如，地形条件限制、生态环境恶劣、地理位置偏远等自然条件；经济基础薄弱、基础设施和基本公共服务欠缺、政策环境匮乏、人力资本缺乏等经济条件；以及特殊的历史、文化、人口等社会条件。这些都会导致贫困县经济发展动力不足，低收入人群集中。从区域上说，我国的贫困县，多数属于革命老区、民族地区、边疆地区、集中连片贫困地区，这些地区已经成为扶贫攻坚的重点。

2. 就各个贫困县而言，发展条件却是各具特征

灵丘县和巴里坤县的发展条件虽存在一定共性，但它们在区位条件、地形地貌、产业结构、历史文化、资源赋存、人口结构、风土人情等方面又有各自不同的特征。灵丘县处于山西省东北部、京津冀邻域，行政面积 2 730 平方公里。灵丘县地貌以山地、丘陵为主（分别占 85.5%、8%），历史上曾属晋察冀边区抗日革命根据地，农业人口占比高（占24万人总人口的83%），这些一度造就了灵丘县的贫困面貌。2014年，灵丘县地区生产总值为31.7亿元，当地矿产资源丰富，支柱产业金属矿产业目前态势低迷，产业转型成为经济工作重点。巴里坤县地处新疆东北部边境、天山山脉东段，行政面积广阔，达36 901平方公里，山地、戈壁占全县面积的66%，处于高寒地带。在巴里坤县，哈萨克族占11万人总人口的35%。2014年，全县地区生产总值为46.3亿元，广阔的天然草场和丰厚的煤炭、芒硝等矿产资源，使农牧业、煤矿能源业成为其支柱产业。巴里坤县留有西汉的西域都护府、清代的屯垦戍边等历史遗存，其自然条件、民族文化等方面的特殊性是扶贫工作的关注点。

3. 近年来，贫困地区受惠于国家政策，资源的大力扶持、基础设施建设和公共服务的持续加强，形成了良好的脱贫条件

可以说，随着近年来国家政策向贫困地区的倾斜，贫困县的生产生活条件和政策环境已经得到改善，贫困县的发展条件、发展机遇与过去十年相比已经截然不同。调研案例中灵丘县、巴里坤县两个贫困县，已经开始走出经济发展的制约，积极挖掘和调动自身特色，它们在资源赋存、自然风光、区位条件、特色产业、民族文化等方面的优势日益显现。

（二）致贫原因

1. 绝对贫困人口仍是扶贫的主要对象

灵丘县、巴里坤县都是基于农民人均纯收入，进行扶贫开发的建档立卡工作。2015年，灵丘县认定的贫困村为115个，贫困村占比45%。全县建档立卡的贫困人口为3.11万人，占总人口的15%。2015年，巴里坤县全县确定扶贫开发重点村14个，占比30%。全县核实建档立卡贫困人口7 703人，占总人口的7.3%。两个贫困县都表现为贫困村多、贫困人口覆盖面广的特点。尽管在经济相对发达的地区，“相对贫困”已经在一定程度上进入扶贫视野。但在目前，以灵丘县、巴里坤县为代表的中国大部分贫困县，扶贫的目标仍是消除“绝对贫困”。

2. 从个体层面上看，致贫原因不一而足

除了前文讨论的地方发展条件因素，调研发现，因病致贫、因残致贫、因上学致贫、因灾致贫、因缺乏生产技能致贫、因缺劳动力致贫、因缺乏资金和生产资料致贫等都是导致个体贫困的主要类型。在灵丘县，因病致贫、因结婚导致贫困的现象尤为突出。而在巴里坤县，因缺乏资金和生产资料致贫占据主要比例（高达71.5%），这项致贫原因已经严重影响18～35岁青年贫困劳动力的脱贫。

3. 贫困不是一个单纯的收入问题，更多深层的原因值得关注

当前，贫困县面临的往往是多维度的贫困。在贫困县“收入贫困”的表象之后，还包含着地区知识资源稀缺、人力资本匮乏的“能力贫困”，年轻人缺乏就业机会和机会平等、社会排斥、话语权缺失等“权利贫困”，这些都成为新时期扶贫工作的关注热点。此外，还有许多拓展的贫困概念，例如人文贫困、认知贫困等未反映在调查问卷和统计数据中。又如，特殊的文化观念、农村的传统思想、年轻人视野狭隘等都对实现脱贫造成影响。

二、精准扶贫工作的面临问题

虽然扶贫开发工作取得了很大的成绩，但是扶贫政策在落实中也产生了一些问题。

（一）精准扶贫不精准

1. 贫困户认定

在对灵丘县调研后，我们发现贫困户认定存在较大的困难，如何真正根据家庭财产来确定是否为贫困户是现在灵丘县基层组织头疼的大问题。我们在巴里坤调研过程中则没有遇见类似的问题，巴里坤县政府动用政府人力并且结合贫困户所属村村民协助监督进行认定，并且最终结果在村里公示，以便村民监督。

2. 贫困户数量的确定

根据在两县的调研，发现县里的贫困户数量并非是自己摸底确定的，而是由上级政府直接分配的指标。因此有理由怀疑上级政府是否真正了解基层贫困状况，或许直接分配指标可以堵住地方政府虚报或谎报指标这个漏洞，但是同样也扼杀了那些需要政府扶持而脱贫的人口的机会。

3. 贫困户管理体系僵化

基层贫困户身份只要被当地政府认定并且上报，那么该身份则将一直跟随该农户，即使他可能已经实现了脱贫。此外，地方根据当下情况而认定的贫困户，而忽略了非贫困户可能会在将来因各种原因返贫，缺乏对未来的应对。灵丘县农户既有可能在不远的未来因病或因婚返贫，这是当地主要致贫因素。另外，贫困指标无法在一个县域内的各村之间调配，某个村里的贫困指标富余而该县其他村指标不足，但是不存在调剂余缺的政策。

（二）扶贫政策落地难

1. 扶贫资金无法有效使用

在对灵丘县调研后，我们发现扶贫资金的使用存在一个“两难”选择。国家要求扶贫资金必须使用到贫困户身上，但是根据以往经验，将资金直接发放给贫困户不是一个明智的选择，产业扶贫能更好地发挥作用已是大家的共识。但是在扶贫资金投入到企业中后，极容易产生企业和贫困户发生纠纷的现象，所以好多企业并不愿意使用扶贫资金而带领贫困户脱贫。权衡之后，扶贫资金大部分被用于农村基础设施建设，这样既能惠及贫困户，也不至于产生纠纷。但是，巴里坤县则相反，巴里坤基础设施还比较滞后，需要国家资金推进基础设施建设。

2. 扶贫产业落地难

经过对巴里坤县的调研，我们了解到 50 万元以上项目须在地区招标中心招标，其中基建项目设计、审图、预算、统筹及监理费总计占项目投资额的 10% 以上，而扶贫项目均含项目前期费用，需要县财政全额负担，因巴里坤县财力匮乏，项目前期资金无法落实。

3. 扶贫政策方向不精准

根据我们在灵丘县和巴里坤县调研比较后，我们发现两地贫困属性存在很大的差别。灵丘县主要以因病致贫为主，因婚和因学致贫其次，因此扶贫政策可能要兜底，然而巴里坤县主要是因缺少资金和生产资料及缺少生产技术致贫为主。针对不同的贫困属性，我们采取不同的针对政策可以取得更好的效果。对灵丘县，我们要加强大病医疗及助学贷款等政策惠及力度。针对巴里坤县，政策方向可以以提供生产资料及技能培训为主。

（三）贫困农村及贫困户存在的问题

1. 贫困户思想落后

传统观念和思想意识，制约着贫困户的脱贫积极性。在团中央帮扶灵丘县贫困妇女前往北京进行劳务输出的项目中，受农村“相夫教子”的传统观念影响，很多家庭不愿意让妇女外出务工。部分少数民族地区，贫困人口普遍缺乏市场意识，对物质生活的追求淡薄，较为缺乏符合现代市场经济需求的职业精神。部分贫困人口把国家政策当成一种依赖，存在伸手要饭、被动接受输血的现象。

2. 贫困人口收入渠道单一

在巴里坤县，贫困人口大多数分布在边远山区及高寒牧区一线，受气候、环境、地理位置等因素制约，农作物仅以一季小麦为主，增收渠道较为单一，造成贫困人口脱贫基础不稳定，自我发展能力较弱，极易返贫。

3. 农村土地流转存在制约

土地流转等制度制约需要解决。调研发现，农村土地流转过程中，与抵押、转让、租赁等相关的产权制度、法律有待完善。尚不完善的农村土地流转制度，在一定程度上制约了农村土地资源的优化配置和高效利用，阻碍了土地集中经营的规模效应和土地向现代农业经营方式的转型。传统的土地流转往往存在违背农民意愿、定价租金较低、经济收益不稳定的问题。近年来的扶贫工作中，“农户 + 政府 + 企业”的托管流转方式，能使农民通过在托管企业就业、获得分红、租金收入等方式获得有保障的收益，受到了普遍的欢迎。

4. 要妥善处理扶贫与发展、稳定等多方面关系

扶贫工作，往往与经济、社会、生态等各个领域的工作纵横交错，涉及多重目标。例如，在新疆，扶贫工作与“访民情、汇民声、聚民心”工作结合，扶贫工作肩负着通过扶贫开发促进地区稳定的任务。同时，在处理扶贫与发展的关系方面，扶贫的一系列工作，还旨在促进区域协调发展、加强基础设施建设、提高农牧民生活质量、共享国家的改革成果。如何厘清方方面面的关系，都是扶贫工作中需要深入思考的问题。

三、精准扶贫政策的经验总结

（一）因地制宜发展特色产业

因地制宜发展特色产业，成为实现脱贫最富有成效的措施。灵丘县在支柱产业金属、矿产行业低迷的形势下，积极推动产业转型升级，发展新产业、新业态。尤其是，灵丘县发挥农业优势，鼓励传统农业向有机农业、生态农业转型，并结合“互联网 +”模式发展涉农电商。灵丘县还结合地方特色，规划建设了八大园区。积极发展有机农业和农业科技园、新材料新能源珍珠岩加工产业、民用航空、光伏产业园、平型关文化园和生态旅游等项目，因地制宜盘活县域经济，带动贫困户脱贫。

巴里坤县通过生产畜养殖、食用菌种植、旅游扶贫等项目，依靠特色产业带动地方经济发展。已有的项目有：建坤牧业财政扶贫生产畜托管分工项目、45 万平方米食用菌种植项目、巴里坤湖景区建设项目，以及刺绣机计划、大路菜土地、退耕还草、挤奶大厅等项目。目前，巴里坤县通过发展生产脱贫的贫困户人数，占到 7 703 名建档立卡总人数的 5 200 人。

值得称道的是，作为贫困县特色产业的农业，在扶贫开发中呈现了一、二、三产业融合发展的态势。两个贫困县通过发展有机农产品、农产品加工、生态旅游等，使农业与旅游、健康养生深度融合，拓宽了贫困户的增收渠道。

（二）开拓创新新思路新模式

一些贫困县的扶贫工作中出现了新的思路和亮点。

1. 电商扶贫

灵丘县在团中央的帮助下，将地处京津冀邻域的区位优势与“互联网 +”的扶贫模式结合，拓展产品和服务的空间。灵丘县构建了两大平台：一是有机农产品 C2C 平台，发展涉农电商。通过物流流程再造，大大缩短农产品运输时间，使灵丘县的农产品能当天到达京津冀客源地。二是家政服务 O2O 平台，结合对本地贫困妇女的职业技能培训，帮助她们去北京从事家政工作，通过劳动力输出实现脱贫。

2. 财政扶贫资金托管分红

根据“十三五”规划要求，要“探索资产收益扶持制度，通过土地托管、扶持资金折股量化、农村土地经营权入股等方式，让贫困人口分享更多的资产收益。灵丘县车河有机社区建设项目，对上、下车河寸进行整体改造，发展有机种养业、建设生态旅游设施和新型农居，使得两村182人实现整体脱贫。该项目的最大特色在于通过托管的方式，促进了农业产业化，农民可获得分红、在企业打工、农舍出租等多项收入，更符合增加贫困户的资产性收入的中央精神。在巴里坤县，财政扶贫资金通过国企托管形式，增加农牧民的资产性收入。建坤牧业财政扶贫生产畜托管分工项目，到2015年6月已经完成了1 000余户特困群体生产畜托养分红发放。

（三）推进多种渠道多项工程

中央扶贫攻坚计划发布了“五种渠道”“十项工程”，扶贫政策的选择多种多样。

灵丘县调动多方力量，开展多种渠道多种方式的扶贫工作。开展扶智政策，着力于解决教育不足、思想观念落后、人力资本不足的问题；与发达地区开展合作，每年选派青年干部去发达地区对调学习；进行整村搬迁，改善山区居住条件恶劣的居民的生产生活条件；发挥团中央等机构和当地致富带头人的扶贫带动作用，在团中央的带动下，灵丘县的涉农电商、家政服务项目成为扶贫工作的亮点。在致富带头人带领下，一部分农民学习大棚蔬菜种植，显著提高了收入。

巴里坤的扶贫方式也是多样而富有特色。通过基础设施改造，提高生产生活质量：推进居富民房建设、饮水管道工程、三塘湖镇防洪坝、高效节水滴灌工程、高标准农田建设、防渗渠道、通村油路、县社会福利中心建设；开展生态扶贫：巴里坤县的很多地方属于限制发展区，巴里坤根据草场占有面积开展草原生态补偿，将国家转移支付的生态补偿资金落实到人。巴里坤还设置贫困村临时工、生态管护员等岗位解决部分贫困人口的就业。目前，巴里坤建档立卡的7 000余名贫困户中，已有5 200人通过发展生产脱贫，1 113人通过转移就业脱贫，500人通过生态补偿脱贫，94人通过教育扶持脱贫，796人通过医疗救助和社会保障政策兜底脱贫。

（四）强调政策执行精准到位

要提高扶贫政策的精准性、提升实施效果，真正做到因贫施策，知易行难。贫困县需要结合当地的自然、社会、经济条件，以及各贫困户产生贫困的具体原因，展开具有针对性的扶贫政策。例如，巴里坤县的扶贫工作中，“精准”已经成为其扶贫工作的突出成绩。巴里坤县精准确定了52个“补短板”项目，使精准扶贫的政策效果大大加强。巴里坤县坚持“一村一法、一户一策、一人一计”的菜单式扶贫，根据每个村、户、人的不同实际，制定不同的计划、措施、方案，使扶贫精准地实施到村到户到人。巴里坤县还结合“访汇聚”活动开展扶贫工作，扶贫工作深入一线群众，并确立了地区和地直部门领导干部联系人和党员干部联系人，严格落实扶贫的工作责任制。

四、精准扶贫政策的诉求建议

（一）完善“建档立卡”识别方式

在扶贫政策具体实践中，建档立卡识别贫困户和确定贫困户规模的方式有待完善。

1. 改进建档立卡以“人均纯收入”标准认定贫困户的单一方式，综合考虑错综复杂的贫困状况

最新的官方扶贫标准是国务院扶贫办《扶贫开发建档立卡工作方案》（国开办发〔2014〕24号），以2013年农民人均纯收入2 736元（相当于2010年2 300元不变价）作为识别标准。这种方式存在不少缺陷：“人均纯收入”的界定指标，难以周全考虑生病、残疾、丧失劳动能力、上学、结婚等复杂因素导致的开销和生活困难；“人均纯收入”存在统计上的操作困难，农民的存量资产和流量收入、物质收入和货币收入难以归结到统一的口径。这导致在现有的识别程序中，矛盾纠纷普遍存在。针对这些状况，需要开展全面的排查工作，摸清每村每户每人的贫困状况。还需建立扶贫对象、贫困规模的核算清单，厘清各类有形无形的贫困原因，使扶贫工作更为立体和周全。

2. 对建档立卡以逐级分配“下指标”确定贫困户识别规模的方式进行改进，避免将建档立卡名额当作政策福利使用

当前贫困户识别规模，按照国家发布的全国农村贫困人口规模作为基数，结合各省统计核定。这种分配指标的方式，容易引致争抢建档立卡贫困户名额的情况，不能精准地惠及真正的贫困人口。在贫困人口分布集中的地方，非建档立卡户的贫困问题难以解决。尤其是对于人均纯收入在2 736～3 000元之间的贫困临界人口，他们的生活困难没有得到重视。因此，可以考虑改进贫困户及其规模的界定方式，按照贫困程度，分梯度制定识别标准、扶贫政策，使扶贫政策更精准地惠及更多的群体。

（二）促进政策覆盖的统筹协调

扶贫政策需要解决政策交叉重复和覆盖面不足的问题。

1. 扶贫工作中需要协调扶贫办和民政部的工作交叉、低保户和贫困户政策重复覆盖的问题

国家的贫困人口分为贫困户、贫困低保户、低保户、五保户四类。扶贫工作中，建档立卡主要识别扶贫户和扶贫低保户，分别指家庭年均纯收入低于国家农村扶贫标准、有劳动能力和劳动意愿的农户和有劳动能力和劳动意愿的低保户。而家庭人均纯收入低于当地最低生活保障标准的，因病、因残、年老体弱、丧失劳动能力、生活条件困难等原因长年生活困难的则纳入低保户行列。在现有的建档立卡贫困户和低保户的确定中，由于指标较为紧张，往往会把低保户、贫困户指标加总起来分配，以照顾到更多的贫困人口。但需要注意的是，扶贫户、扶贫低保户属于扶贫办工作对象，而低保户和“五保户”则属于民政部的工作对象，这使扶贫工作出现部门职能重复覆盖的问题。

2. 国家扶贫资金只解决重点村的扶贫支出，而非重点村只能由地方财政自筹的扶贫资金缺口统筹考虑

贫困县绝大多数处于经济欠发达的中西部地区，无论是地区还是县域层面的经济本身都缺乏活力，存在缺少资金的问题。2015年巴里坤全县核实建档立卡贫困人口2 192户7 703人，确定的14个扶贫重点村的建档立卡贫困人口1 742户6 135人。这其中，处于非重点村的450户1 550人缺乏国家资金保障。根据巴里坤县的调研数据，计划投入扶贫资金28 486. 09

万元，落实到位资金 22 463.37 万元，占计划总投资的 78.8%。其中，财政扶贫资金仅为 1 629 万元，其余依靠地区财政配套资金、县财政配套资金、行业部门资金、援疆资金、自筹资金等多种渠道解决。因此，建议国家对贫困县非重点村的扶贫资金制定全额补贴的政策或是相应的补助标准，减轻资金自筹的压力。

（三）建立政策落地的保障机制

1. 针对易地搬迁、金融贷款等落地实施较为困难的扶贫政策，建立相应的保障机制

我国的扶贫政策中财政政策较多，金融政策较少且实施困难。以邮储银行提供的小额贷款为例，贫困户和企业的贷款额度分别为 5 万元和 20 万元，还款周期只有短短一年。农户所从事的种植业、养殖业往往需要较长的投资回报周期，多数贫困户很难达到批贷条件，难以从金融扶贫中受益。在易地搬迁过程中，由于耗资巨大、搬迁补贴资金不足，除了国家给予的扶贫资金外，各级地方政府和贫困人口需要自筹解决部分资金，面临着一定的压力。并且，建档立卡户和非建档立卡户获得的资金补贴额度差距较大。搬迁后的移民还面临着就业等生计问题。因此，针对政策落地实施、操作执行中的困难，建立更好的保障机制，是扶贫政策的改进方向。

2. 扶贫项目普遍缺乏省级层面的顶层设计，有待建立验收标准

调研中发现，项目普遍缺乏顶层设计，按照什么标准执行，由什么主体评估尚不明确；对脱贫人口认定的评估模糊不清；基层扶贫的机构和队伍建设不足，从事扶贫工作的多为兼职人员，在组织上没法充分保障；在资金管理上，扶贫项目的前期费用无资金来源，给县财政带来压力。针对这些问题，省级、市级层面有待建立相关的细则、目标。

（四）构建后续工作的动态机制

调研中，贫困县对扶贫政策的动态机制提出了一定的诉求。

1. 脱贫人口极易出现返贫现象，有待建立对脱贫人口的动态追踪机制

根据十八届五中全会要求，到 2020 年，要确保 7 000 万人农村贫困人口全部如期脱贫、贫困县全部摘帽。而贫困县往往处于老、少、边、穷地区，受自然环境、地理位置等因素的制约，很多农民增收渠道单一。扶贫政策应将返贫现象纳入考虑范围，并强化贫困人口的脱贫基础。

2. 贫困县对贫困退出机制存在很多迷惑，有待完善确立后续扶贫工作相关机制

贫困县往往长期依赖扶贫政策带来的相关福利。退出贫困县按什么标准执行、退出后有没有相关奖励、退出后是否有相应政策的延续？例如2020年全面脱贫后的3~5年，后续扶贫相关工作如何开展不得而知。因此，有必要建立明确的动态机制，使扶贫政策具有一定的可持续性。

五、结论与展望

扶贫的工作不是一个单纯的收入问题，而是一个综合性的问题。因而，根据不同的区域环境、错综复杂的致贫原因和脱贫需求，实施因地、因村、因人而异的具体而异的扶贫开发方式，实现“精准扶贫”，是解决以往扶贫开发工作中数据不清、情况不明、扶贫政策和项目指向不准、管理不善等诸多问题的重要思想，这也是新一轮扶贫开发工作实现“扶贫攻坚”、实现2020年全面脱贫的重中之重。

然而，对精准扶贫的认识远不止于对象和数据层面的精准。

首先，贫困县要审时度势，发展特色产业，根本上实现造血脱贫。根据“十三五”规划“全面实现脱贫攻坚”的要求，要通过发展特色产业实现3 000万户建档立卡贫困户的脱贫。无疑，产业扶贫是实现自主造血，彻底摆脱贫困的根本。贫困县应抓住我国中西部承接产业转移、实现经济转型的宏观经济和产业形势，以及实现区域协调发展，促进基础设施建设和公共服务均等化，提高农牧民生活质量，共享改革成果的政策背景。在此背景下，贫困县面临着强劲的发展契机和充满着自身优势，应重视突出互联网+产业、有机农业、生态旅游等特色产业，重视教育和人力资源的培育，作为未来引领贫困县经济活力的重要引擎。

其次，精准扶贫需要创新扶贫开发的机制和模式，处理好深层次的矛盾、关系和问题。随着扶贫开发进入“攻坚期”，精准扶贫背后蕴含着更加艰巨的任务和挑战。如何与地区经济发展阶段的协调，制定不同的扶贫目标，如何解决贫困人口思想文化观念的问题，如何克服制度改革和政策保障中的缺陷矛盾，如何实现地区稳定等多重目标，以及如何实现公平规范的问题。这些，往往是“粗放扶贫”所不能解决的深层次难题。从调研案例得到启示，精准扶贫需要更加丰富的方式，以及更加“创新”的扶贫开发机制和模式。

最后，精准扶贫意味着要求更加科学有效的程序和更加健全的工作机制。扶贫政策到执行操作层面时，包括贫困户识别、指标分成、政策落地保障、贫困推出和返贫动态追踪、政策的覆盖等具体的落实问题。精准扶贫对应着巨大的工作量，迫切需要顶层设计。贫困县对建立科学、规范的程序和细致的标准提出了强烈的诉求，包括政策保障、相关标准的出台、扩大参与主体、落实工作责任等。可见，扶贫攻坚支撑体系的完善，直接关系到扶贫工作能否开展执行到位、具有可操作性，也是真正贯彻精准扶贫，提高脱贫的实效的重要突破口。

（本文是2016年9月16日全国贫困地区精准脱贫学术研讨会上的会议论文）

“十户一体”抱团脱贫的台江实践值得推广

段忠贤*

减贫摘帽奔小康，是“十三五”时期的硬任务，是我们党新时期的重要使命。打赢脱贫攻坚战，必须充分调动群众的主动性，特别是要让贫困群众积极行动起来，防止“上热下冷”的现象。习近平总书记在中央扶贫开发工作会议上指出，脱贫致富终究要靠贫困群众用自己的辛勤劳动来实现。发源于贵州省台江县的“十户一体”抱团脱贫模式，通过抱团组建脱贫共同体，有效整合和配置发展资源，充分激发了脱贫致富的内生动力，为落实党建扶贫工作和全面建成小康社会提供了成功示范。

一、“十户一体”抱团脱贫的推进机制

明确思路，凝心聚力。台江县紧紧围绕“如何脱贫、如何管理”的问题，根据农户的家庭情况，将10户左右居住相邻、技能相似和发展意愿相同的贫困农户组织在一起，并按照一定比例配置党员农户、致富能手农户，明确致富能手和带动能力强的1户农户作为“户长”，形成“十户一体”的抱团脱贫共同体。各个脱贫共同体相互督促、相互制约和相互帮助，采取民主决策、自我管理、自我教育和自我服务的脱贫机制，形成模式自己选、任务自己定、过程自己管、效果自己测、红利大家享的脱贫致富新格局。

* 段忠贤，贵州大学公共管理学院副教授。

加强领导，落实责任。台江县非常重视“十户一体”的创建和发展工作，不仅将其纳入年度重要工作部署，县委常委会还定期听取“十户一体”推进情况汇报，统筹协调推进工作。与“十户一体”相关的财政、住建、民政、农业、扶贫等县直部门积极投入项目、资金、人力等资源，帮助推进贫困村完善各种基础设施和服务功能。全县各乡镇党委书记亲自安排“十户一体”的推进工作，并组织力量协同工作队、第一书记、同步小康驻村工作队和村支两委共同推进“十户一体”工作，层层落实推进工作责任。

保障齐全，稳步推进。目前，台江县已形成全县上下联动共抓“十户一体”的工作格局。不仅制定了责任主体明确的工作推进机制，还出台了推进“十户一体”的具体实施方案，并明确相关政策支持和基础设施建设扶持。一方面，各有关部门围绕“十户一体”的推进，积极与上级部门对接，争取项目扶持、培训扶持、资金扶持；另一方面，针对发展资金不足问题，引导农户开展农业产业化发展，加强科学和精细化经营管理，切实降低生产经营成本，提高农户发展能力。

加强督查，定期通报。台江县将“十户一体”创建和发展工作纳入乡镇党委书记述职和目标考核的重要内容，把“十户一体”工作推进情况与机关目标管理考核挂钩，并作为各乡镇年度评先评优以及奖惩的重要依据。同时，还要求各乡镇每半个月须将“十户一体”的推进情况，及时按规定上报台江县委党建办公室。此外，台江县委通过采取定期、不定期或明察暗访的方式，对全县各村的“十户一体”创建和发展工作进行督促检查，并将工作开展情况及时进行通报。

二、“十户一体”抱团脱贫的实践成效

夯实了基层党组织扶贫力量。在“十户一体”有序推进的过程中，打开了农村基层党建工作的新局面。一是村级党支部的凝聚力和号召力明显增强，特别是村民参与村支“两委”组织召开村民大会的积极性明显提高；二是党员先锋模范作用得到有效发挥，党员主动带头脱贫和帮扶受到了广大群众的好评；三是村支“两委”和上级党委政府的工作部署在村里贯彻落实更加顺畅，扶贫工作“上热下冷”的现象得到了彻底的

改变。

解决了扶贫资源碎片化问题。长期以来，扶贫资源“碎片化”问题比较突出，特别是扶贫资金、扶贫项目、扶贫对象等比较分散，扶贫资源配置一直是基层扶贫工作的重要难题。台江县“十户一体”的抱团脱贫模式，把分散的贫困对象聚在一起，通过组团承接各种扶贫资源共同发展，不仅让一些“碎片化”的扶贫资源分配难问题得到有效解决，还壮大了贫困户承接扶贫资源的能力，让单一贫困农户以往“不敢承接”或“不能承接”的扶贫资金和项目得到了有效的利用。

激发了贫困群众的内生动力。在“十户一体”创建和推进的过程中，“十户一体”作为重要的脱贫责任主体，担负着村“两委”与个体农户间沟通桥梁和连接纽带，拓宽了农户对村级公共事务的参与途径，贫困群众拥有了更多的知情权、决策权和监督权。特别是脱贫奔小康行动中，“十户一体”让贫困农户议身边事、定自家策、谋脱贫路，充分调动了广大贫困群众脱贫致富的积极性和主动性。

营造了互帮互助的脱贫氛围。“十户一体”的核心在于把分散的贫困农户和非贫困农户组织在一起，通过走“强户”带“弱户”实现共同致富的路子，形成了一个相互督促、相互制约和相互帮助的发展主体。除了作为一个发展共同体外，“十户一体”还发挥着环境卫生整治、矛盾纠纷调解、治安联防联控、帮助孤寡老人和留守儿童等功能，积极营造了互帮互助的社会氛围，充分体现了中华民族的传统美德和时代精神，社会主义核心价值观得到了有效践行和弘扬。

三、“十户一体”抱团脱贫的推广价值

基层党建引领脱贫致富。“十户一体”实质上是抓基层党建促扶贫开发的重要工作载体，是农民群众在基层党支部领导下互帮互助、抱团发展的一种可贵实践创新。充分发挥了农村基层党组织领导核心和战斗堡垒作用，通过基层党组织和党员来组织动员贫困群众，凝聚广大群众的内生力量一起对抗贫困。以党组织为领导核心，以党员为模范先锋，以摆脱贫困为主要内容，以贫困群众为主体，一切为了群众、一切依靠群众，这些正是“十户一体”成功实践的核心所在。

借助抱团力量对抗贫困。“十户一体”抱团脱贫模式把贫困农户重新组织起来，把分散的力量聚合起来，加强了人与人、户与户之间的互动联系，形成脱贫致富利益共同体。脱贫主体农户之间互联、互帮、相制、共促的理念，使每个发展主体之间形成“有困难大家帮”的氛围，改变了以往单打独斗的脱贫局面。各脱贫主体可以共同商议选定的产业，将各自拥有的土地、资金、技术等资源贡献出来，共同承担风险克服困难，相对于集体中的个体来说创业风险减少了，可利用的资源增多了，脱贫致富的道路也通畅了。

创新利益机制根除贫困。保障贫困群众的利益是“十户一体”得到成功推行的关键。台江县在推行“十户一体”的过程中，紧紧围绕贫困群众的所盼所需，一方面，建立了利益共同体，不仅将分散的贫困农户连在一起，还将非贫困户组织起来互助发展共同致富；另一方面，建立了“十户一体”与贫困群众的利益连接机制，使贫困群众通过“资源变股权、资金变股金、农民变股民”参与到脱贫攻坚中来，使党和政府的支农惠农富农政策惠及千家万户。

（本文修订于 2017 年 6 月 9 日）

武陵山片区产业扶贫模式

王云平*

武陵山片区是国家11个集中连片特困区之一，产业扶贫存在贫困户积极性不高、扶贫产业的市场抗风险能力弱、扶贫效益不佳等问题，其关键原因是地区对外开放度不高、部分农村地区的地理条件恶劣、以农业为主的扶贫产业缺乏核心竞争力。要树立“企业带动，骨干示范，模式多元，联动推进”指导思想，通过加大对重大基础设施建设的支持力度，支持扶贫产业优化升级，以新型城镇化建设推动等方式促进产业扶贫有效推进。

一、产业扶贫中存在的问题

武陵山片区立足丰富的生态自然资源优势，因地制宜，发展“一村一品”或“几村一品”，发展百合、猕猴桃、茶叶、中药材、高山蔬菜等特色农业，推动能人创业带动示范，以及采取“基地带农户”“公司+农户”“协会连农户”“科技服务组织引农户”等多种农业产业化经营模式，取得一定成效。目前，在扶贫实践中也存在一些问题，主要表现为贫困户积极性不高，宁愿土地荒芜也不愿意流转，扶贫资金宁愿花光也不愿意用于生产；扶贫产业的市场抗风险能力弱，扶贫效益不佳，等等。造成上述问题的原因是多方面的，主要有以下三项。

---

* 王云平，国家发改委宏观经济研究院产业经济与技术经济研究所研究员。

（一）地区对外开放度不高

武陵山片区山峦叠峰，河谷幽深，地势险峻。受地势影响，交通基础设施建设难度大，和外部联系的重大交通基础设施建设极为落后，和外部交流相对平原地区更为困难。武陵山片区的湖南湘西州是全省少有未通高铁的地区，去省会长沙需要 5 个小时。湘西州被称为“神秘湘西”，这个词从另一个角度就是“封闭湘西”的意思。到目前为止，湘西州没有一家成规模的外资企业，域外资本也很少进入湘西州。封闭造成了当地信息闭塞，与外界交流少，开放意识相对薄弱。农户的等、靠、要现象比较突出，对自力更生、脱贫致富的信心不足，尽管该地区拥有丰富的资源，但难以转化为农户积极参与脱贫致富的生产力。

（二）部分农村地区的地理条件恶劣

武陵山片区境内山多平地少，许多农户居住在半山腰，农户分散在各山头，“看到屋，走到哭”是 50% 以上农民出行的真实写照，需要走很远的路程才能到另一个地方进行农业生产。而且，有些地方经常出现山体滑坡等重大灾害。2014 年，吉首市就多次发生山体滑坡造成房屋倒塌的问题。这些地方很不适合人居，更不用说是发展产业，居住在这些地方的农户，如果不对居住地搬迁，只是简单的产业扶贫是难以真正实现脱贫的。

（三）以农业为主的扶贫产业缺乏核心竞争力

特色农业是武陵山片区扶贫产业的重点，但这些产业发展缺乏核心竞争力。受资金不足、土地流转等因素的约束，农业产业布局分散，带动特色农业发展的专业合作社和农业龙头企业的规模偏小，农产品深加工度不够，缺乏著名农产品品牌，缺乏互联网等现代意识，所以许多农产品尽管属于生态、高质量，但产品附加值不高，市场难以拓宽。典型的例子是，湘西州的茶叶“保靖黄金茶”品质很好，因为品牌没有做大，市场和价格难以得到保证。缺乏核心竞争力，以致产业的抗自然灾害、抗市场风险能力较弱，效益短期内难以显现，加重农民对产业扶贫的观望。

二、下一步思路和政策建议

产业扶贫能够保证贫困户实现收入可持续增长，是实现由扶贫到脱贫的根本。为了更好地推进产业扶贫工作，要树立“企业（合作社）带动，骨干示范，模式多元，联动推进”指导思想。

——企业带动，骨干示范。发挥龙头企业、农民专业合作社的带动作用，鼓励在发达地区打拼和训练有素的本土人士返乡创业，支持致富带头人、技术能人创业兴业。

——模式多元，联动推进。坚持就地产业扶贫和城镇迁移就业扶贫相结合，将居住生态条件恶劣的农户迁移到城镇，帮助他们在城镇就业。坚持个体发展和农业专业合作社相结合。农户参与合作社可以采取两种形式。一是成为合作社员工。村民土地、山林等被租赁，村民被吸纳为企业员工，村民领取工资；二是股份合作。农户以土地入股并同时进入公司打工，获得入股分红和工资收入。

为了更好地推进武陵山片区产业扶贫，国家需要在以下几个方面加大支持力度。

（一）加大对基础设施建设支持的力度

整合武陵山片区政策，将西部大开发和民族地区政策有效叠加。要大力支持武陵山片区高铁等重大交通基础设施建设。考虑到武陵山片区财政困难，实行基础设施建设项目资金“零配套”政策，免除武陵山片区财政困难市、县及县以下基础设施建设项目配套资金。

（二）支持扶贫产业优化升级

通过税收、补贴、贴息等方式扶持现有特色农业提高核心竞争力。鼓励农业专业合作社、农业龙头企业做大做强，支持品牌建设，推动农业产业链向工业（农产品加工）延伸。支持建设一批农业互联网示范基地，通过线上线下的商业模式创新，拓展农产品市场空间。培育扶贫产业新增长点，支持旅游产业扶贫，建设一批国家级文化生态旅游公园，让农民不离乡土就业创业。

（三）以新型城镇化建设推动产业扶贫

在武陵山片区推进新型城镇化试点，支持城镇化融资，增加发债配额，建设一批新型小城镇。试点建设移民小区，支持在地理条件恶劣居住的农户迁移到城镇。推进产城融合发展，发挥生态优势设立一批生态经济示范区，大力发展和承接国内外农产品加工和轻工食品和民族特色产品，为进城农民提供就业机会。

（本文修订于2016年3月8日）

北京对口帮扶贫困地区情况及经验总结

孙　铮*

对口帮扶是国家一项重要的扶贫开发政策。“十三五”时期，北京市对口支援工作将迈入一个全新的发展阶段。未来五年是国家深入实施西部大开发战略，加大对民族地区、边疆地区、贫困地区扶持力度和促进区域协调发展的重要时期。在新的历史时期，全面把握对口支援的新形势与新要求，进行科学的战略安排，对首都在新时期实现对口支援和区域合作跨越式发展具有重要的意义。

一、主要成效

（一）援藏工作

援建项目平稳推进。推进拉萨市群众文化体育中心和德吉罗布儿童乐园工程等项目。另有拉萨数字城管工程、羊达乡无公害蔬菜基地项目、拉萨东环快速干道项目，以及拉萨市北京中学、体育场、牦牛馆、体育馆、音乐广场等重点项目实施完毕。

公共服务援助工作成效突出。北京青少年发展基金会开展了“梦想之屋”慈善公益项目。北京援建的拉萨北京实验中学正式开学。医疗专家组成的“首都侨爱医疗服务队”定期赴拉萨义诊并捐款。14 家北京三甲医院医生“组团式”医疗援藏团队来到拉萨市人民医院任职。推进落实“双百工程”，把每年解决 100 名西藏籍大学毕业生就业、救治 100 名

* 孙铮，中国经济体制改革杂志社编辑。

西藏先心病儿童工程落到实处。北京市组织多家企事业单位在拉萨举行人才招聘活动，提供各类岗位，达成西藏人才赴京工作意向。后续通过网络开展招聘。

经济合作进入新阶段。拉萨产业交流（亦庄）中心以产业转型升级、创新发展为导向，大力推动拉萨企业的“请进来”和“走出去”，多点布局、协同发力，培育和促进拉萨净土健康产业、文化旅游产业、现代商贸服务业、金融服务业等主导产业发展，加快产业交流和创新创业，将自身打造成集群规模效应凸显、经济贡献稳定提升的西藏对外开放的创新示范基地和产业转型升级新引擎。京东商城与拉萨市政府签订战略合作协议，通过电商的进入，进一步拓宽自营特色农产品采购渠道，深入开发市场潜力。

（二）援疆工作深入推进，全方位援助格局基本形成

民生工程普惠当地群众。安居富民和棚户区改造工程建设已全部竣工，农牧民居住条件得到根本性改善。社会福利设施建设进展顺利，和田社会福利及救助示范中心、洛浦县敬老院、墨玉县敬老院等项目交付使用。医疗卫生项目加快推进，先后新建、扩建医院，对乡镇卫生院供暖设施进行改造；组织培训骨干医生和业务管理人员。北京援建和电影剧院配套工程投用。

教育和文化援疆。教育援疆，集中力量建设中小学校舍，高起点配备教学设备，加快寄宿制学校供暖设施改造，推动教育援疆向软件提升延伸。培训幼儿园和中小学双语教师，接收维吾尔族教师入京培训，积极推动两地教育交流与合作。文化援疆不断深入，文化领域重点项目启动实施，和田地区文化中心已经竣工，数字电视无线传输覆盖工程已经完工，与之相配套的维语节目译制项目投入使用。文化演出和宣传活动深入开展，京和两地文化交流深入推进。

产业援疆取得新进展。加大和田北京工业园区投入，创新园区融资机制，搭建融资平台。创新标准化厂房代建租购模式，启动标准化厂房建设。深化京和园区合作，北京经济技术开发区与和田北京工业园区双方在园区规划、产业、招商、管理等四个方面开展高水平合作。支持农业科技园区和高效农业发展，开垦沙漠戈壁荒滩，建成多元化的生态农业科技示范园区。引进农业龙头企业，推动家禽养殖业优种改良。积极搭建和田特色农

产品市场北京推广平台，提高农产品市场影响力。培育和田特色产业发展，开展核桃改良和文玩核桃引进。支持传统特色产业发展，策划精品线路，开发和田旅游资源。针对当地光热和沙漠荒地资源丰富的优势，借鉴北京发展观光农业的经验，率先在南疆引进蔬菜大棚种植和滴灌节水技术。

人才培训和智力支援取得新成效。充分发挥北京智力资源优势，为和田地区编制高水平的城市规划。加快基层组织设施建设，支持村级集体经济发展。开展新疆基层干部对口支援培训项目和爱国宗教人士培训工作。做好和田籍未就业大学生培养工作，深入推动京和两地青少年交流交往。

（三）援青对口支援工作

灾后重建任务。完成隆宝镇、哈秀乡整体重建任务，建成寄宿制小学，完成农牧民住房建设任务；搭建了城市运行的骨架，为玉树县拓展了10平方公里的城市发展空间；整体打造初具成效，截至目前，已完成全部灾后重建任务114个项目。

对口援青工作。北京市积极落实援青工作资金安排，2011～2015年安排资金约为11.22亿元。对口支援范围包括玉树、称多、囊谦、杂多、治多、曲麻莱共六个县，主要以改善民生和促进经济发展为核心，从科教合作、智力支援、经贸合作、生态建设、非灾区援助等方面开展长期对口支援工作。

（四）帮扶内蒙古、支援巴东和京什合作工作平稳推进

对口帮扶内蒙古成效显著。在内蒙古自治区赤峰市、乌兰察布市实施的帮扶项目涉及社会事业、整村推进、设施农业、基础设施建设等方面；举办教育、文化、卫生、科技等十个重点领域人才培训班，大量培训人员；对北京市在内蒙古自治区实施开发扶贫项目的企业进行贷款贴息。

支援巴东项目进展顺利。对口支援三峡库区湖北省巴东县，资金重点用于支持市政工程项目和人才培训项目。市农委组织市农林科学院、市植保站有关专家，赴巴东县开展农技人员知识更新培训。支援巴东项目进展顺利，巴东县人民医院业务大楼、巴东一中教学楼、县民族医院业务大楼、县影视文化广场等工程已投入使用。北京市支持的巴东县搬迁安置房项目已全部交付使用。房山区人民政府与湖北省巴东县人民政府签订

《对口支援综合帮扶框架协议》。双方将以支持三峡库区巴东县城镇移民小区综合帮扶为切入点，围绕建立健全工作机制、开展移民小区建设、推动产业合作等领域有效开展帮扶与合作工作。

京什合作平稳推进。北京市支持什邡市实施教育、卫生、产业、农副（特）产品销售、智力培训等 14 个合作项目。目前，北京市已开展与什邡市中小学的“手拉手”合作项目，什邡市农副（特）产品进京销售网点大量增加，有力地推动了灾后什邡市商贸产业的快速恢复和经济发展。北京中医药学会什邡专业委员会工作室成立。援建项目还包括了旅游文化、医疗卫生、社会救助、基础教育、住房、产业园区、道路工程等。

二、经验总结

（一）完善协调机制

继续加强部门协调。进一步加强相关部门的合作交流，建立部门联动工作机制和衔接落实制度。按照“联合主办、轮流承办”的方式举办，积极筹备和发起区域合作发展论坛。

积极推进规划协调。组织开展对重点区域、重大项目的研究。围绕对口支援的重要领域和项目，协调受援地共同编制对口支援总体规划以及重大援建项目专项规划。

加强政策协调。完善汇集社会力量参与对口支援工作的平台；制定支持北京企业入驻受援地区的优惠政策，有效促进企业参与对口支援工作。制定推进人才支援的鼓励政策，吸引高素质人才到受援地区服务和创业。制定政策引导金融机构到受援地设立分支机构，为当地经济建设和社会发展提供资金支持。

（二）强化资金保障

切实加强资金保障。根据国家要求和市财力情况，建立对口援助、帮扶资金的稳定增长机制，确保对口支援地区的援助资金足额及时到位。加大区域合作资金支持力度，保障区域合作资金的需求和及时到位。

强化项目资金的管理。市领导小组负责对口支援项目计划的审批，统筹组织实施本市在受援地区项目建设和资金管理工作；依据领导小组批准的项目计划，按项目进度向市财政申请资金，市财政局审核后拨付资金。区域合作项目资金也由市财政集中拨付，设立专项专户存储、专款专用。加强项目资金安排的审核，跟踪项目资金使用情况。

完善项目资金监管机制。把对项目资金的筹集、拨付、使用和结存，以及政策落实、规划执行、项目建设管理、环境保护等情况和效果纳入审计范围，进行专项审计，确保中央和本市相关政策措施落实到位，保障资金管理和项目建设的规范有序、廉洁高效和公开透明。

（三）优化项目管理

科学选定对口支援项目。遵循民生项目优先的原则，符合国家对口支援工作的具体部署、本市对口支援规划，有利于促进当地经济、社会、人口、资源、环境统筹协调和可持续发展，与受援地协商，确定援建项目。

科学选定区域合作项目。依据本规划及北京市与周边地区签署的协议，在跨市域的交通基础设施、生态环境建设、农业合作等方面，筛选和实施一批合作项目，对于重点项目，实施情况报告制度，落实项目具体负责制。

加强项目的监督管理和后期评估。定期组织检查，考核完成情况和实施效果，做好项目验收和移交工作，后期组织专业机构对完成项目开展成效评估。

（四）保障干部人才

加强支援合作干部队伍的建设，通过集中学习、专题自修等多种培训方式，提高干部的综合素质。完善派出援助干部和专业人才的选拔和管理制度，扩大干部人才的选拔范围，提升管理水平。加强对派出援助干部人才的培训，扩大交流面，提高履职能力。

（五）推动规划实施

分目标分部门落实规划。规划提出的预期目标、对口支援任务以及区域合作任务主要分解落实到前方指挥部和相关部门，各负其责、逐步落实，并将其纳入前方指挥部和相关部门的综合评价和绩效考核体系。

分阶段分步骤实施规划。继续加强年度计划制定实施和年度工作总结汇报制度。逐年落实本规划提出的目标、对口支援和区域合作的任务，制定约束性指标，设置年度目标；继续完善年度工作总结汇报制度，分析规划实施进展情况和年度目标的完成情况。

实施重大项目落实规划。坚持以规划确定项目、以项目落实规划，着眼于集中力量分阶段实施一批关系受援地人民生活和经济发展的重大项目，通过重大项目实施促进规划落实。

做好规划实施评估。建立规划实施评估制度，围绕规划目标、重点任务、重点项目和重要协议的落实情况，组织实施中期评估，分析和评价规划实施效果和措施落实情况，及时发现问题，采取措施解决，确保规划目标的实现。

（六）动员全社会参与

拓宽公众了解规划、参与实施的渠道，有效组织和引导公众参与和监督规划实施。同时引导社会力量参与对口支援，推动企业、事业单位和社会团体开展全方位、多层次协作，集政府和社会之力共同落实好规划。

三、继续推进思路

（一）援藏工作

一是强化领导，持续推进援建项目建设。确保重点项目建设，重点投向农牧区基础设施建设、市政设施建设、社会事业、产业发展、基层组织及阵地建设、规划编制、智力支持等方向。二是强化资源整合，扎实推进全方位援藏工作。要进一步动员社会力量，发挥好首都科技、教育、医疗、文化、人才等优势，紧紧围绕拉萨发展规划和总体战略，把改善群众生产生活条件放在更加重要的位置，深化技术和智力支援，做好就业援藏。三是强化产业援藏，推动拉萨市可持续发展。用好北京援藏资金，通过银行贷款贴息、奖励等方式，鼓励北京企业来藏投资，进一步促进京藏两地经济合作，增强拉萨发展造血功能。

（二）援疆工作

一是统筹把握援建任务的均衡性和有机衔接。二是重点保续保竣，适度安排新增项目。项目资金安排的原则是优先保障续建项目资金需求，同时启动一批受援方急需项目和重点项目。三是继续突出民生项目，让群众更直接享受援建成果。重点推进城乡住房、教育、医疗卫生、社会福利等能够让群众更直接、更早受益的重大民生项目实施。四是充分发挥北京科研优势。借助北京科研力量，开展事关新疆未来发展方向、发展重点、发展途径和发展措施的重大战略研究。

（三）援青工作

一是做好工作衔接，完成灾后重建项目交付工作。完成玉树灾后重建甩项的主干路面层沥青铺设及相应的步道、路灯等工程。二是全面开展对口支援工作。把改善民生作为工作的重点，统筹安排好人员、资金、项目，提高工作效率和资金使用效率。坚持“输血”与“造血”相结合，统筹安排好科技、经济、人才、产业支援，实现玉树可持续发展。认真研究建立工作的长效机制，做好援建项目后期的运行、管理和维护，为玉树长远发展发挥作用。

（四）帮扶内蒙古和支援巴东、什邡工作

一是做好帮扶赤峰、乌兰察布两市工作。深入落实《京蒙区域合作框架协议》各项内容，推进互派干部挂职各项工作。保持北京市各区县和赤峰、乌兰察布两市有关旗县（市、区）的结对关系不变，继续开展点对点集中帮扶。同时，进一步加大对赤峰、乌兰察布两市政策、项目、资金、人才等方面的支持力度。加强京蒙人才交流工作，进一步引进北京优质教育、科技、卫生、人才等资源，更好地推动内蒙古自治区经济社会各项事业发展。二是加强援巴、援什项目建设，进一步规范合作项目管理，保证项目切实发挥效能。充分发挥首都优势，继续加强智力支援工作。积极推动产业合作，帮助拓宽巴东、什邡市特色产品在京销售渠道，扶持当地优势产业，推进产业结构升级。

（本文修订于2016年3月8日）

新疆特色农业发展与扶贫开发问题研究

肖春梅*

新形势下，国家提出了扶贫的“五个一批”工程，特别对产业扶贫给予了高度重视。产业是发展的根基，也是脱贫的主要依托和抓手，产业扶贫是中国特色扶贫开发模式的重要特征。特别是新疆特有的区情条件，贫困人口外出就业难，特色农业及其相关产业仍旧是吸纳贫困人口的主要领域，是实现贫困人口脱贫的主要渠道。根据2013年底新疆贫困人口调查底数，新疆贫困人口中有劳动能力有174.33万人，这部分贫困人口将通过发展生产脱贫；纳入异地搬迁扶贫11万人，生态保护扶贫46.86万人，教育扶贫53.91万人，兜底扶贫87万（这些扶贫人口相互之间有交叉）。从脱贫方式来看，通过发展生产实现脱贫的人数在“五个一批”扶贫中数量最大，涉及涵盖面最大、关联性强，是脱贫攻坚的重头戏。

（一）新疆扶贫开发区域特色农业发展现状、特征和存在问题

1. 贫困地区农业现状和特征

（1）农业在国民经济中仍占有重要地位。2014年，新疆一产占GDP比重为16.6%，35个贫困县中，一产占GDP比重超过这一平均数的县达到26个，占到贫困县总数的74%。特别是一产占GDP比重超过了30%的县达到18个，占到了贫困县总数的51%。可以看出，除了部分地州首府所在县市和工业相对农业发展较快的贫困县市之外，绝大多数贫困县市农业发展在整个国民经济中仍占较高比重，农业在整个国民经济中的基础

* 肖春梅，新疆财经大学经济学院副教授。

地位仍十分突出。

（2）南疆贫困地区农林牧协同发展，林果优势明显。南疆贫困地区农业发展以种植业和牧业为主，尤以种植业较为突出，林果业在近些年取得了突飞猛进的发展。2014 年，种植业产值占到农林牧渔业总产值的 69.9%，牧业产值占到 25.4%。

南疆贫困地区已经形成粮食自给自足、以棉花为主要经济作物、其他农作物为辅的种植业发展格局。2014 年，南疆四地州贫困县粮食播种面积 684.49 千公顷、棉花播种面积 588.30 千公顷，分别占到了南疆四地州贫困县总播种面积的 43.6% 和 37.5%，蔬菜、果用瓜和苜蓿占到四地州贫困县总播种面积的 4.6%、4.5% 和 3.9%。近些年，南疆地区积极探索特色作物种植，玫瑰花、山药、花卉、天山雪菊等特色种植业逐步发展壮大，为种植业结构调整注入了新的活力。

畜牧业较快发展，以羊牛为主、特色畜禽养殖并举的畜牧业发展格局已经确立。2014 年，羊、牛年底头数分别为 1 399.24 万头（只）和 133.19 万头（只）。

经过多年发展，南疆环塔里木盆地已经成为新疆特色林果主产区。2014 年，南疆三地州重点贫困县林果种植面积 321 493 公顷，分别占到环塔里木盆地和全疆林果种植面积的 54% 和 34%，产量 200 万吨，占到环塔里木盆地和全疆林果产量的 46% 和 23%。主栽树种以红枣、杏子、葡萄、桃、苹果为主，分别占到南疆三地州贫困县林果总面积的 59.2%、24.7%、6.9%、1.7% 和 1.6%。部分林果主产区，农民增收的 35% 来自于林果业，林果业在南疆贫困地区农民增收中发挥的作用逐渐增大。

（3）北疆、东疆贫困地区农牧业发展并重，草原畜牧业特色突出。北疆、东疆贫困县以农牧业发展并重，2014 年牧业、农业产值分别占到农林牧渔业总产值的 53% 和 42%。北疆、东疆贫困县草原资源丰富，草原畜牧业在畜牧业种占有相当大比重。牲畜品种主要以羊、牛为主，2014 年北疆、东疆贫困县羊、牛年底头数分别为 352.3 万头（只）和 55.03 万头（只），分别占到北疆、东疆贫困县牲畜年底头数的 79.7% 和 12.5%。受气候影响，农作物种植品种主要集中在粮食、油料、苜蓿等品种上，高效经济作物少，特色经济作物基本固定，农作物种植结构调整空间有限。2014 年，粮食、油料、苜蓿播种面积分别为 178.3 千公顷、24.84 千公顷、19.75 千公顷，分别占到总播种面积的 69.1%、9.6%、7.7%。蔬菜种植面积 4.26 千公顷，种植面积较小。

2. 贫困地区农业发展中存在的问题

（1）生产资料缺乏，质量不高，自我发展能力弱。贫困人口生产资料相对匮乏，大多数农户户均耕地面积较少，耕地破碎分散，根据新疆贫困户生产资料调查结果，新疆 13.5% 的贫困农业户中无耕地，82% 以上的贫困农业户中户均占有耕地不足 10 亩。大多数农牧业户饲养牲畜数量有限，25% 以上的贫困户无牲畜，52% 以上的贫困户饲养牲畜不到 10 头（只）。部分牧民草场较少，受制于地理条件限制，建设人工饲草料地又存在成本高、产量低的问题。土壤有机质含量低，高标准农田占比小，中低产田占比大；牲畜品种改良滞后，生产周期长，产肉产奶量小。生产资料缺乏和质量不高导致农牧业发展处于简单的再生产，贫困农牧民脱贫的根本路径受阻，贫困户自我发展脱贫能力弱。

（2）农业基础设施滞后，生产条件差，成本高效率低。贫困地区主要河流缺乏山区控制性水利工程，工程性缺水严重。大部分农田基础设施不健全，农田林网、机耕道建设、农田渠系防渗严重滞后，渠道防渗率低，节水灌溉推广面积小。以南疆三地州节水灌溉为例，2014 年，其节水灌溉面积总计 307.21 千公顷，仅占其总播种面积的 20%，远低于全疆 49% 的水平。部分地区饲草料地以及水利配套设施还不齐全，农牧民发展畜牧业的配套饲草料地无法保证，设施农业发展受到很大制约。特别是山区、边境牧区对外通达道路等级低，牧道年久失修，增加了牧民转场成本和农产品对外销售物流成本。农业基础设施建设滞后一方面导致贫困户增加农业生产资料的可能性受到限制，一方面增加了农业生产中投入的人力物力，增加了农牧业生产成本，降低了农牧业生产效率，客观上抑制了贫困户脱贫的步伐。

（3）农牧业种养殖方式粗放，管理技术不高。贫困地区劳动者科技文化素质普遍不高，加上农牧业技术推广服务体系建设滞后，农牧民农业科技应用意识不强，技术掌握程度低，生产经营仍延续着较为粗放的方式，土地产出率和劳动生产率都低于全疆平均水平。田间栽培管理还较为粗放，没有达到精耕细作的标准，一些贫困户良种的应用程度还较低。以南疆贫困地区为例，南疆地区高产粮田和优质棉田的占比相对较少，粮食和棉花单产水平与北疆相比还有一定差距，还有很大的提升空间。畜牧业发展方式粗放，良种化率不高，大多数贫困户科学养殖意识淡薄，对科学饲养管理方法认识不到位，科学饲养管理方法难以落到实处。林果业发展还较为粗放，精品果园占比小，老旧林果品种还占有一定相当的比例，贫困户种植管理技术落后，产品质量参差不齐，效益较低。

（4）农业产业化发展滞后，对贫困群体的带动能力较弱。农业生产大多仍延续传统生产方式，多数地区还处于原料直接销售阶段，种养加、产供销、贸工农一体化经营链接不紧密。农产品初级加工能力正处在初始提升阶段，精深加工产品较少，产业链短，产品附加值低。缺乏有带头能力的种养殖大户；农业合作组织多数在政府政策的扶持下发展，运行机制还不完善，自我管理和自身发展能力还较弱；农业产业化龙头企业数量有限，企业与农户之间还没有建立真正的利益连接机制，企业在基地建设、技术服务、产品销售等方面对农户的带动能力不强。品牌创建意识不强，成本较高，已有品牌小、散，缺乏有效整合；冷链等物流基础设施落后，电子商务等新型销售方式正处在试点、起步阶段，农产品市场开拓能力还不足。

（5）一二三产业融合发展能力较弱。新疆贫困地区多处在交通落后、位置偏远的地区，旅游基础设施投入少，乡村旅游缺乏组织和创意，客源少，休闲观光农业发展较为滞后。部分距离县城较近的地区已经简单地发展起来一些以农家乐、牧家乐，但主要以餐饮为主，旅游方式简单、粗放，创意农业、农耕体验、乡村手工艺、养生养老等更高层次的旅游方式还运用较少，农业多功能性没有得到充分发挥。农业市场化和信息化建设滞后，农产品快速流通能力不足，贫困农牧民运用信息途径少、能力弱，农村电子商务发展的质量还不高，农产品销售途径还比较单一。一二三产业融合发展能力不强，限制了贫困地区农牧民增收渠道。

（二）新疆特色农业扶贫模式探析

1. 强农惠农政策补贴型

通过积极落实国家各种强农惠农政策，并出台自治区和各地特有的一些强农惠农政策，大力实施“短、平、快”项目，降低贫困户生产成本，增加生产资料的原始积累，加大贫困户受益程度。以区畜牧业发展为例，通过落实国家草原生态保护补助奖励机制政策，促进人畜转移和草原生态恢复，实现牧区广大牧民人均新增政策性收入6 000元以上；通过实施牛羊良种冻精、种公畜补贴，减少引种支出，使农牧民每年户均获益2 000元以上；实施南疆生产母畜扩增补贴与养殖贷款贴息补助政策，使项目户户均增收2 000元以上。和田地区实施庭院养禽示范项目，免费向农牧户提供30日龄以上的鸡苗和饲料，养殖5～6个月出栏，按户养殖30只鸡苗、90%成活率计，可实现增收500元以上。喀什地区疏附县实施贫困户养鸽示范项目，为贫困户免费提供4月龄育成鸽50～100对，按每对种鸽年产7窝、窝产2只、全年产出14只，每只售价按20元计，实现销售收入1.4万～2.8万元，除去引种及饲养成本，可获净收益5 000～10 000元。岳普湖县铁力木镇实施贫困户养羊示范项目，为无畜户每户发放小尾寒羊母羊4只，推广多胎（多羔）繁育技术，经过一年半的时间，每户平均育肥出栏羔羊7只，实现销售收入6 000元以上。

2. 公共基础设施投入共享型

通过项目建设，加强农牧业农田水利、田间道路、高效节水灌溉、土地整治、饲草料地开发等基础设施建设，进一步做好资源节约利用，便利农产品生产运输，降低贫困农牧民劳动强度和生产成本。例如，在贫困地区实施的高标准良田建设、高效节水灌溉工程，在牧区实施的牧民饲草料地开发建设工程等，对于提高贫困牧民整体生产水平都起到了良好的作用。

3. 依托企业和合作社带动型

积极发展以合作社和企业为主的新型农业合作组织，增强其带动贫困户脱贫的能力。从形式上主要有：一是构建“企业＋合作社＋贫困户”的生产模式，建立农畜产品生产基地，通过给贫困户提供生产技术、生产资料、金融贷款等服务，密切企业和贫困户利益关系，促进散户按照加工业标准组织生产，实现产品的订单收购。二是扶贫合作社模式，建立大户带动贫困户型合作社或贫困户散户组合式合作社，通过采用贫困户土地或牲畜入股和吸纳贫困户从事种植养殖的方式，使贫困户享受效益分红，增加劳动收入，带动贫困户发展。柯坪县采取“企业托管，定期返还”的扶贫新模式，每年带动400多户贫困户实现户均增收1 000元以上。

4. 科技推广提升型

通过农业科技推广应用进一步降低农业生产成本，促进农牧业增产增效，带动农牧民增收致富。例如：喀什地区采用冬小麦加复播玉米的种植模式，每亩地毛收入达 2 400 元以上，除去生产成本每亩地纯收入达 1 200 元以上，较常规生产模式增加 400 元以上。通过推广多浪羊“两年三产”技术，与常规生产方式相比，每只能繁母羊每年可多收益 200 元以上。巴州新疆尉犁罗布羊农民专业养殖合作社通过推广大型棉秆微储窖藏技术，使农牧户每只生产母羊每年节约饲养成本 200 元以上。

5. 农业多功能创效型

充分依托旅游优势，突出贫困村旅游特色，从建筑物、旅游景点、旅游文化等方面打造旅游特色品牌，大力开展农家乐等休闲旅游，提供吃住玩一体的旅游服务，以奖补的方式鼓励贫困户参与其中，或以入股等其他方式由旅游专业合作社代为经营，给予一定的利润返还，增加贫困户经济收入来源。

6. 园区示范带动型

在贫困人口相对集中的区域，通过建立产业园区或利用已有园区，积极吸引企业入驻，大力发展一些劳动密集型民生产业，积极吸纳贫困农牧民就近就业，进一步提高农牧民的工资性收入。喀什地区叶城县利用上海援疆资金、社会资本共计投入 3 亿元，积极推进现代畜牧养殖园区建设，建成生猪、肉羊及家禽生产小区共 12 个，入住企业 5 家、合作社 13 个，实现年产值 4.7 亿元，年净收益达 1.2 亿元。民丰县将援疆项目与当地特色资源“和田黑鸡”相结合，实施新疆昆仑尼雅生态农牧产业园建设项目，带动千家万户开展“和田黑鸡”养殖，由公司负责回购成年鸡进行精细加工销往全国，既可带动农牧民增收，又能促进富余劳动力就业及相关产业发展。

（三）新疆特色农业扶贫中需要处理好的几个问题

1. 处理好产业扶贫投资和其他基础设施建设投资之间的关系

目前财政扶贫投资主要集中在农村公共基础设施投资和发展产业相关的投资两个方面。农村公共基础设施建设方向明确，项目较为具体，建设标准、规模较为统一；而产业发展相关项目不同的地方建设需求不一，需要大量的研究、筹划，建设周期相对较长，许多地方更倾向于将投资优先投向公共基础设施建设方面，而后才考虑产业投资方向。然而，产业发展才是最终解决贫困人口脱贫的根本路径。因此，扶贫中要处理好产业发展和公共基础设施建设之间的关系，将更多的扶贫资金优先用于产业发展，辅之以公共基础设施建设，才能更大地发挥扶贫资金的扶贫效益。

2. 处理好扶贫产业选择与市场开拓的关系

目前，农业扶贫主要集中在一些种植业和养殖业方面，多是在这些方面给予一定的资金和项目支持，这是巩固贫困户发展的首要一步，无可否认。但是，在目前农产品总体供给过剩的情况下，农业扶贫产业的选择也要充分注重供给侧结构改革，在初始扶贫产业选择时，不能为了完成扶贫任务而盲目地选择产业，而要在统筹考虑农产品的生产和销售问题、考虑当地资源禀赋特点的基础上，科学合理地选择体现本地区特色的农业相关产业。这既包括对种植和养殖方面的扶持，更要包括对农产品销售合作组织、农产品冷链系统、配送中心、专业市场、农村电子商务、农产品加工等方面的扶持力度，有些有条件的地区更要考虑将乡村旅游开发也纳入扶贫的扶持范围，以此来带动整个农业农村产业的科学合理发展。

3. 处理好贫困户自我发展和借力发展的关系

目前，农业产业扶贫资金一部分是以扶贫户为单位，给予每户一定的产业发展方面的扶持，另一部分是以公共项目的形式来投资带动周边的贫困户发展，前一种形式重在扩大贫困户的自我发展积累，后一种形式重在提升贫困地区整体发展条件，从而使各贫困户收益。无论是哪种形式，最终都提升了贫困户自我发展的能力，是一种积极的正确的扶贫方式。但同时，我们还要创新扶贫的方式，处理好自我发展和借力发展的问题，要积极在扶贫资金的合理使用上下功夫，要充分借助于合作社、企业等新型经营主体在产业扶贫中的带动作用，探索出扶贫资金使用中一些好的机制，使每家每户扶贫资金合力使用发挥效益的同时，又能使每家每户精准收益。改变以往扶贫资金集中扶持某个扶贫项目，实则扶持个别大户，贫困户收益较小的情况。

（四）新疆特色农业扶贫的主要举措

1. 夯实农业自身发展基础

（1）加强农业基础设施建设。加强以高效节水为重点的农田水利建设，积极推广高效用水和渠道防渗，提高农业节水能力。加强贫困区域高标准农田建设，加强对纳入小麦、玉米和棉花高产稳产田建设的贫困县粮棉高产稳产田工程建设，做好以喀什区域为重点的盐碱地改良和以阿克苏地区为重点的中低产田改造任务，进一步提高耕地质量。加大对饲草料地的开发力度，重点做好克孜勒苏柯尔克孜自治州饲草料地、戈壁产业水利配套设施建设。继续加强畜禽标准化规模养殖场（区）建设，支持贫困地区各级政府、涉牧企业、种养大户建设规模养殖场（区）、畜牧养殖园区，开展以村（队）为单元养殖场（区）建设试点。

（2）强化农业科技推广应用。开展最佳栽培模式、果树营养诊断、测土配方施肥、新品种培育、灾害性天气防控、有害生物防治、新型管理技术、林果产品精深加工、林果机械化等方面的攻关研究和集成创新推广。大力帮助贫困户引进推广优质高产品种、水肥一体化、病虫害统防统治和各项先进适用技术组装配套，实施高产攻关等科技创新工作。积极发挥林果合作组织、技术服务队在新技术、新装备应用方面的引领带动作用，提高林果业技术管理和服务水平。加强南疆及北疆贫困牧区肉羊纯繁、肉羊高频繁殖与经济杂交、肉牛繁育、牛羊育肥、特禽养殖等技术的推广应用。进一步强化贫困区域基层农技、农技、动物防疫等公共服务设施建设。

2. 加强农业结构调整和生产管理，提升农业生产效益

优化种植业结构。重点在南疆贫困县发展具有当地特色的孜然、维族药材、大芸、玫瑰花、伽师瓜、胡麻、万寿菊等品种，在北疆和东疆贫困县发展甜瓜、大麦、马铃薯、红花、打瓜、麻类、谷子、糜子等小杂粮等品种。积极扶持贫困县发展设施农业，加强高标准日光温室建设和设施配套，引导贫困农民发展短平快的大小拱棚，提高春提前和秋延晚蔬菜供应能力。

加快推进畜牧业转型升级。加快绒山羊、特禽、驼奶、驴奶、蜜蜂等特色养殖业发展，培育贫困区域畜牧业增收新亮点。在贫困地区实施一批畜禽养殖专业乡、种养结合示范村、草料加工利用等示范工程。

推进特色林果业提质增效。加强对 35 个扶贫开发工作重点县在林木良种培育、林木种苗发展以及花卉种植方面的扶持力度。强化对林果基地的科学管理，加强林果基地肥水管理、整形修剪、良种优化和机械装备应用。加大核桃、红枣等特色林果种植园改造，支持沙棘、肉苁蓉等特色沙产业发展，做优做大做强特色优势产品，提高果品产量和品质。

大力开展庭院种养殖。充分利用各家各户庭院资源，鼓励户户养畜、户户种植，实施贫困户种植、养殖示范工程，加大对贫困户在庭院内部种植和养殖项目的支持力度，增加贫困户生产资料积累，调动农牧户种养殖积极性。加强庭院小型温室、大棚、小拱棚建设，积极引导贫困户种植一些投入产出比、附加值高的特色农作物。支持贫困户在庭院内修建禽舍棚圈，饲养农畜、家禽及珍稀动物等。充分利用庭院周边林业资源，发展林下养殖。

3. 加快农业产业化发展

建立带动贫困户发展的有效机制。鼓励农业产业化龙头企业以“企业＋农户”、“企业＋合作社＋农户”方式建立农畜产品生产基地，支持涉农企业、种养大户、合作社组织建设农牧业产业园区、规模养殖场和生产基地，不断提高农业生产组织化程度和标准化生产水平。引导龙头企业与农民建立新型利益分配机制，推行基地、龙头企业、合作组织、农户等灵活的混合编组发展模式，鼓励发展由贫困户自组织的或由大户带动组织的各类农民专业合作组织，引导贫困户的土地、草原、林地、扶贫资金等作为经营权入股，推行盈余分配、股份分红、二次利润返还、“保底＋分红”等联结方式，让贫困户分享二、三产业的增值收入。

加快农副产品加工业发展。加快确立贫困地区农产品加工优势主导产业，以提高加工转化能力和产品附加值为重点，大力扶持红枣、核桃、石榴、杏、巴旦木等产品加工业；以现代冷链物流运输建设为重点，突出发展以鲜食葡萄、苹果、香梨等产品外销为主的特色林果加工业；以牛羊肉加工为重点，加快形成以农区养殖为主的肉牛肉羊产业、禽肉禽蛋产业、水产养殖加工产业。建设特色农作物生产基地，支持民族特色的传统手工业、民族药业、清真食品加工业发展。用好纺织服装综合支持政策，进一步加强纺织服装产业发展，积极抢占高端市场。

积极推动农牧业产业园区建设。引导龙头企业向园区集中、生产要素向园区集聚、主要产业向园区集群、生产经营在园区实现集约。积极吸引援疆省市农业产业化重点龙头企业参与贫困县产业化园区建设。加强对园区农产品加工企业的公共服务，搭建产销、银企、科企对接平台。实施农产品加工科技创新驱动发展战略，为园区发展提供科技和人才支撑。

4. 推动农业和旅游业融合发展

加强旅游基础设施建设。加大贫困县特色旅游城镇、重点旅游景区基础设施和公共服务设施建设力度，着力打造一批旅游基础设施完善、公共服务设施配套，具有特色文化的旅游城镇、民族风情旅游乡村和知名旅游景区。推动乡村旅游与新型城镇化有机结合，合理利用民族村镇、古村古镇等资源建设一批环境优美、功能完善、特色鲜明的旅游名镇名村。统筹利用惠农资金加强贫困村环保、道路等基础设施建设，完善乡村旅游服务体系。

大力发展精品旅游和乡村旅游。实施品牌战略，开展5A级景区、旅游度假区、生态旅游示范区、民族文化旅游区、特色旅游目的地系列品牌创建工作，扎实推进乡村旅游富民工程，支持贫困县打造旅游扶贫试点村和一定数量的“农（牧、渔）家乐”示范品牌，增强乡村旅游扶贫富民效能，带动贫困地区脱贫致富。大力发展林业生态旅游，引导贫困群众发展生态旅游服务产业，选择贫困县开展森林生态旅游项目建设。扩大畜牧产业发展内涵和外延，在贫困区域积极发展草原生态旅游业、现代马业、牧区健康养老服务业，促进贫困农牧民就近转产就业，增加服务业和工资性收入。

着力开发特色旅游产品。全面落实好全国旅游援疆会议精神，创新贫困县旅游援疆模式，形成旅游发展合力，力争在旅游产业援疆、客源援疆、人才援疆等方面取得新突破。加大南疆旅游商品“新疆礼物”宣传推介，推进旅游商品研发设计和转型升级。挖掘丝绸之路和民族民俗文化内涵，因地制宜开发低空旅游、购物旅游、医疗旅游、边境旅游、沙漠探险、文化旅游、自驾旅游等特色旅游项目，推动冬季旅游与民俗旅游、体育项目融合发展。

5. 着力提升农产品品质、开拓农产品市场

加强绿色有机农产品生产。统筹部署和整体推进贫困地区“三品一标”工作。鼓励引导农畜产品种养大户、家庭农牧场、合作社、农业企业积极开展无公害、绿色、有机农畜产品认证和地理标志农畜产品登记工作，提高农畜产品质量。积极推进有机农业示范基地建设，开展有机农产品生产示范基地（企业、合作社、家庭农场等）创建。

加大贫困地区市场流通体系建设。加大对贫困地区农产品品牌推介营销力度，全方位开拓市场，打好绿色、生态、有机牌，形成品牌优势。积极发展贮藏保鲜业，加强对农产品贮藏保鲜加工的政策支持，加快农产品仓储物流等服务体系建设，提升物流配送业服务水平。加强南疆贫困地区林果初级批发市场的升级改造，建设规范化的林果交易市场。按照统一标准、统一模式，在援疆省市打造新疆特色农产品终端销售平台。

加快特色农产品信息平台建设。积极利用移动互联网拓展电子商务渠道。将信息平台与“三品一标”建设相结合，培育和提升贫困地区特色农产品品牌。积极发展农村电子商务，大力推进“互联网＋”，完善网购、微商、电子结算、出口取送货等服务功能，将农村电子商务作为精准扶贫的重要载体，打通农村电子商务“最后一公里”。

（五）加快推进新疆特色农业精准扶贫的政策建议

1. 加强各类扶贫资金的整合

支持贫困县以脱贫攻坚规划为引领，以重点扶贫项目为平台，将财政涉农资金捆绑集中使用，完善资金整合使用具体方案和决策程序，创新资金使用机制，履行好资金管理监督首要责任，提高扶贫精准度和有效性，为打赢脱贫攻坚战提供有力保障。

2. 进一步拓展以工代赈项目覆盖地域

目前以工代赈项目主要涵盖国家和自治区级扶贫开发工作重点县，其他非贫困县的贫困乡村和贫困人口仍未惠及。因此，建议国家要加大资金投入，将非贫困县的贫困乡村和贫困人口也纳入以工代赈项目支持的范围。进一步扩大项目对产业发展的支持力度，适当增加产业类发展项目的资金比例，并将一些适宜贫困农牧民发展和改善生产条件的小型产业项目、基础设施项目列入投资范畴。

3. 加强各级农牧业惠民政策向贫困地区和贫困户的倾斜力度

继续加大现有国家、自治区支持农牧业发展政策和项目向贫困地区倾斜的力度，适度增加安排资金比例。落实好畜牧业良种补贴、种草补贴、贷款贴息、保险保费补贴、标准化规模养殖建设补助政策，鼓励支持贫困区域当地政府，对现行补贴政策进行灵活调整，据实确定补贴范围、补贴标准和补贴主体，使各项惠牧政策更大范围惠及贫困区域和贫困群体。结合国家第二轮草原生态保护补助奖励机制政策的实施，进一步提高对贫困牧民的补贴标准，增加其政策性补贴收入。扩大草原畜牧业转型示范项目在贫困地区的覆盖面，吸纳更多的贫困牧民进入林业或草原生态保护公益性岗位。实施林果企业、农民专业合作组织和果农购置林果机械设备补贴政策，将林果清洗、筛选、烘干、贮藏、包装等产地初加工和精深加工机械设备列入农机购置补贴范围。

4. 加强金融对农业扶贫的支持

会同农业发展银行新疆分行，向国家推荐将南疆个别地州作为政策性金融扶贫实验示范区。精准对接特色产业发展需求，加大对农业龙头企业、扶贫农民专业合作社等新型农业经营主体的投融资支持，发挥龙头拉动、效益覆盖的效果。围绕具有新疆特色的特色林果业、林下经济、森林草原旅游、休闲农业、设施农业、乡村旅游、农村电商等，加大投融资支持和金融服务力度，推动贫困地区传统农业向绿色、生态、有机方向发展。各银行要大力支持“短平快”项目建设和发展，创新符合劳动密集型产业的信贷产品和服务方式，做好“短平快”扶持贷款贴息工作，放大“短平快”项目就业效应。大力发展农业保险，扩大农业保险产品供给和覆盖面，推出更多符合新疆贫困地区特色的种养业险种，扶持贫困地区特色种养业发展；发挥财政补贴对保险业务的推进作用，通过财政以奖代补等方式支持贫困地区发展特色农产品保险，贫困县保费补贴型农业保险实现“愿保尽保”。借鉴其他省区经验，设立贫困地区农村产业融合发展投资基金，结合国家专项建设资金，加大对贫困地区农村产业融合发展园区和重点项目的支持力度，进一步撬动社会资本投资。

（本文摘编自2017年6月完成的国家自然科学基金委管理科学部应急管理项目《中国扶贫开发的战略和政策研究》）

西藏扶贫政策及成效

徐爱燕*

在改革开放前，由于全国普遍处于大规模的贫困状态，因此并没有针对农村贫困的专项扶贫政策。改革开放以后中国政府的专项扶贫项目的主要方针是采取开发式扶贫，其政策演变可以分为五个阶段：针对特殊贫困地区的扶贫开发尝试（1986 年以前）、以区域瞄准为主的大规模扶贫开发（1986～1993 年）、改善资金投入和贫困瞄准的“八七”扶贫攻坚计划（1994～2000 年）、以整村推进为主的扶贫开发（2001～2010 年）和从 2011 年推出的集中连片特殊贫困地区的扶贫开发。

2011 年 12 月，国务院印发《中国农村扶贫开发纲要（2011～2020 年）》，作为我国新时期扶贫开发工作的纲领性文件，将全国扶贫开发重点转移到 14 个集中连片困难地区，其中，西藏是全国经济比较落后的省份，其连片困难范围较大，因而也使其成为国家扶贫工作的重点对象。

目前，西藏扶贫开发工作已初步形成了政策扶贫、专项扶贫、行业扶贫、金融扶贫、援藏扶贫五位一体，政府、市场、社会协同推进的扶贫格局。

（一）专项扶贫

专项扶贫主要是指国家安排专门投入、各级扶贫部门组织实施，通过既定项目，直接帮助贫困乡村和贫困人口。专项扶贫包括整乡（村）推进、易地扶贫搬迁、以工代赈、小额信贷、“雨露计划”、产业扶贫等。

以工代赈。以工代赈是指政府投资建设基础设施工程，受赈济者参加

* 徐爱燕，西藏大学经济与管理学院副教授。

工程建设获得劳务报酬，以此取代直接救济的一种扶持政策。现阶段，以工代赈是一项农村扶贫政策。西藏的以工代赈最早始于1951年，以工代赈的资金或物资来源以中央财政拨款为主。《西藏自治区“十五”以工代赈建设规划》对人畜饮水、县乡村公路、异地扶贫、草场、小流域治理与农村通信工程、农田水利、基本农田的建设进行了专项规划。以工代赈资金对西藏农牧区基础设施建设起到关键作用，每年为群众劳务投入安排的项目多达100余个，主要包括小型农用水利建设、人畜饮水工程、乡村道路建设、基本农田建设、畜牧业建设、扶贫搬迁等内容。以工代赈安排的项目，有效地改善了农村贫困人口的生存环境，为当地的经济增长提供了必要条件，并使部分贫困人口在项目开展期间获得短期就业机会和非农收入。

扶贫搬迁。在坚持群众自愿的前提下，对居住在生存条件恶劣、自然资源贫乏地区的贫困人口实行易地扶贫搬迁，是改善他们生存环境和发展条件的重要途径。西藏需要搬迁的贫困人口，大多数居住在海拔高、地方病高发区，“一方水土养不活一方人”。据官方统计，西藏2015年还有59万贫困人口，其中26.3万贫困人口居住在“一方水土养不了一方人”的地区。在西藏，国家级限制开发的重点生态功能区中生活着17.3万人，占全区总人口的5.76%，多数因为生态环境脆弱收入较低。通过扶贫搬迁，使生存条件极差地区的贫困农牧民异地脱贫。例如，阿里地区坚持“政府引导、群众自愿，科学规划、分步实施，因地制宜、分类指导，整合资源、重点扶持”的原则，对全地区1 390户因自然条件恶劣、灾害频发、耕地水源缺乏等致贫的农牧民，统一制定方案、完善配套政策，采取集中安置、分散安置等多种方式进行生态扶贫搬迁，努力实现“搬得出、稳得住、能致富”。

整乡（村）推进。整村推进就是以扶贫开发工作重点乡（村）为对象，以增加贫困群众收入为核心，以完善基础设施建设、发展社会公益事业、改善群众生产生活条件为重点，以促进经济社会文化全面发展为目标，整合资源、科学规划、集中投入、规范运作、分批实施、逐村验收的扶贫开发工作方式。随着大部分自然条件相对较好，或者具有一定资源优势的农村贫困地区相继脱贫，西藏农村贫困人口的分布呈现出分散的趋势。农村贫困人口不再以整体的形式分布在各个贫困县，而更多地表现为零散分布，尤其是以贫困乡镇（村）为单位集中分布。2001 年，西藏圈定了 34 个县、393 个乡镇作为重点扶持乡镇。由于自然条件和社会经济发展的各种原因，这些贫困乡镇依靠自身脱贫的难度已经相当大，而以贫困县为主要扶贫对象的扶贫方式无法将资金、技术、项目以及政策落实到贫困农户。针对这种情况，以往将贫困县作为主要对象的扶贫方式已经不能适应西藏当前变化的贫困形势，扶贫工作要取得较好的效果，必须将扶贫范围扩大，整乡（村）推进的扶贫模式成为适应当前扶贫工作新特点的有效方法。进一步缩小，直接锁定贫困人口。“十二五”期间，西藏计划完成 200 个乡（镇）的整乡推进扶贫任务。截至 2015 年底，全区共安排实施整乡推进扶贫乡（镇）330 个；2011 ~ 2015 年，共实施 269 个整乡推进扶贫任务，投入财政扶贫资金 13.79 亿元，安排整乡推进扶贫项目 2 436 个。受益人口 46.5 万人，年人均增加收入 1 050 元。

小额信贷。资金短缺一直是制约贫困人口生存和发展的重要因素。小额信贷是一种有效的直接向贫困农户提供小额金融服务，以帮助他们摆脱贫困，实现自我发展。中国农业银行西藏分行按照中央、自治区和总行对“三农”工作提出的新政策和新要求，出台《农行西藏分行扶贫贴息贷款发放与管理实施细则》，对“特殊集中连片贫困区域”农牧户，致富带头人带动贫困户共同致富的项目，扶贫贷款予以支持；对农业产业化龙头企业、扶贫龙头企业、农牧民专业合作经济组织和农牧区小型基础设施建设及社会事业项目等扶贫贷款予以支持。2015 年，西藏县域以下除小康户以外的所有农牧民及与农牧民脱贫致富相关的企业、产业和项目均可享受该行 1.08% 的年扶贫利率优惠。据统计，农行西藏分行成立 20 年来，累计投放扶贫贴息贷款 349.70 亿元，到 2014 年末余额达 204.41 亿元，较 1995 年底增加 203.21 亿元，增长 16 934.17%，累计扶持农牧户 32.29 万户。西藏扶贫基金会于 1998 年开始在那曲地区的那曲县、聂荣县和山南地区的扎囊县开展小额信贷项目。在小额信贷的扶持下，一大批农牧户通过发展种养殖业、运输业、餐饮服务业等，实现了脱贫致富。

“雨露计划”。“雨露计划”是以政府主导、社会参与为特色，以提高素质、增强就业和创业能力为宗旨，以中职（中技）学历职业教育、劳动力转移培训、创业培训、农业实用技术培训、政策业务培训为手段，以促成转移就业、自主创业为途径，帮助贫困地区青壮年农民解决在就业、创业中遇到的时机困难，最终达到发展生产、增加收入，最终促进贫困地区经济发展。例如，“十二五”以来，林芝市采取多种措施，精准扶贫，贫困农牧民素质逐步提高。林芝市依托“雨露计划”，培训贫困群众4 850人。群众月均劳务收入由“十二五”初期的2 400元增加到2014年底的4 500元，增长87.5%，初步实现了“学到一技，终身受益，输出一人，全家脱贫”的目标。

产业扶贫。产业扶贫是贫困地区扶贫开发的现实途径，是通过产业的培育、发展和壮大，来实现带动贫困群众脱贫致富的行之有效的好办法。针对西藏贫困人口现状，西藏要求扶贫专项资金的70%用于产业扶持，通过到户的方式把产业发展和贫困群众紧密联系起来。“合作社+能人+贫困户”“党支部+能人+贫困户”等扶贫模式发展迅速。例如，2013年建立的西藏山南地区扎囊县强巴林村氆氇加工坊，这是一个以“村委会+专业合作+贫困户”的形式经营管理的扶贫开发项目，总投资90万元。2014年全村28家贫困户共获得13万元分红，户均实现增收4 600元以上，同时解决当地劳动力30人就业。西藏集合种植业、养殖业、农畜产品加工业、民族手工业、旅游业，开创产业扶贫的良好局面。

（二）行业扶贫

行业扶贫主要是指行业部门履行行业管理职能，支持贫困地区和贫困人口发展的政策和项目，承担着改善贫困地区发展环境、提高贫困人口发展能力的任务。行业扶贫包括明确部门职责、发展特色产业、开展科技扶贫、完善基础设施、发展教育文化事业、改善公共卫生和人口服务管理、完善社会保障制度、重视能源和生态环境建设等。

科技扶贫。围绕贫困地区特色优势产业，采用科技承包、典型示范等方式，推广各类先进实用技术，提高种植业养殖业生产效率。以农村青壮年劳动力为重点对象，大规模培养种养业能手、致富带头人、农牧民技术员等等。西藏地区开展教育支撑脱贫工作，推进科技特派员农牧区创业行动的实施，鼓励科技人员以定点、巡回、技术承包等形式带项目进村入户，加强贫困群众科学技术培训和科技扶贫示范村、示范户建设。西藏计划到2020年，建设331个乡镇农牧业技术综合服务中心、10个农牧业科技成果转化示范基地，每个贫困村培育1个以上农业科技示范户。

交通扶贫。积极推进乡（镇）和行政村通沥青（水泥）路建设，满足贫困群众的基本出行需求。加强农村公路危桥改造和安保工程建设，改善农村公路网络状况，提高农村公路安全水平和整体服务能力。推进乡镇客运站建设，加强口岸公路建设。例如，西藏交通厅统筹厅综合规划处、建设管理处、农村公路处、财务处各部门对国家级贫困县昌都市察雅县开展交通扶贫，提出“小康路上绝不让任何一个贫困地区因农村公路而掉队的目标”。察雅是西藏 45 个贫困县之一，贫困人口占全县总人口的 42%，13 个乡镇中还有 7 个乡镇未实现通畅，138 个建制村仅 9 个实现通畅，78 座寺庙只有 1 座通畅，222 个自然村不通公路。

水利扶贫。着力解决贫困地区农村人畜饮水困难问题，积极推进农村饮水安全工程建设。在有条件的地区，实施跨区域水资源调配工程，解决贫困地区干旱缺水问题。加强水源保护以及水污染防治。例如，“十二五”以来，林芝市共改造贫困乡村中低产田 5.49 万亩，建设人畜饮水和灌渠工程 241 公里，新修桥梁 28 座，改善灌溉面积 12.28 万亩，新增灌溉面积 4.34 万亩，显著改善当地农民生产条件。山南市曲松县“十二五”新建水渠 32 余公里、新建水塘 6 座，粮食单产平均提高 50 公斤以上，使 1 073 户群众受益。

（三）社会扶贫

社会扶贫主要是指社会各界参与扶贫开发事业，从不同角度扩大扶贫资源，提高扶贫工作水平。社会扶贫包括定点扶贫、对口援藏、推进东西部扶贫协作、动员企业和社会各界参与扶贫等。

定点扶贫。自实施国家“八七”扶贫攻坚计划以来，区党委、政府高度重视社会扶贫工作，积极组织党政机关、中直机关、企事业单位开展定点扶贫，特别是 2011 年以来，自治区党委、政府在全区开展了强基础惠民生活动，全区 5 464 个村都有驻村工作队，7 万多名优秀干部深入农牧区对贫困群众开展帮扶工作；充分发挥对口援藏优势，大力开展援藏扶贫，80% 的援藏资金向农牧区倾斜，有的地区还专门安排援藏资金用于扶贫开发；制定出台了一系列特殊优惠政策，组织动员各类企业、社会团体、社会组织和广大公众积极参与扶贫开发；鼓励驻藏军队和武警部队积极开展拥军爱民活动，实现军地优势互补，彰显军队扶贫帮困特色。

“十二五”期间，自治区组织安排了各个区（中）直单位对口帮扶重点贫困乡，各地（市）、县也相应安排了定点扶贫工作队帮扶当地的重点贫困乡（镇），从而实现了全区重点乡（镇）的全覆盖。据统计，前三年全区社会扶贫各类投资达 40 亿元，支持建设项目 5 583 个，使 58 万余群众直接受益。

对口援藏。1980 年、1984 年两次西藏工作座谈会后，1994 年中央召开的第三次西藏工作座谈会，明确了新时期西藏工作的指导方针，制定了加快西藏发展、维护社会稳定的一系列政策和措施，做出了中央各部门和 15 个省市“对口援藏、分片负责、定期轮换”的重大决策，并动员各省区市和中央、国家机关援助西藏建设了 62 个项目，开创了全国支援西藏的新局面。2001 年，党中央又适时召开了第四次西藏工作座谈会，决定进一步加大对西藏发展的扶持力度，在“十五”计划期间由中央政府投资 312 亿元，建设 117 个项目，中央还对西藏实行特殊的扶持政策。对口支援也进一步加强，确定各省市对口支援建设项目 70 个、总投资约 10. 6 亿元。这为西藏各项事业的发展带来了更大的生机。2010 年 1 月，中央召开了第五次西藏工作座谈会，对推进西藏跨越式发展和长治久安做出了全面部署，为做好西藏工作进一步指明了方向。

中央第三次工作座谈会做出“对口援藏、分片负责、定期轮换”的重大决策后，各援藏中央国家机关、企业和省市，从西藏经济社会发展实际需要出发，采取多种形式，积极参与西藏建设，不断深化和发展援藏内涵。援藏项目广泛涉及农、林、牧、水、电、交通、能源、文化教育、医疗卫生、广播电视、城镇建设、基层政权建设、农房改造、人才培养等诸多领域。同时，随着援藏工作实践经验的积累和西藏工作发展新要求，援藏工作逐步增加了人才、技术的援助规模，进一步向基层倾斜，促进援藏工作向纵深发展，形成了全方位、多层次、宽领域的援藏格局。

（本文摘编自 2017 年 6 月完成的国家自然科学基金委管理科学部应急管理项目《中国扶贫开发的战略和政策研究》）

精准扶贫："贵州经验"、启示及改进建议

洪名勇*

精准扶贫不仅是2020年全面建成小康社会的必然要求，而且也是"十三五"期间国家的重大战略。为此，2015年11月29日国家有关部门印发《中共中央国务院关于打赢脱贫攻坚战的决定》，《决定》将精准扶贫作为核心内容。精准扶贫作为国家战略决定，关键之处是重在落实、贵在落实。为此，我们对贵州长顺、晴隆、普定、长顺、关岭、威宁等县进行调查，总结了精准扶贫的"贵州经验"，贵州经验给全国其他地区进行精准扶贫提供了鲜活样本。同时，针对贵州精准扶贫存在的问题，提出相应的对策建议。

一、精准扶贫的"贵州经验"

精准扶贫的"贵州经验"主要体现顶层设计、精准识别、精准帮扶和精准退出四个方面。

（一）做好精准扶贫的顶层设计："一加十"的制度政策体制

贵州是全国扶贫开发主战场，是全国脱贫任务最重的省份之一。至2014年底，全省还有623万贫困人口，要在2020年实现全面建成小康社会的目标，必须以打赢扶贫攻坚战为前提。打赢扶贫攻坚战这场硬打，做好顶层设计和作战计划至关重要。为此，在2015年10月18日全省扶贫开发大会上，下发了《关于坚决打赢扶贫攻坚战确保同步全面建成小康

* 洪名勇，贵州大学哲学社会科学研究院教授。

社会的决定》及10个配套文件，鲜明地提出了全省精准扶贫的奋斗目标、着力重点和具体措施。“1+10”配套文件是新招实招，贯穿了精准性的要求，突出了“组合拳”的特色，强化了配套化的措施，为贵州当前和今后一个时期扶贫开发工作明确了任务书、作战图和时间表。这一整体设计坚持精准扶贫、精准脱贫的基本方略，强化责任落实，加强政策扶持，采取超常规措施，拿出过硬办法，使大扶贫成为贵州“十三五”期间的第一战略，消除绝对贫困成为贵州“十三五”的首要任务。

（二）精准识别的贵州经验：“四看、八不准、二评议、一公开”

精准扶贫首先要搞清楚谁是贫困农户、谁需要帮扶，只有这样才能将有限的扶贫资源用在刀刃上。由于我国没有建立农户收支统计台账，对于农户收支情况，主要为基层工作人员的估计。因此，即使国家出台了贫困标准，但是难以操作，难分清楚哪家是贫困农户？哪家不是贫困农户？在这方面，贵州威宁县迤那镇2014年开始进行探索，在对贫困农户的总识别中总结出了“一看房，二看粮，三看劳动力强不强，四看家中有没有读书郎”的“四看”法，通过“四看”大体能判断农户是贫困户还是非贫困户。在调查中发现，威宁县的这些探索在我们调查的其他县得到了扩大应用。除通过“四看”识别贫困农户之外，不少地区如长顺县还加上“八不准”识别贫困农户。“二评议”则是指通过村组农户群众会（初选）、乡镇干部讨论会或村民代表大会（复议）两次评议对贫户农户的资格进行推荐、讨论和评选。“一公开”是指对最终确定的贫困户名单进行公示，将信息传达给农户。通过“四看”，外加“八不准”及村民的“二评议”和公示这“一公开”，做到对贫困农户的精准识别。

（三）精准帮扶的“贵州经验”

贫困农户识别仅是精准扶贫的起点，而精准帮扶才是关键。贵州在精准帮扶过程中，重点解决什么人来扶、如何帮扶问题，不仅提出了“十三五”时期贵州发展两大战略的第一大战略为大扶贫战略，进行全社会、全方位扶贫，而且在精准扶贫过程中探索出了“六个到村到户”精准帮扶的贵州经验。即结对帮扶干部到村到户、产业扶持到村到户、教育培训到村到户、农村危房改造到村到户、扶贫生态移民到村到户、基础设施到村到户，实现对扶贫对象的精准扶持。在推行六个到村到户过程中，还因村因户施策，例如，威宁县采取“五类”干部到“五类”村任职，先后选派846名干部到村担任负责人，加强村级组织建设。通过六个到村到户，实现对不同村、不同农户的帮扶，促进不同村、不同贫困农户的脱贫。2015年6月习近平总书记到贵州调研并听取贵州省领导汇报这后，在18日贵州调研召开的座谈会提出提出了精准扶贫的“六个精准”，可以说贵州扶贫开发“六个到村到户”是习近平总书记提出“六个精准”的实践基础。

（四）摘帽不摘政策的退出机制

由于国家财政及有关部门安排了相当的财政资金、项目及其他资源进行扶贫，因此，“贫困”成为不少地区“向上”争取资源的重要理由，这样，一些地区或者县千方百计让自己列入全国、全省重点贫困县。我们将实施国家“八七扶贫攻坚计划”后公布的国家级贫困县名单、数量与2015年国家公布的名单、数量进行比较发现，湖南由10个增加至20个，国家级贫困县增加一倍；四川重庆由43个增加至50个，增加7个；黑龙江由11个增加至14个；江西由18个增加至21个；吉林由5个增加8个；河南由28个增加至31个，均增加3个，另外贵州由48个增加至50个、安徽由17个增加至19个、甘肃由41个增加至43个、新疆由25个增加至27个，均增加2个，青海由14个增加至15个。与一些地方抢着戴贫困帽子，越扶贫越想贫不同。贵州不少贫困县、贫困乡镇则是争着摘去贫困帽子。之所以出现这种现象，原因在于贵州大胆探索减贫摘帽的体制机制。2011年起贵州进行贫困地区“减贫摘帽”的探索，对于通过发展摘去贫困帽的地区不摘支持政策，反而对摘掉贫困帽的地区进行奖励，让一些发展得比较好，已经摆脱贫困的县、乡镇摘去贫困“帽子”退出贫困区域。2011年至2015年全省已有35个县、741个乡（镇）实现了“减贫摘帽”和整体退出，为国家出台贫困地区退出政策进行了积极、有益的探索。

二、精准扶贫“贵州经验”的启示

贵州在精准扶贫方面进行的探索，给国家精准扶贫战略的实施提供的实践基础，并给相关地区有益启示。

第一，精准识别贫困农户是能够办到的。在国家贫困标准指导下，只要方法得当，各地区可以根据自己的实际，探索出识别贫困农户的方法。

第二，精准扶贫的关键在于精准帮扶。就贵州进行六个到村到户的探索看，解决谁去帮扶、帮扶什么、用什么项目去扶、用什么资源去帮扶至关重要。

第三，贫困地区退出是完全可能的。在国家扶贫制度的安排下，贫困地区越贫越想贫、不是贫困地区也想方设法挤进贫困地区，千方百计戴上贫困帽子。而贵州进行的探索告诉我们，只要体制机制设计得当，贫困地区是有积极性退出的。

三、精准扶贫存在的问题

（一）精准识别难

1. 贫困线理解偏差，贫困户识别不精准

根据国家规定，以 2010 年 2 300 元不变价为基础，贫困线进行动态调整，2015 年贫困线应为农村居民家庭年人均收入 3 028 元，大部分的乡镇是按照此标准进行贫困识别工作，但长顺县鼓扬镇纪堵村仍然是按照农村居民家庭年人均收入 2 736 元的标准（2013 年标准）进行识别的。在基层工作中，连一个乡镇各个村之间的贫困线标准都不统一，就更谈不上贫困户的精准识别了。

2. 农户收支的统计难，核查难，精准难

从统计理论让讲，农户家庭年人均村收入 =（家庭总收入 - 生产经营费用总支出）/家庭总人口。家庭总收入主要包括务工收入、生产经营收入、财产性收入，支出主要包括生产性支出。就务工收入来说，外地务工收入由于地域相隔较远，只能够通过农民工的叙述来进行估算。务农收入通过主要作物或养殖品种的经济价值扣除化肥、农药、饲料等成本进行计算。乡镇干部也提出，很难以货币的形式进行贫困人口的收入核算，仅依靠估算统计主观性较强，难免出现误差。

3. “四看”识别存在的偏差

通过“四看”和村民及代表评议这样的识别方法来识别贫困农户，虽然简单并易于操作，但存在一定偏差。政府平时通过驻村干部走访、粘贴宣传画报、发放政策知识手册等形式对扶贫政策等进行宣传，但由于贫困农户普遍只有小学学历，知识认知有限，大多数农户基本无法完全理解政策的含义，对于实际能够拿到手的补助和物资的关心远远超过对于各项政策的关心，以至于虽然参加过村组会的评议，对于贫困户的选举规则仍然是一知半解，大多凭着平常的经验进行投票，更有居住偏远一些的农户根本懒得去参加村组会，在这样的前提下，选举的结果也会受到一定的影响。

（二）基层人员严重不足

在长顺县摆所镇和鼓扬镇，政府方面都提出了基层工作人员不足的问题。一般来说，乡镇中从事扶贫的分管领导 1 人，在编工作人员 3 人，岗位分配是项目申报与落实 1 人，系统管理 1 人，协调工作 1 人。贵州属于山区，农户居住比较分散，每个村，甚至于同一个村的每个村组之间都可能相隔较远，进行贫困识别、产业推广、技术培训、跟踪调查等工作都需要走家串户，深入到每个农户家中，因此，靠少数几人开展贫困工作的确有一定的难度。

（三）村支两委待遇过低

乡镇扶贫工作最基础的工作一般是由各个村组的村支书来掌舵，乡镇干部提出，村支书属于编制外的工作人员，工资较低，并且没有其他补贴，倘若能够以适当的方法提高基层干部的待遇，可能能够更好地激励他们完成由上至下分解的大量工作任务。在长顺县鼓扬镇，除了鼓扬社区的村支书工资是 2 100 元/月外，其他村支书的工资是 1 100 元/月，并且没有其他补贴，与编制内工作人员相比，待遇实在太低。同时，除村党支部书记、村长等 3 人有工资收入之外，其他村支两委成员均没有工资收入。在没有工资收入的前提下，又要完成乡镇及村主要领导安排的工作，工作积极性和工作质量都会大打折扣。

（四）项目扶贫中政府安排与农户意愿脱节

在调查中，虽然基层政策及农户都有脱贫意愿，且不少地方和农户都希望通过产业发展、项目安排来实现增收致富。但一些政府选定的项目并不是当地农户需求的项目，而农户想发展的项目政府又不支持，存在一定的脱节现象。造成产业扶贫的效果并不理想。脱节的原因有两点，一是政府在选择产业时了解农户意愿不够，二是农户对于政策了解的主动性不高，甚至说并不关心，这样的态度造成他们错过很多参与产业发展致富的机会。

四、落实精准扶贫战略的对策建议

（一）理解政策精准，传达政策精准

政策的精准传达是一切精准扶贫工作的基石，上级部门在向下级部门传达各项政策之前，必须保证自身对政策的精准理解，传达过程中必须保证对方对政策的精准理解，传达过后必须监督下级部门或工作人员按照政策要求精准实施，保证扶贫政策能够准确地传达到进行扶贫工作的一线工作人员心中，使国家精准扶政策不走样、不变形。

（二）依托大数据，改进“四看”识别法

依托大数据、扶贫工作云平台，改革“四看”识别法，更精准地识别贫困农户。在对贫困农户的识别过程中，除继续完善现在建档立卡系统外，建议将金融机构、电话移动（电信、联通）以及互联网等有关农户的数据纳入其中，建立贫困地区云平台和大数据系统，运用大数据对农户的经济情况进行判断，例如通过农户在金融部门的资金流动情况来补充、完善对贫困农户的识别。

（三）充实基层工作人员，提高基层工作人员的待遇

重点充实乡镇和村工作人员，为完成扶贫攻坚这一国家战略，建议：一是根据不同乡镇、村扶贫工作的需要，配备更多的基层工作人员；二是

实施乡镇研究生工程，为每个乡镇配备一名“农村与区域发展”专业的硕士研究生，作为本乡镇精准扶贫工程设计与实施的参谋；三是充实村支两委工作人员，根据扶贫工作任务情况，每个贫困村可以多配备2～3名大学生；四是村支两委全部成员均支付一定工资，同时根据当地经济发展水平、生活水平和工作任务情况，提高村支两委成员待遇。

（四）政府扶贫项目安排与农户意愿有机融合

改进项目安排方式，在项目论证、设计过程中，充分吸收村民尤其是村内具有经济头脑的精英人物参与，广泛听取村民意见，实现政府扶贫项目安排与农户意愿的有机融合，充分调动政府和农户两个方面的积极，真正实现项目安排、产业发展的精准。

（本文修订于2017年1月13日）

精准扶贫机制急需创新

——云南精准扶贫面临的困难和问题调查

崔江红*

云南省是一个集边疆、民族、山区为一体的省份，精准扶贫面临着边境安宁、生态安全等国家战略制约，同时也面临着山区、分布分散等客观条件制约，现有扶贫机制难以实现贫困人群精准脱贫，要与全国同步实现脱贫、同步完成全面建设小康社会目标，需要在政策和扶持机制上进行创新。云南贫困人口数量仅次于贵州，排名全国第二位；贫困片区县和重点县数量居全国第一位，云南面临的实际问题在西南民族地区具有一定的代表性，深入推进我国农村精准扶贫，需要加以重视，否则，如期脱贫很困难。

一、精准扶贫面临的几个突出困难和问题

（一）如何发挥有限帮扶资源的最大效率？

目前，集中与高度分散分布已经成为云南贫困人口分布的典型特征，分散分布与有限帮扶资源整合使用之间存在矛盾，如何发挥有限资源的最大效率成为面临的最大难题。全省 574 万贫困人口分散分布在 129 个县（市、区），主要分布在 88 个贫困县、476 个贫困乡、4 277 个贫困村。贫困人口居住和分布呈现高度分散的局面，如独龙江乡 6 个村委会 1 068 户

* 崔江红，云南省社科院农村发展研究所研究员。

贫困户，分散分布在41个村民小组，每个村子不足30户。整族帮扶项目实施将农户全部安置在26个安置点，每个安置点也不足50户，且分布在100多公里的独龙江沿线。这使有限的资金分散投资在26个安置点；同时还要投入较大资金用于26个点之间的公共基础设施建设，无形中降低了扶持资金的使用效率。

（二）如何解决“空心化”带来的潜在浪费?

从全省来看，云南常年到乡外打工比例约为22%，常年在县外打工比例约为15%，全省农村空心化程度总体不高。但区域分布不平衡，贫困人口集中的昭通市、文山州，县外打工比例分别达到31%、19%。部分贫困村“空心化”达到60%以上，留在村子的多数是老年人和小孩。目前，按照中央要求，扶贫规划毫无例外地包括基础设施、特色产业、素质提升、生态建设、民生事业五大帮扶工程。在新的户籍制度和农民市民化背景下，外出打工的年轻人多数不会再回来，现在的很多小孩长大后也会向城市转移，10年20年后，目前人口“空心化”严重的村庄可能变成“无人村”，规模浩大的基础设施、民生改善工程将成为一种潜在的浪费。

（三）如何破解精准到户带来的负面影响?

一是精准到户导致村庄发展不公平。一方面，贫困户与非贫困户之间的不公平。精准到户在一些地方的产业扶持就是免费给贫困户发种牛、种羊、鸡苗等，而非贫困户无法获得。笔者调查的一个贫困乡，贫困户已获得1.2万元以上的产业扶持补助，但非贫困户一分未得。目前，很多建档立卡贫困户与非贫困户差异不大，非贫困户会说：“凭什么他是贫困户我不是，凭什么他能够得到扶持。”易地搬迁中，贫困户6万元的补助标准与非贫困户2万元的补助标准进一步加剧这种不公平。另一方面，贫困户内部的不公平。在普遍建立起挂包帮精准扶贫机制的背景下，不同建档立卡贫困户的帮扶单位和个人是不同的，挂包单位和个人因能力、资源占有不同而对挂包对象给予差异性扶持，部分单位的主要领导给予挂包贫困户的资源帮扶力度远大于普通干部和职工，“领导扶持养牛、职工扶持养羊”成为典型写照。二是低水平发展问题。调查中，乡村干部、村民反映最多的一个问题是：“贫困家庭是村中技术最缺乏、产业发展最差的人，给他们牛、羊、鸡，他们根本干不好，如果把这些拿给养殖大户、种植大户，产生的效果会更好。”从中可以看出，帮扶资源直接到户一定程度上导致效率低，导致低水平发展。

（四）如何破解有限时间下的低水平脱贫问题?

中央提出到2020年实现现有标准下全部贫困人口脱贫的目标，云南省提出“三年脱贫，两年巩固提升”的战略目标，意味着2018年全省贫困人口实现脱贫。在有限时间下，部分村庄脱贫奇招不断。调查中，一村干部说，人死户销、因病致贫家庭病人死亡、家有大学生的大学生毕业就脱贫了，2015年村里有两户人死户销，年底就实现脱贫了。在有限时间内，各地不得不想尽一切办法扶贫，大投入、大手笔成为必然选择，资源浪费严重。按照规划，笔者调查的一个贫困乡要在2016年底脱贫，截至2016年8月，贫困户户均获得产业扶持补助资金达到1.2万元以上。如果实现脱贫，基本是靠“钱”砸出来的；同时，助推等、靠、要思想，更重要的是无法顾及发展的可持续性，只能顾及眼前。

（五）如何破解部分地区的支出贫困问题?

目前，我国扶贫是以收入为基础的扶贫，并以收入来确定是否已经达到脱贫标准。但在云南，有较大一部分贫困人口是刚性生活支出过高而非收入低而陷入贫困。这些贫困人口聚集在两类地区：一类地区是高海拔冷凉地区，主要以迪庆、丽江、怒江的部分高寒山区为代表，这种地区气候冷凉，粮食、蔬菜供应不足，加之交通不便带来的高运输成本，生活刚性支出水平高于其他地区；一类地区是旅游开发区，各种生活必需品价格被旅游业拉得越来越高，无形中提高了当地居民生活支出水平。更严重的是，两类地区高度重合，这使当地群众因刚性生活支出高而陷入贫困。如独龙族群众聚居的独龙江乡蔬菜供应不足，主要从保山、大理运进来，普通蔬菜如大白菜、青菜等价格是全省普通地区的两倍。此外，包括交通费用在内的其他日常生活支出较高。在这样的地区，即使收入水平已远远超过现有扶贫标准，群众生活仍然贫困。

（六）如何破解传统金融服务的缺位问题?

在现有的“贫困村村级互助资金”、妇联“贷免扶补”、“联保贷款”、小额担保贷款、信用评级及信用贷款、农村产权抵押贷款中，“贫困村村级互助资金”、妇联“贷免扶补”涉及面窄，贫困户能够获得的互助贷款额度低，无法实现金融服务到村到户的目标。“联保贷款”形成有钱人和有钱人联保，贫困家庭很难联合到联保农户的问题。小额担保贷款也因担保主体没有明确，而出现无人愿意为贫困户担保的现象。在信用评级及信用贷款中，大部分贫困户由于财产有限，偿贷能力低，信用等级低，能够获得信用贷款的可能性极低。在产权抵押贷款中，贫困户缺少固定资产，除了土地外，没有可用来抵押的产权。而土地产权处置困难，尤其是贫困户对土地的依赖性较强，很多贫困户没有土地之外的谋生渠道，农村“三权”抵押贷款难以推动和发展。在这样的背景下，传统金融服务在精准扶贫中实际上处于缺位状态。

（七）如何破解传统民族文化的负面影响？

传统民族文化如互帮互助，能够降低精准扶贫的成本，但负面影响也不容小视，主要体现在三方面：一是早婚早育。部分少数民族群众结婚最早为 12 岁至 13 岁。笔者调查的一个苗族村，极少数少女 13 岁就已生孩子。2014 年到 2015 年，全村有 5 对年龄不到 16 岁的孩子辍学回家成婚。早婚早育导致适龄儿童无法完成义务教育阶段的学业，教育扶贫推进受阻；新增劳动力文化素质不高，与“有文化、懂技术、善经营”的新型农民格格不入；形成了一批“五代同堂”的贫困家庭，家庭“年龄结构两头大，中间小”，吃饭的人多，干活的人少，刚性支出高，收入低，家庭贫困。二是习惯性搬迁。习惯性搬迁导致搬迁户安居成本高，加剧贫困；住房达不到安居工程建设中房屋改造、易地搬迁的标准，难以获得政策性补贴；群众搬迁后原住地公共基础设施成为一种浪费；在习惯性搬迁严重的村庄，经济宽裕农户想定居下来但不敢建房，担心其他村民搬走后自己成为“独家村的村长”。三是不重视身份证和户口的办理，尤其是妇女，导致新农合、新型农村养老保险等推行受阻；同时，只能就近打工，无法到外地打工，劳动力转移就业扶持效果因此降低。

（八）如何破解脱贫困难户的脱贫难题？

在云南贫困人群中，存在两个脱贫困难群体，一是因残、因病、因智障、因年老致贫人群；二是因懒惰致贫群体。前一类群体目前已经享受到所有能够享受的低保、五保、合作医疗、残疾人补贴、大病救助等社会保障政策，在2016年云南农村低保与扶贫标准“两线合一”后，他们的支出压力依然大。根本原因在于全国统一的贫困线与云南农村经济社会发展水平不一致，国家贫困线偏低。因懒惰致贫的人群在乡村干部眼里是“靠着墙根晒太阳，等着政府送小康”。一些村干部反映，村里有这样几个人，有劳动能力，吃着低保，不干活。在云南，脱贫困难人群数量不少，实现他们的如期脱贫难度较大。

二、加快精准扶贫机制创新的对策

（一）探索以中心村建设为基础的帮扶模式

创新帮扶资源配置模式，加快农村建设与发展机制创新，加快人口聚集的中心村建设步伐，以中心村辐射带动周围“空心村”发展。积极推进“空心村”整治，加速“空心村”消亡；借助易地搬迁的机会，通过旧村改造及占补平衡机制，将“空心村”与邻近的中心村合并，将有限的资源集中投入到中心村，积极探索大村庄、大社区发展战略，避免帮扶资源在村庄上的均衡投入变成一种浪费。

（二）探索资源到村、帮扶到户的扶贫新机制

创新精准扶贫资源配置方式，建立扶贫资源到村的帮扶机制，而帮扶到户更多应强调技术扶持和产业发展引导，以及金融帮扶，而非直接输入资源。同时，提高帮扶资源投入贫困村农业生产基础设施建设的占比，将绝大部分帮扶资源用于改善贫困村生产、生活条件，而不是给贫困户发牛、羊、鸡。完善挂包帮扶机制，制定挂包单位统一的行动计划，强化资源整合使用，避免挂包单位各部门、领导各自为战导致的帮扶不公平。

（三）建立考核为基础的高标准脱贫机制

一是制定更高的脱贫标准，加强脱贫成效监督检查。尽快从省的角度制定更高的脱贫标准，并进一步细化为可操作的细则。可参照贫困户确定

时的“看房、看产业、看就业、看家庭耐用消费品”来制定脱贫标准。建立参与式的脱贫成效监督检查机制，即让脱贫群众自己衡量自己是否已经脱贫。二是建立精准脱贫“奖优罚懒”机制，对那些在产业扶持、劳动力转移就业中表现积极，尤其是积极学习新技术、新知识，努力工作的贫困户给予扶持奖励。奖励应以扶持为主，而不是金钱奖励。通过“奖优罚懒”制度，在贫困村形成一种你追我赶的局面，避免低水平脱贫。

（四）探索以消费为基础的扶贫新机制

首先，建立以州（市）为单元、区域性农民人均社会消费水平为基础的贫困线确定机制。其次，在支出贫困地区设立“菜篮子工程”。一方面，设立贫困家庭蔬菜大棚种植扶持基金，对高寒冷凉地区贫困家庭建造蔬菜大棚给予补助，并对贫困家庭开展大棚蔬菜种植给予技术扶持。另一方面，建立贫困家庭蔬菜价格补贴机制，对蔬菜价格高于全省平均水平的贫困地区的贫困家庭实施蔬菜价格补贴。以省级投入为主，以建档立卡为依据，按月对贫困家庭进行蔬菜价格补贴。

（五）建立贫困人群专项金融服务机制

建立以政府担保和贴息为基础的贫困人群金融服务机制。全面建立贫困地区、贫困人群政府担保贷款及贴息制度，在相关政策文件中明确政府的担保主体地位。加大力度推广政府风险基金补偿机制，即通过政府资金设立金融机构服务贫困人群的风险基金，引导金融机构服务贫困人群。风险基金与贷款资金比应高于普通地区和人群，可设置为1∶5，这样能够消除金融机构服务贫困人群产生呆账、坏账的顾虑。

（六）实施转变观念脱贫一批的战略

一是建立以利益诱导为核心的早婚早育治理机制。加大早婚早育对妇女身体健康、下一代生长发育等不良影响的宣传，提高妇女适婚年龄结婚的观念。建立消除早婚早育的利益诱导机制，如不按规定送义务教育阶段孩子上学，就不能享受低保、安居工程、产业扶持等精准帮扶项目。二是强化安居乐业，消除搬迁习惯。在搬迁习惯盛行的少数民族地区，加大中心村公共基础设施、公共服务建设力度，加大公共服务对人口的吸引力，并积极为定居农户发展生产创造条件，实现安居乐业，通过安居乐业消除搬迁习惯。三是加强基层主动服务，利用母婴保健、妇联工作等机会，动员妇女和儿童落户，办理身份证。

（七）分类治贫，促进脱贫困难户脱贫

首先，建立财政为因病、因残疾、因智障、因年老致贫群体全额购买社保机制，同时，根据全省经济社会发展水平，逐步提高社保水平，尤其是低保、新型农村养老保险标准，而不是贫困线。其次，对因懒惰致贫群体，建立低水平保障，高标准激励机制。对有劳动能力而不劳动、有学技术机会而不参与、有发展项目而不参加的贫困人群，给予最低标准的社保兜底保障；同时，给予那些原来懒惰，但在国家精准扶贫项目实施中，彻底改变懒惰现状，积极、主动参与扶贫项目的家庭或个人给予高标准的奖励性扶持，给懒惰者以示范和引导。

（本文修订于2017年3月24日）

莲花县：中部地区脱贫攻坚战的典型战场

赵雪峰*

江西省萍乡市莲花县位于赣西边陲，是一个革命老区县，原中央苏区县、全国扶贫开发重点县、罗霄山特困片区县、全省25个扶贫开发重点县之一，是甘祖昌将军和全国道德模范龚全珍老阿姨的故乡。作为中部省份的一个贫困县，莲花县贫困范围广、贫困人口多、贫困程度深，减贫成本高、脱贫难度大，脱贫攻坚的任务十分艰巨。

一、县情概况

全县辖13个乡镇、1个垦殖场、157个行政村，总人口27万人，其中农业人口（22万）占绝大多数，城镇化率不足18.52%。现有重点贫困村61个，建档立卡贫困人口29 636人，贫困发生率11.93%。截至2015年底，贫困人口由2013年底的3.96万人减少到2.96万人，贫困发生率由2013年底的17.07%下降到11.93%，农民人均可支配收入由2011年的3 685元增加到2015年的7 644元，增幅达107.5%。

二、致贫原因分析

（一）县域经济发展滞后，扶贫能力弱

1. 基础条件相对滞后

莲花县地处湘赣边界，赣西边陲，是典型的山区特困县，自然条件

* 赵雪峰，国家发改委经济体制与管理研究所副研究员。

差，自然资源缺乏优势，县域耕地面积少，信息闭塞，交通不便。目前，境内只有319国道和吉莲高速，受招商引资、产业发展等制约，经济实力较弱，对群众脱贫致富的带动能力有限。部分村庄位置偏僻，加上贫困程度深，脱贫难度大，群众居住分散，开发难度大，投入成本高，交通出行、农业生产条件薄弱，农村公路、水塘水圳、人畜饮水等设施改建任务还很重。目前，全县还需解决106.3公里自然村通村水泥路建设，还需解决1 376户贫困户、3 839名贫困人口的饮水安全问题，还要解决1 923户贫困户通有线电视问题，还要完成800户农村危房改造工作、83个村庄整治项目、622人易地扶贫搬迁任务。部分贫困村还没有文化活动室、图书室和文体活动场所，人居环境亟待改善。

2. 整体经济实力薄弱

作为国定贫困县、革命老区县，莲花工业底子薄，经济总量少。由于县级财力基础薄弱，项目投入后劲不足，县内扶贫工作资金缺口大，一些贫困乡村的道路、人畜饮水、农田整治、居住条件改善、生态环境保护等急需项目，因资金缺乏难以实施。2015年全县财政总收入仅为7.86亿元，财政保障能力弱，项目配套资金筹集困难，影响了项目的争取和实施。从经济总量来看，莲花还属于经济小县，财政收入低。经济发展实力薄弱，不仅关系着区域经济协调发展，更关系着各项改革的可行性，关系到全面建设小康的目标的实现。存在“小而散”、“撒胡椒面”、“救济式”现象；贫困户靠家庭种养和作坊式增收，只能解决救济之急，既不能有效参与经济发展，也起不到有效脱贫的作用。

3. 村集体经济乏力

全县157个行政村均为贫困村，贫困程度深，贫困覆盖面大，大多数贫困村没有任何收入来源，是典型的空壳村，缺乏产业支撑，农民增收机制尚未形成。部分村经济支撑能力差，自身根本无法投入资金，改善基础设施，扶贫开发任务艰巨。目前，全县仍有重点贫困村61个、29 636名贫困人口，贫困发生率达11.93%，部分贫困人口还生活在交通不便、资源缺乏的边远山区，自然条件恶劣，扶贫开发成本很高，是扶贫攻坚的“硬骨头”，贫困群众因灾因病等返贫现象还比较突出，生产生活条件尚未得到根本改善，2018年实现贫困县摘帽、贫困村退出、贫困户脱贫，任务非常繁重。

4. 人才、致富带头人短缺

由于县域经济实力薄弱，地方财政拮据，资金较为紧缺，不能为科学技术人员提供优越的研究条件，难以吸引人才。大学生毕业回县、乡工作的不多，愿去县域企业工作的更少。在待遇和事业留人方面，缺乏持久的吸引力，人才流失严重。既缺乏一般人才，更缺高层次、复合型人才，尤其缺乏具有现代市场意识和开拓创新能力的经济型人才。部分群体整体素质不高，缺乏一技之长，没有经营管理和生产技术，缺乏带头投资创业能力和胆识。特别是农村基层中懂经济、善经营、会管理、勇于开拓的创业能人较少，许多素质较高的青年农民人外出务工经商，农村中老年人、妇女和儿童较多，缺乏创业带头人。有的扶持项目由于经营者管理不善，技术跟不上，产业项目效果不佳。

（二）多种致贫因素叠加，贫困对象脱贫难

1. 因病、因残致贫现象普遍

目前，全县共有贫困户 29 636 人，贫困人口大多数是因病或因残致贫，丧失劳动力，导致家庭贫困。其中，因病致贫、因残致贫贫困户 10 661 人，占总数的 36%。8 804 名农村贫困人口已享受低保，分别占总贫困人口的 29.7%，占低保人口总数的 72.5%。

2. 供养子女读书致使贫困加剧

近年来，国家通过实施农村中小学“一费制”和特困生“两免一补”优惠政策，为广大贫困家庭子女完成九年义务教育提供了条件。但是，由于农村教育资源匮乏，教育总体成本仍然较高，每年仅中小学生节假日、周末的车费、生活费等，一般都在 1 000 元以上，上高中（中专）特别是大学收费门槛依然较高，让大多数贫困家庭望而生畏。据测算，目前供养一名大学生最低需要 3 万元，这对于年人均纯收入仅 2 800 元的贫困农民家庭来说，仍然是一个天文数字，使一些家庭处于“不送子女读书长期贫，送子女读书立即穷”的两难窘境。

3. 文化素质较低，缺乏脱贫技能

当前普遍存在思想观念滞后，主观能动性较差，“等、靠、要”的思想依然存在，缺乏脱贫致富的信心和决心，等上级给项目，等财

政给支持，靠银行贷款。据统计，在贫困户劳动力中，小学及以下文化程度占71%，初中文化程度占26%，高中文化程度只占3%。由于文化素质不高，接受劳动技能、农村实用技术、科学技术培训能力差、反应慢，致富无门、打工无路。同时，群众创业水平有限，带动发展能力不强。

（三）扶贫开发机制不完善，效果有折扣

1. 瞄准机制存在缺陷，没有做到“扶真贫”

按照国务院扶贫办要求，莲花县全面铺开扶贫开发和农村低保“两项制度”有效衔接试点工作，通过农户申请、收入核查、民主评议、审核审批和民主公示等程序，确定了建档立卡贫苦户。但由于此项工作开展时间短，工作程序设计和识别结果均存在一定的纰漏，造成漏报漏人的问题，而且由于中央确定了新的扶贫标准，2010年的识别结果与实际情况存在较大的差别。尤其是由于全国和全省扶贫信息系统建设在运用现代信息技术上的滞后性，先进的数据处理和分析技术没有与贫困对象识别和管理紧密结合，信息系统建设提质升档亟待跟进。

2. 帮扶政策不尽完善，精准滴灌不充分

长期以来，莲花县多采取广覆盖、大范围、宽领域的“漫灌式”扶贫，具体到每家每户，难免“漏人漏项”。如“一乡一业”以板块方式推进，虽然整个乡镇有了特色扶贫产业，但不一定适合每个村和每个农户的特点。而从2004年起以贫困村为基本单元实施的“整村推进”工程，也存在绝对贫困人口和低收入人群没有从项目中平等受益的问题。原因是项目实施过程中过度追求项目的数量而导致投入严重不足，要求农户拿出大比例配套资金，一些贫困人口没有能力配套而被排斥在外。再如易地搬迁可能对真正的贫困人群难以渗透，对于那些绝对贫困户来讲，搬迁政策根本起不了作用，如现有人均补助5 000元，仅占贫困户建房成本的25%左右，还有70%以上的资金需要自筹，负担很重。

三、绩效导向、分类施策的莲花县精准扶贫模式

“摸清底数、区分类型、找准问题、分类施策”，在精准识别的基础

上，根据扶贫对象的致贫原因和脱贫需求，以解决“四个问题”（扶持谁、谁来扶、怎么扶、如何退）为核心，对贫困人口实行精准化的分类扶持，实施“五个一批”（发展生产脱贫一批、易地扶贫搬迁脱贫一批、生态补偿脱贫一批、发展教育脱贫一批、社会保障兜底一批），做到“六个精准”（扶持对象精准、项目安排精准、资金使用精准、措施到户精准、因村派人精准、脱贫成效精准），确保扶真贫、真扶贫、真脱贫。

（一）程序化动态化，建立精准识别新模式

精准识别，是指通过申请评议、公示公告、抽检核查、信息录入等步骤，将贫困户和贫困村有效识别出来，并建档立卡。精确识别是精准扶贫的第一道工序，也是前提和基础，通过有效、合规的程序，用“定位仪”和“瞄准器”对贫困村和贫困户进行准确定位和精确瞄准，解决贫困人口底数不清、对象不明、分布不详的问题，避免出现“富人戴帽，穷人落榜”的现象，避免出现“年年贫困年年扶，年年扶贫年年贫”的尴尬。

为把真正的贫困户、贫困村纳入帮扶范围，组织乡镇村组干部、驻村工作队、帮扶责任人，逐村逐户上门调查走访，严格按照“一票否决”7种情形、4种从严审核要求，充分征求群众意见，对贫困户进行审核、甄别，掌握农户基本情况，摸清贫困户家庭底数，做到“一访二看三公示”：一访是指在驻村干部在贫困户申请阶段、预退出阶段，经常性地走访当事人的邻居，了解这个家庭的全面情况。二看是指看贫困户的房子，是否符合贫困评定要求，在本村相对处于什么水平；看贫困户的家庭生活用品、消费水平，在本地处于什么水平；三公示是指调查的基本情况要公示，帮扶措施、帮扶成效要公示，敢于晒成绩单。

通过精准识别，做到了“六清楚”：即家庭人口清楚、贫困原因清楚、帮扶措施清楚、帮扶项目清楚、帮扶责任人清楚、年内脱贫收入清楚，确保精准识别贫困对象，找准脱贫攻坚靶向。在精准识别的基础上，针对具体问题和原因，因户施策、一户一计，做到“一户一本台账、一户一个脱贫计划、一户一套扶贫措施、一户一名帮扶干部”，详细记录扶贫对象的姓名、家庭人口、所在乡镇（村）、收入情况、收入来源、帮扶

责任人、帮扶内容、帮扶目标、帮扶措施、帮扶进展等情况，建立每户一份基本信息清单，清楚记录家庭贫困属性、致贫原因等情况；明确了脱贫任务清单，制定“一户一策”帮扶措施，明确贫困户脱贫致富规划、年度帮扶任务，落实帮扶模式，选择切实可行的脱贫路径；制定了帮扶责任清单，明确帮扶责任干部，实行“一对一、点对点”帮扶脱贫，确保帮到点上、扶到根上。

（二）差异化集约化，完善精准帮扶新机制

精准帮扶，是指对识别出来的贫困户和贫困村，深入分析致贫原因，落实帮扶责任人，集中财力物力予以扶持。以建档立卡为依据，对准目标、选准项目，整合力量集中解决制约贫困村发展、贫困户增收的问题。精准帮扶，除了加大资金投入、加快基础设施建设等外，还特别需要产业扶贫、金融扶贫、技术扶贫、信息扶贫、教育扶贫、就业扶贫、文化扶贫、减灾扶贫、医疗扶贫等。

1. 推进产业扶贫工程，发展一批

（1）深挖资源禀赋，因人施策，重点实施2345产业扶贫工程。扶持贫困户每户养殖200羽鸡鸭或2头牛（猪）、种植3亩以上果树、种植4以上亩油茶、安装5千瓦光伏发电设施，让贫困户有稳定的经济收入。对养殖肉牛2头以上，一次性补助2 000元/户；对养殖山羊10头以上，一次性补助2 000元/户；对养殖鸡年出栏500只以上的一次性补助2 000元/户；养殖鸭年出栏500羽以上的一次性补助2 000元/户；养殖鹅年出栏100羽以上的一次性补助2 000元/户，养殖生猪年出栏10头以上的一次性补助2 000元/户。经乡（镇）、村及县有关部门共同验收合格后，将资金汇入贫困户“一卡通”账户。

（2）实行电商扶贫工程。培育电商企业和个体网商100余家，开设网店800余家，在贫困村建设电商站点23家，设立农产品收购站点80余家，从2015年8月电商站点建立至今，农产品电商交易额达1 500余万元，带动200余贫困户创收80余万元，户均增收4 000余元。

2. 推进就业扶贫工程，转移一批

以提升扶贫对象就业创业能力、实现稳定就业为首要工作任务，以建立扶贫对象就业帮扶机制为基础，以各级各类服务机构为工作平台，以就

业帮扶、职业培训、产业促进、创业带动为手段，努力实现“就业一人，脱贫一户”。

（1）整合培训扶贫政策资源。整合就业培训“金蓝领”工程、“阳光”工程、“雨露”计划等培训资金，提高扶贫人员培训补贴标准，确保培训质量，建立培训、技能评价、就业、脱贫一站式帮扶服务模式，实行“一包到底、补贴与绩效挂钩”的补贴资金管理与考核制度。

（2）跟进产业扶贫，创新创业服务方式。针对扶贫对象职业素质偏低、创业能力较弱的现状，进一步优化改进创业帮扶的方法及路径。对种养业市场风险较高的项目优先支持公司+农户的合作模式，建立农户申请、合作企业担保发放创业贷款的反担保模式。对光伏发电等风险较低的项目以及个人独立自办产业项目，实行亲朋好友反担保方式，发放创业贷款可最低至5 000元。对讲信用能及时还款的扶贫对象，享受时间可给予夫妻双方各两轮（初次扶持、再扶持）最长八年的创业贷款支持。创业培训突出体验式教学方式方法，在生产中边做边学，再学再干，组织同类项目参观、讨论、分析、分享的专题讨论沙龙，开展人文情感关怀活动，激发创业激情与活力。通过增加扶贫对象收入，提升扶贫对象创业意识与创业能力，实现长久脱贫的目标。

（3）立足实际，开发公益性岗位，开展扶贫专项就业援助。结合全县公益性岗位管理改革，在城镇近三年（2016～2018）新增公益性岗位在符合用人单位用工要求的前提下，优先推荐支持扶贫对象上岗；同时，在村、社区开发300～500个以保洁、护林、防火、就业协管为主体的公益性岗位，全部用于吸纳安置所在村的扶贫对象劳动力上岗，给予每人每月200～300元的岗位补贴支持，扶持期限为三年；积极开展“帮困解难、美化家园”爱心捐赠活动，组织动员社会各界创业人士筹集社区就业爱心帮扶专项资金，用于扩大村级公益性岗位规模，争取吸纳安置1 000名贫困对象实现灵活就业，让村（社区）卫生环境、公共服务得到明显提升。

3. 推进易地搬迁扶贫工程，安置一批

对于原居住地不适合居住和发展的5 016名贫困人口，实施了74个易地移民搬迁项目，建成9个移民搬迁集中点，彻底了改善贫困群众的生产生活环境。推进危旧房改造扶贫工程，安居了一批。充分整合农村危房改造、经济适用房户补助等政策，投资 4 514 万元，解决农村危房困难户 3 510 户。推进村庄整治扶贫工程，优化了一批。整合资金 4 095 万元，在 76 个贫困村实施村庄整治项目 244 个，修筑入户道路 221.7 公里，铺设饮水管道 7.6 万米，贫困村基础设施显著改善。

吉莲高速、衡茶吉铁路、寒山水库、西气东输三线工程等一大批基础设施项目的建设，改善了莲花的区位条件，增强了莲花的脱贫攻坚后劲。投资 6.8 亿余元，推进饮水工程、水利建设等项目 300 余个，升级改造省道 18.2 公里、县道 40.37 公里，新建通自然村道路 398 公里，治理、新建渠道 455.8 千米，有效改善了群众的生产生活条件。

坚持“环境就是民生、生态决定发展”的发展理念，创建国家级生态乡镇 5 个、省级生态乡镇 12 个和省级生态村 9 个，成功纳入国家重点生态功能区，落实贫困群众生态护林员 202 名。

4. 推进健康扶贫工程，救助一批

（1）提高新农合保障能力。建档立卡贫困户参加新农合所需资金由县财政予以资助。建立重大疾病商业补充保险制度，为建档立卡贫困人口购买重大疾病商业补充保险，筹资标准每人每年不低于 90 元。其中 10 元为意外伤害保险费，发生意外伤害身故伤残，给付意外伤害保险金；80 元为医疗保险费，用于贫困对象在新农合、大病保险、医疗救助三次补偿后，再给予自付部分 90% 的第四次补偿。提高新农合大病保险补偿比例，对建档立卡贫困人口新农合大病保险报销起付线下降 50%，同时补偿比例提高 5 个百分点，即个人年度累计负担的合规医疗费用扣减起付线金额后，0 元至 5 万元部分补偿比例由 50% 提高到 55%，5 万元以上至 10 万元部分补偿比例由 60% 提高到 65%，10 万元以上部分补偿比例由 70% 提高到 75%。

（2）落实 17 类大病的门诊补偿水平。将精神病、糖尿病、心脏病、高血压病、慢性肾病、脑卒中后遗症、再生障碍性贫血、帕金森氏综合征、系统性红斑狼疮、结核病、肝硬化、慢性活动性肝炎、癫痫、重症肌无力、甲亢、类风湿、尘肺等 17 类门诊大病补偿比例从 40% 提高到 50%，封顶线由每人每年 3 000 元提高到 4 000 元。恶性肿瘤放化疗、肾衰透析、血友病输血（含Ⅷ因子）、器官移植后抗排斥治疗的门诊医药可报费用纳入合规医疗费用范围，按住院补偿办法进行补偿。在市、县级定点医疗行器官移植后抗排斥治疗，因病情需要选用的超出新农合基本用药目录外的抗排斥药物（含进口药品），纳入合规医疗费用范围。

（3）提高重大疾病救治保障能力。实施8类大病免费救治，提高17种重大疾病保障力度。开展重度聋儿（人工耳蜗）救治康复项目，对重度聋儿的人工耳蜗购置费、手术治疗费用的70%进入新农合补偿。开展爱心救助活动，对低保户、支出型贫困低收入家庭0~6岁先天性和风湿性心脏病患者，免费实施手术或介入治疗救助，新农合基金负担定额费用的70%。

（4）提高公共卫生服务能力。建立贫困人口健康档案，建档率达到100%、对服务对象进行健康评估。实行就诊惠民政策，在全县乡镇卫生院及二级医院对建档立卡贫困患者急需救治的病人实行先检查、先诊断、先抢救治疗，后办入院手续和交费“三先一后”医疗卫生服务便民惠民措施（简称“三先一后”），二级医院按总床位的5%设置扶贫病床，各乡镇卫生院设置扶贫病床不少于2张。县级公立医院实行建档立卡贫困人口住院先诊疗后付费。建档立卡贫困患者在县级公立医院住院实行先诊疗后付费，县级公立医院设立“一站式”综合服务窗口，实现基本医疗保险、大病保险、医疗救助和社会慈善救助“一站式”信息交换和即时结算，贫困患者只需负担支付医疗费用。

5. 推进教育扶贫工程，培养一批

（1）实施助学济民工程，解决贫困生能上学问题。对建档立卡贫困户子女入学实现从学前教育到高等教育的学生资助全覆盖：对建档立卡贫困户子女学前教育资助，标准提高到每人每年800元；全面落实义务教育“两免一补”政策，义务教育建档立卡贫困户子女寄宿生生活补助，小学按每生每年1 000元进行补助，初中由原来每生每年1 250元提高到每生每年1 450元进行资助；对建档立卡贫困户子女就读普通高中，按每生每年2 000元标准发放国家助学金；对当年考取全日制普通高等院校建档立卡贫困户子女，按每人5 000元标准发放高考入学政府资助金；另外，按录取省内院校就读新生每人500元、录取省外院校就读新生每人1 000元的标准发放高校新生入学资助金，资助解决档立卡贫困户子女高校新生入学路费。为考取全日制大专以上院校录取的贫困家庭大学生办理生源地信用助学贷款。

（2）加快贫困乡村美丽校园建设。一是恢复一批教学点，确保贫困家庭子女就近入学。二是改造一批薄弱学校，确保全县贫困乡村学校基本设施基本达到国家基本办学条件标准，让贫困村群众子女就近享受优质教育资源。三是建设一批普惠性农村幼儿园。优先支持贫困乡村利用闲置校舍改建公办幼儿园或在村小增设附设幼儿园（班），建设普惠性、低收费幼儿园，切实解决贫困家庭子女就近入园。

（3）加大贫困生职业教育力度。一是精准宣传，树立“帮助一个孩子学得一项技能，带动一个贫困家庭脱贫”的理念；提升贫困人口对职业教育的认识，乐意接受职业教育；把有升学愿望的贫困家庭子女未能升学初中毕业生全部纳入职业教育计划。二是提升县职校的办学品味，让更多人享受到优质教育。当务之急是加强县职校“双师型”教师队伍的引进和培养。三是加大扶持力度。对在中职学校就读的家庭经济困难学生全部免除学费，另外对在中职学校就读的全日制一、二年级家庭经济困难学生，按照每人每年 2 000 元的标准发放国家助学金。四是深化职业教育改革。深化校政、校企、校校合作，提升职业教育的专业层次和就业质量。

6. 推进金融扶贫工程，致富一批

（1）建立金融扶贫贷款风险基金。县政府在扶贫资金中安排 2 100 万元设立金融支持精准扶贫贷款风险基金，分别设立新型农业经营主体（专业大户、家庭农场、农民专业合作社、农业产业化龙头企业）及涉农企业的贷款风险补偿基金、扶贫小额信贷风险补偿基金，农业保险风险奖补资金，对接银行、保险机构创新扶贫信贷产品，解决农村新型经营主体、贫困户融资需求。

（2）建立产业扶贫信贷风险补偿基金。投入 1 000 万元建立产业扶贫专项风险补偿基金，激励相关金融机构加大对吸纳和带动贫困户的新型农业经营主体及涉农企业的信贷扶持力度，按照 1∶8 的比例放大贷款额度，单笔贷款原则上不得超过 300 万元，最高额度为 500 万元，贷款损失在依法追偿后由风险补偿基金承担 50%，推动我县农村经济产业发展和贫困户脱贫致富有机结合。

（3）建立扶贫小额信贷风险补偿基金。投入 1 000 万元设立扶贫小额信贷风险补偿金，激励相关金融机构加大对具有完全民事行为能力的、从事农业生产或服务于农业生产的建档立卡的贫困户的信贷支持力度，按照1:5的比例放大，创新相关扶贫小额信贷金融产品，单笔贷款最高额度不超过5万元，贷款损失在依法追偿后由风险基金承担50%，为贫困户提供免抵押、免担保的信贷产品，帮助扶持有信贷需求的贫困户发展产业，增收脱贫。

（4）建立涉农保险补贴基金。县财政每年安排资金100万元，贫困户农业产业保险进行奖补，帮助贫困农户降低产业发展风险。重点解决贫困户发展特色农业、规模种植养殖业以及吸纳和带动贫困户的农村新型经营主体的风险保障。贫困户保险补贴为保费的50%，新型农业经营主体及涉农企业最高为保费的50%，但不得超过5万元。鼓励引导贫困农户开办小额人身保险、抵押质押保险、购买房屋、农机具、农业生产等商业保险，对参加商业保险的贫困户政府给予保费50%的补贴，增强贫困户抵御风险的能力。

（5）实行扶贫贷款贴息政策。县政府每年统筹安排专项资金作为扶贫贷款贴息资金，按照全额贴息、差异化贴息等方式，采取“先贷后贴”，有效发挥财政扶贫资金撬动、引导作用。贫困户贴息贷款额度最高5万元，贴息年限为3年，第一年贴息100%，第二年贴息90%，第三年贴息80%；对吸纳、带动贫困户20人以上的农村新型经营主体、工业企业及商贸企业，贴息年限为2年，给予50%贴息，贴息最高额度50万元；对吸纳、带动贫困户占比达到50%以上或年带动贫困户脱贫达到10户以上，给予全额贴息，贴息期限为2年，贴息最高额度50万元。

7. 推进社会保障扶贫工程，兜底一批

坚持依法救助、托底救急、精准救助、统筹衔接的原则，编密织牢一张“覆盖全面、救急解难、托底有力、持续发展”的基本民生安全网，为困难救助对象脱贫致富发挥应有的作用。

（1）加强“两项制度”有效衔接。开展台账比对，将农村低保户、农村特困人员名单与扶贫建档立卡的扶贫低保户、纯低保户、五保户名单逐户进行比对，摸清各乡镇、村农村低保对象、农村特困人员未纳入建档立卡范围的具体情况。摸清农村低保对象与扶贫对象比对的具体情况，形成扶贫、民政两家一致的、详细到户的工作台账，切实做好农村最低生活保障制度和扶贫开发政策的有效衔接。严格按照“应保尽保，应扶尽扶”

的要求，争取省、市对县实施政策倾斜，新增农村低保名额 1 300 人左右，进一步扩大农村低保覆盖面，实现贫困群众低保全覆盖。结合低保提标提补和年度审核工作，对农村贫困群众进行排查摸底，及时把符合条件的贫困群众全部纳入农村低保。将低保政策向贫困乡镇、边远山村等贫困群众较多、脱贫难度较大的地区重点倾斜，优先把因大病、因重残、因突发意外事件致贫的贫困群众纳入低保，进一步提高农村低保对象与扶贫对象的重叠率。

（2）提高农村特困人员供养水平。以开展创建“星级敬老院”活动为契机，逐步改善农村敬老院基础设施条件。积极探索农村敬老院失能老年人护理服务有效模式，增加专业护理服务人员，提高护理服务能力，加快实施坊楼、闪石敬老院开展失能半失能老年人护理试点工作。对农村特困人员实行托底保障，严格执行农村特困人员集中供养每人每年 4 380 元、分散供养每人每年 3 480 元的供养标准，确保农村特困人员老有所养。

（3）加大医疗救助力度。取消重大疾病病种限制，提高救助标准和重大疾病救助比例：农村特困供养对象患病住院所发生的医疗费用个人负担部分予以全额救助，一年内累计救助金额不超过 5 万元；城乡低保对象患病住院所发生的医疗费用个人负担部分按 70% 予以救助，一年内累计救助金额不超过 3 万元；支出型贫困低收入家庭大病患者其住院费用经基本医疗保险和城乡大病保险、各类补充医疗保险、商业保险报销后，个人负担在 2 万元以上的，经县政府批准后个人负担部分按 50% 的比例予以救助，一年内累计救助金额不超过 5 000 元；城乡低保、农村特困供养家庭儿童（0～14 岁）因患重大疾病（恶性肿瘤（含白血病）、血友病、尿毒症（肾衰竭）、脑瘫）住院治疗发生的医疗费用，医疗救助政策范围内个人自负费用按 80% 的比例予以救助，一年内累计救助金额不超过 5 万元。将发生高额医疗费用、超出家庭承受能力、基本生活出现严重困难的低收入家庭和因病致贫家庭中的重大疾病患者纳入重大疾病医疗救助，通过按定额付费实施专项救助与按规定比例常规救助相结合的办法，实现符合救助条件的贫困家庭重大疾病患者医疗救助全覆盖。同时，由县财政安排资金 200 万元建立健康扶贫基金，对建档立卡扶贫户在落实其他医疗救助政策之后，再次给予扶贫医疗救助。突出对农村特困人员、农村贫困家庭儿童实施重点医疗救助。通过实施门诊救助、住院救助和专项救助、特别救助等方式，最大限度减轻贫困群众医疗支出负担，最大程度降低因病致贫风险，缓解因病致贫现象。

（4）健全临时救助体系。进一步完善《莲花县城乡困难群众临时救助实施细则》，对因灾、因病、因残、因学、因突发意外事件造成困难的贫困家庭，按规定给予临时救助。在乡镇全面建立“社会救助受理窗口”，规范“一门受理，协同办理”工作流程，确保突遇不测、因灾、因病、因突发意外事件陷入生存困境的群众得到及时有效救助，防止冲击社会道德底线的极端事件发生。

（三）信息化责任化，健全精准管理新制度

精准管理，是指从提高扶贫效率出发，建立全国统一的扶贫信息网络系统，实行扶贫开发统计与贫困动态监测制度，对扶贫对象进行全方位、全过程的监测，实时反映帮扶情况，实现扶贫对象的有进有出，动态管理，为扶贫开发工作提供决策支持。同时，重点对扶贫资金、帮扶队伍进行精细化管理，形成信息管理、资金管理、组织管理“三位一体”的精准管理体系。

1. 树立“大数据”思维，建立大数据平台

借助大数据、物联网、移动互联网等先进的信息技术，通过分析统计扶贫产业、人口、环境等相关数据，整合农村、交通、环境、基础设施等领域的信息，建立多层次的竞逐扶贫大数据平台，构建统一的运行监控体系、协调体系和综合决策体系，为政策扶贫工作提供决策参考。将海量、动态、多样的数据转化为有价值的信息资源，推动扶贫工作转变管理理念和治理模式，降低扶贫管理偏差概率，提高扶贫工作的精细化、科学化。

2. 建立扶贫数据地图，实现扶贫信息可视化、透明化

运用现代信息技术，建立覆盖全县贫困村、贫困户的扶贫地图展示平台，实现扶贫信息的公开化和透明化，让政府部门、社会公众以及贫困对象、帮扶单位、帮扶干部都能在扶贫信息平台上进行互动和监督。对于没有计算机终端的贫困村和贫困户，当地政府部门可以将上述数据地图以打印张贴的方式公布，接受监督。

3. 实行链条式管理，构筑扶贫资金管理使用的“高压线”

扶贫资金作为民生专项资金的重要组成部分，是贫困群众的“保命钱”和减贫脱贫的“助推剂”。实践中，应建立扶贫资金随扶贫项目走的机制，建立违规使用扶贫资金终身追责制度和扶贫项目管理使用终身负责制度。按照“项目跟着规划走，资金跟着项目走，监督跟着资金走”的原则，健全扶贫项目立项、审批、实施、验收、评估等管理制度和监督程序。

4. 实行第一书记扶贫责任制

扶贫第一书记制度，是“单位包村、干部包户”制度的延续和发展，由县级党委、政府统一选拔贫困村扶贫第一书记，实行统一选派、统一管理、统一使用的制度。扶贫第一书记对所在的贫困村负总责，统筹使用本村扶贫资源，统一协调本村扶贫队伍，统一管理本村扶贫信息，对本村扶贫工作对上进行统一对接，对县政府进行统一扶贫交账。

（四）科学化定量化，构建精准考核新体系

精准考核，就是要解决扶贫效果如何衡量的问题，对贫困户和贫困村识别、帮扶、管理的成效，以及对贫困县开展扶贫工作情况进行量化考核，奖优罚劣，保证各项扶贫政策落到实处。建立科学合理的扶贫开发考核指标体系，是实现精准考核的基础工作，为此莲花县建立了三套考核指标体系。

表 1　　贫困县精准扶贫考核指标体系

指标组	考核内容		指标名称	权重
一、扶贫成效（27 分）	1	年度贫困人口减贫计划完成情况	年度贫困人口减贫计划完成情况	8
			残疾贫困人口减贫率（%）	1
			年度贫困村“摘帽”计划完成情况	8
	2	农民收入	农村居民人均可支配收入增长率（%）	10
二、基本生产生活条件、特色产业发展及公共服务改善(33 分)	3	村级道路畅通	行政村通畅率（%）	2
			行政村客运班车通达率（%）	1
	4	安全饮水	建档立卡贫困户中饮水安全户比例（%）	3
	5	农村电力保障	贫困户通电率（%）	2
			通生产用电自然村覆盖率（%）	1

续表

指标组	考核内容		指标名称	权重
二、基本生产生活条件、特色产业发展及公共服务改善（33分）	6	危房改造	住危旧房或危房贫困户下降率（%）	3
	7	扶贫搬迁	贫困户扶贫搬迁完成率（%）	3
	8	特色产业增收	特色产业增长率（%）	3
	9	旅游扶贫	旅游扶贫带动贫困户脱贫增长率（%）	2
	10	教育扶贫	学前三年教育毛入园率（%）	1
			义务教育净入学率（%）	1
			高中阶段教育毛入学率（%）	1
			贫困人口新成长劳动力参加职业教育技能培训增长率（%）	2
	11	卫生	有标准化卫生室行政村比率（%）	2
			有合格乡村医生/执业（助理）医师行政村比率（%）	1
	12	文化建设	通广播电视贫困户比例（%）	2
			公共文化服务设施网络建设	1
	13	贫困村信息化	行政村互联网覆盖率（%）	2
三、资金投入和管理（20分）	14	扶贫投入	整合资金并用于建档立卡贫困村和贫困户的资金占当年下达到县财政专项支农资金的比例（%）	5
			贫困县各项贷款增长率（%）	3
			贫困户小额贷款覆盖率（%）	2
	15	财政扶贫资金管理	财政专项扶贫资金绩效评价结果	5
	16	精准管理	建档立卡、动态管理和信息化建设等情况	5
四、扶贫开发主体责任落实（20分）	17	扶贫开发主体责任	贫困县党委、政府落实扶贫开发工作主体责任情况	4
	18	扶贫机构	县级扶贫机构单列，落实人员编制，贫困乡镇设置扶贫机构，非贫困乡镇有专人负责扶贫工作	4
	19	驻村帮扶	贫困县扶贫驻村帮扶以及社会各界帮扶情况	4
	20	党风廉政责任制	扶贫开发党风廉政责任制落实情况	4
	21	基层党组织	贫困村基层党建中的“三支队伍”建设情况	4
五、约束指标	22	约束行为	考核贫困县禁止作为的事项	-5

表 2　　乡镇精准扶贫考核指标体系

指标	考核内容		指标体系	权重
一、精准扶贫主体责任落实	1	分工职责明确	党政主要领导落实扶贫开发工作第一责任人情况，是否由乡镇长直接负责精准扶贫工作。	3
	2	扶贫机构设置	有专门精准扶贫机构，配备3名以上专职人员负责精准扶贫日常工作。	3
	3	专题研究扶贫工作	每年召开4次以上专题会议，研究部署精准扶贫工作。	3
	4	党风廉政建设责任制	落实党风廉政建设责任制落实情况，乡、村两级干部在精准扶贫工作中是否存在作风不实、违法乱纪行为。	4
	5	基层党组织建设	基层党组织、干部队伍和党员队伍建设情况。	4
	6	社会评价	贫困群众对干部队伍的满意程度。	4
二、基础工作规范化管理	7	贫困村、贫困户建档立卡	贫困村、贫困户的确定是否公开、公平、公正，是否进行张榜公示，乡村两级建档立卡资料是否整理归档。	5
	8	贫困村、贫困户信息录入	建档立卡、动态管理和信息化建设等情况。	4
	9	资料上报	各类统计数据、报表及资料是否按时间准确上报。	4
	10	项目管理	所建扶贫项目后续跟踪管理是否到位，档案建设是否规范。	3
	11	扶贫资金管理	贫困村是否设立扶贫专账，是否有挤占、挪用、套取扶贫项目资金现象。	5
三、重点工作推进	12	驻村帮扶	乡镇干部结对帮扶落实情况。	5
	13	产业扶贫	贫困村有1个主导产业；贫困户有产业扶持项目。	7
	14	金融扶贫	贫困户小额信贷落实情况。	6
	15	危房改造	贫困户危房改造情况。	6
	16	易地搬迁	贫困户扶贫搬迁情况。	6
	17	扶贫培训	贫困人口参加职业教育技能培训情况。	3
四、扶贫成效	18	年度减贫目标完成情况	年度贫困人口减贫计划完成情况。	8
			年度贫困村“摘帽”计划完成情况。	5
			贫困村农民人均纯收入增幅高于全县农民人均纯收入增幅水平。	4
			贫困村集体经济收入增幅达20%以上。	4
			贫困村“12+1”帮扶任务完成情况。	4

表 3　　县直部门（单位）精准扶贫考核指标体系

<table>
<tr><th>指标</th><th colspan="2">考核内容</th><th>指标体系</th><th>权重</th></tr>
<tr><td rowspan="6">一、组织领导</td><td>1</td><td>分工职责明确</td><td>是否明确分管领导负责本行业、本部门精准扶贫工作。</td><td>3</td></tr>
<tr><td>2</td><td>专题研究扶贫工作</td><td>每年召开 2 次以上专题会议，研究部署行业扶贫、精准扶贫、精准脱贫工作。</td><td>3</td></tr>
<tr><td rowspan="3">3</td><td rowspan="3">帮扶工作安排</td><td>是否派驻村帮扶工作队员。</td><td>3</td></tr>
<tr><td>是否落实工作队员补助补贴。</td><td>3</td></tr>
<tr><td>是否组织本单位干部职工开展结对帮扶。</td><td>3</td></tr>
<tr><td>4</td><td>领导重视</td><td>单位主要负责人深入帮扶村指导工作全年不少于 4 次。</td><td>3</td></tr>
<tr><td rowspan="3">二、行业扶贫</td><td>5</td><td>项目规划</td><td>是否将精准扶贫相关项目纳入本行业、本部门工作规划。</td><td>5</td></tr>
<tr><td>6</td><td>资金整合</td><td>全额完成扶贫项目资金统筹整合任务。</td><td>10</td></tr>
<tr><td>7</td><td>重点工作推进</td><td>根据本行业部门职责，是否落实贫困村关于村级道路畅通、安全饮水、农村电力保障、危房改造、易地扶贫搬迁、生产发展、兜底保障、乡村旅游扶贫、教育扶贫、金融扶贫、生态补偿、卫生和计划生育、文化建设、贫困村信息化等完成情况。</td><td>20</td></tr>
<tr><td rowspan="7">三、驻村帮扶</td><td>8</td><td>驻村制度</td><td>坚持驻村工作制度，工作队员每月驻村时间不少于 20 天，住村时间不少于 15 天。</td><td>6</td></tr>
<tr><td>9</td><td>减贫任务</td><td>完成驻点村年度减贫任务。</td><td>10</td></tr>
<tr><td>10</td><td>农民增收</td><td>贫困村农民人均纯收入增幅高于全县农民人均纯收入增幅水平。</td><td>5</td></tr>
<tr><td>11</td><td>集体经济</td><td>村集体经济收入增幅在 20% 以上。</td><td>5</td></tr>
<tr><td>12</td><td>班子建设</td><td>村“两委”班子战斗力强，党员队伍作用发挥好，建立并严格执行“一会两票”制度。</td><td>5</td></tr>
<tr><td>13</td><td>村党风廉政建设</td><td>所驻村是否落实党风廉政建设责任。</td><td>4</td></tr>
<tr><td>14</td><td>社会评价</td><td>贫困群众对驻村帮扶工作队的评价。</td><td>4</td></tr>
<tr><td rowspan="2">四、资料上报</td><td>15</td><td>信息上报</td><td>按时报送扶贫工作信息，做到有扶贫典型，有扶贫信息，有县级以上新闻媒体采用稿件。</td><td>4</td></tr>
<tr><td>16</td><td>资料上报</td><td>按时上报扶贫工作计划、扶贫工作总结、各类数据资料。</td><td>4</td></tr>
</table>

四、对深入实施精准扶贫方略的政策建议

莲花县作为中部贫困地区的典型代表，其在精准扶贫、脱贫攻坚中遇到的困难和问题具有较强的代表，需要在国家层面予以针对性的解决。

（一）加大对贫困村的转移支付

建议中央集中彩票公益金向贫困地区倾斜，提高农业综合开发、农村综合改革转移支付比例，增加对贫困地区水、电、路、气、网等基础设施建设和提高基本公共服务水平的投入，确保贫困村基本经费保障到位。

（二）加大对贫困县的项目资金支持

贫困县大多处于自然条件差的地方，大部分贫困村位置偏僻，群众居住分散，交通出行、农业生产条件薄弱，农村公路、水塘水圳、人畜饮水等设施改建任务还很重，而大多数贫困村没有任何收入来源，自身根本无法投入资金改善基础设施，亟须中央给予更多项目、资金支持。

（三）给予兜底扶贫资金分配倾斜

一是在安排公办养老机构建设资金时，给予贫困县资金倾斜，力争2～3年内将公办养老建设机构基础设施完善，使特困人员兜底保障工作更有力度。二是在出台政策时，测算资金的来源，确保保障资金有着落，使基层保障工作能有的放矢地开展。三是在分配保障扶贫资金时对老区、贫困地区、边远山区给予倾斜，防止因病因灾致贫返贫。

（四）落实贫困区县税收分配政策

莲花县2015年全县生产总值仅为54.44亿元，财政总收入仅7.86亿元，地方一般预算收入仅6.39亿元，县级财力确实有限，扶贫资金投入捉襟见肘，项目套资金无力筹措，建议国家调整贫困地区地方税收分配政策，从25%提高到40%～60%，保障地方财力。

（五）退出评估模式力求更科学、更切合实际

一是要科学地明确工作要求和任务，客观地评估前期工作，明确措施，确保脱贫攻坚“真脱贫”。二是要加大工作督查力度，严格按照脱贫退出指标体系，对照贫困村退出、贫困人口脱贫的标准，逐项检查核实，确保脱贫质量和效果，防止出现“被脱贫”、“数字脱贫”。

（六）加大部委对贫困县的帮扶力度

结对帮扶是脱贫攻坚的加速器，中央各部门，央企等在脱贫攻坚方面，给予了贫困县巨大的帮助，当前全国脱贫攻坚已进入“啃硬骨头”时期，越往后难度越大、投入越高，各部委可进一步增强结对帮扶力度，给予贫困县更多有针对性的帮扶支持。

（本文摘编自 2016 年 12 月国家发展改革委经济体制与管理研究所 2016 年度青年人才成长计划课题）